中国出版蓝皮书
CHINA PUBLISHING BLUE BOOK

2012–2013

中国出版业发展报告
ANNUAL REPORT OF PUBLISHING INDUSTRY IN CHINA
2012–2013

主 编／郝振省　　副主编／魏玉山

中国书籍出版社
China Book Press

图书在版编目（CIP）数据

2012~2013 中国出版业发展报告／郝振省主编．—北京：中国书籍出版社，2013.6
ISBN 978－7－5068－3507－7

Ⅰ．①2… Ⅱ．①郝… Ⅲ．①出版工作—研究报告—中国—2012~2013
Ⅳ．①G239.2

中国版本图书馆 CIP 数据核字（2013）第 099620 号

2012~2013 中国出版业发展报告

郝振省　主编

责任编辑	刘洁琼　杨铠瑞
责任印制	孙马飞　张智勇
封面设计	嘉玮文化
出版发行	中国书籍出版社
地　　址	北京市丰台区三路居路 97 号（邮编：100073）
电　　话	（010）52257143（总编室）　（010）52257153（发行部）
电子邮箱	chinabp@ vip.sina.com
经　　销	全国新华书店
印　　刷	三河市国源印刷有限公司
开　　本	787 毫米×1092 毫米　1/16
字　　数	370 千字
印　　张	22.5
版　　次	2013 年 7 月第 1 版　2013 年 7 月第 1 次印刷
书　　号	ISBN 978－7－5068－3507－7
定　　价	50.00 元

版权所有　翻印必究

《2012~2013 中国出版业发展报告》课题组及撰稿人名单

组　　　长：郝振省
副 组 长：魏玉山　冯建辉
执行负责人：孙鲁燕
撰稿人名单（按文章顺序排列）：

中国出版业发展报告课题组　杨　伟　张泽青　丁以绣
郭全中　郑加可　王　飚　李广宇　毛文思　李永林
方　菲　冯建辉　袁赛男　乔　迈　赵彦华　陈含章
刘兰肖　刘晶晶　刘拥军　庄　建　王化冰　黄逸秋
陈　磊　中国新闻出版研究院"出版传媒集团研究"课题组
徐　俊　张文彦　李家驹　黄昱凯　陈雨润　于秀丽
香港联合出版集团

统　　稿：孙鲁燕
审　　定：郝振省　魏玉山　冯建辉

前 言

2012年11月8~14日，万众瞩目的中国共产党第十八次全国代表大会召开。这是我国政治生活中的一件大事，关系国家的长远发展，也关系全国人民的幸福安康。2012年是新闻出版业学习、贯彻、落实党的十八大精神的关键一年，也是对整个国家经济社会发展，尤其是对新闻出版业的发展至关重要且影响深远的一年。2013年3月22日，国家新闻出版广电总局正式挂牌。新闻出版和广播电影电视等资源的进一步整合，将给文化产业带来更多更好的直接影响，新闻出版业由此迈向新的历史进程。由中国新闻出版研究院推出的第九本出版业年度发展报告——《2012~2013中国出版业发展报告》（中国出版蓝皮书）正是把这一时间段的出版业发展状况呈现给大家。

回顾2012年，党的十八大报告强调要扎实推进社会主义文化强国建设。这一要求具体到出版业，就是要扎实推进新闻出版强国建设；而建设新闻出版强国，需要大力推动出版业加速发展，提升出版业的整体实力。

一年来，党的十八大的召开给出版业带来了巨大鼓舞，出版改革进一步解放了出版生产力，科技与出版融合加快了出版业的转型升级，全民阅读活动、国家出版基金助推了出版业发展，教辅新政促使民营书商转型，实体书店获得了政府的有效扶持，莫言荣获诺贝尔文学奖与伦敦国际书展带动了中国出版业"走出去"……基于对出版业特点和发展趋势的分析研究，我们认为2012~2013年中国出版业发展的整体特点可以概括为"稳中求进、稳中有进"。稳，是指出版业的发展整体平稳，没有大的起伏；进，是指出版业紧抓文化强国建设的机遇，加快转变发展方式，深化改革开放，在两个效益上取得新成效。稳和进相辅相成，辩证统一，构成了2012~2013年中国出版业发展的内在特点，这一特点贯穿于出版业的整个发展过程中。

最新公布的数据使出版业的发展状况和特点得到了诠释。据2013年7月9日国家新闻出版广电总局发布的《2012年新闻出版产业分析报告》，2012年全国[①]出版、印刷和发行服务实现营业收入16 635.3亿元，较2011年增加2 066.7亿元，增长14.2%；增加值4 617.0亿元，较2011年增加595.3亿元，增长14.8%。共出版图书41.4万种，期刊总印数33.5亿册，报纸总印数482.3亿份。数字出版实现营业收入1 935.5亿元，较2011年增加557.6亿元，增长40.5%，占全行业营业收入的11.6%，首次突破10%，较2011年提高2.1个百分点；电子书、数字期刊、数字报纸的营业收入增长52.6%，超过数字出版整体增长速度。

本年度的报告在框架、体例等方面还是按照出版业的编、印、发、科、供、贸等出版产业链进行设置，适当调整和增加了一些板块和内容，形成了主报告、分类报告、年度重点专题报告、出版传媒集团研究、企业个案以及港、澳、台地区出版业报告和附录七大部分。虽然出版蓝皮书已有几年未收录企业个案，但2012年适逢中华书局和三联书店两个老字号出版社成立100周年及80周年的纪念活动，回顾中国出版业走过的不平凡历程，传承出版文化，发扬优良传统是我们在经济和产业迅速发展的同时必须予以足够关注的内容。这也是我们在企业个案中收录这两个品牌出版社的初衷所在。附录收录了中国出版业大事记、中国香港特别行政区出版业大事记以及中国台湾地区出版业大事记。

2012年出版业的发展进程以及改革步伐，在本年度的主报告和其他分报告

---

① 不包括香港、澳门特区及台湾地区。

中都有体现。我们继续对图书、期刊、报纸、音像电子、数字出版、印刷、发行、出版科学研究等各类出版载体和生产环节进行梳理；在其他板块中，还对图书出版的统计数字和规模、农家书屋工程、政府资助出版物的概况、新闻出版人才队伍建设、上海书展、民营书业发展、中央国家机关"强素质·作表率"读书活动、新闻出版标准化建设、出版传媒集团研究等内容进行了分析和探讨。

在主报告中，我们对2012年出版业发展的特点，包括出版业进入新一轮改革时代、精彩纷呈的各类出版物、出版传媒集团资本运营、数字出版发展、教辅新政对民营书业的影响、新闻出版公共服务体系建设、出版业"走出去"等七个方面进行了分析；从现代企业制度建设、中国梦在出版业的传播趋势、出版传媒集团跨地域和跨媒体发展、数字出版新的发展趋势、民营书业的发展趋势、全民阅读及数字农家书屋的发展、出版业"走出去"将呈现的特点等七个方面进行了出版业未来改革发展的趋势分析；从学术期刊改革要尊重期刊发展规律、出版业传播中国梦应把握一些重点、加强数字出版整体化布局及提升内容价值、加大对民营书业的支持力度、完善新闻出版公共服务体系、全面提升出版企业"走出去"的内在动力等六个方面提出了建议，与业界共同探讨。

展望未来一段时间，深化新闻出版体制改革，促进新闻出版业的繁荣进步及健康发展，为我国的文化发展作出更大的贡献，将一直是新闻出版业发展的主旋律。作为国家级的研究院，我们将继续追踪行业发展，进行深入的分析和研究。希望业界继续支持和帮助我们。我们也将继续努力，把更高价值、更高质量的出版业年度发展报告呈现给大家。

中国新闻出版研究院院长　郝振省

2013年7月

目 录

主报告

稳中求进的中国出版业
——2012~2013年中国出版业发展报告
.... 中国出版业发展报告课题组（3）
 一、2012年中国出版业改革发展的特点分析 ....（5）
 二、中国出版业未来改革发展的趋势分析 ....（22）
 三、促进中国出版业改革发展的建议 ....（33）

分类报告

2012~2013年图书出版业报告 .... 杨 伟（45）
 一、2012年图书零售市场基本状况 ....（45）
 二、近期图书出版业值得关注的现象和问题 ....（49）
 三、2013年及未来一段时间图书出版业发展趋势及展望 ....（53）

2012年期刊现象观察 .... 张泽青（56）
 一、新办与更名期刊中的信息 ....（56）
 二、学术期刊发出自己的声音，集体抵制学术不端行为 ....（57）
 三、知音集团上市被媒体质疑 ....（58）
 四、《辽宁期刊史》出版 ....（58）

五、书博会上期刊展区取消，湖北 2013 年举办期刊博览会 ……………（58）
　　六、《普知》杂志退出中国 …………………………………………（59）
　　七、文学期刊新闻多 …………………………………………………（59）
　　八、刚毕业的蒋方舟担任《新周刊》副主编 ………………………（60）
　　九、学术期刊影响因子造假情况严重 ………………………………（60）
　　十、100 种社科学术期刊获得国家社科基金资助 …………………（61）
　　十一、更多的期刊放弃原创文章，转而做文摘，尤其是做时政
　　　　　综合文摘 …………………………………………………………（61）
　　十二、高仿山寨版期刊出现 …………………………………………（62）
　　十三、寻找出路 ………………………………………………………（62）
　　十四、编辑部改革文件反响强烈 ……………………………………（63）
　　十五、数字化转型时代的到来 ………………………………………（63）

2012～2013 年报纸出版业报告 ………………………… 丁以绣　郭全中（65）
　　一、迎接学习宣传贯彻党的十八大主旋律突出 ……………………（65）
　　二、深化体制机制改革取得阶段性成果 ……………………………（67）
　　三、一批新报纸创刊调整报业品种结构 ……………………………（68）
　　四、党报营造新的舆论场，构建传播新格局 ………………………（70）
　　五、加强管理，着力规范新闻采编秩序 ……………………………（71）
　　六、报纸广告收入增速转负，行业前景堪忧 ………………………（71）
　　七、新媒体发展势头强劲，给报业带来的挑战越来越大 …………（72）
　　八、报业新公司继续上市，难改总体经营状况不佳局面 …………（74）
　　九、久困谋变，报业探索转型之路 …………………………………（75）
　　十、实施报业跨地区多元化发展战略取得新进展 …………………（76）

2012 年电子出版单位年度核验情况及对发展的几点思考 …… 郑加可（77）
　　一、电子出版年度核验反映的情况 …………………………………（77）
　　二、电子出版目前存在的问题 ………………………………………（83）
　　三、对电子出版发展的几点思考 ……………………………………（83）

2012 年数字出版产业发展报告 ………………… 王飚　李广宇　毛文思（89）
　　一、数字出版发展现状 ………………………………………………（89）
　　二、问题与对策 ………………………………………………………（94）

三、发展趋势 …………………………………………………………（97）

2012～2013年印刷业发展报告 ………………………………… 李永林（101）
  一、2012年产业运行概况和主要特点 ……………………………（101）
  二、产业发展存在的主要问题及启示 ……………………………（105）
  三、2013年及今后一段时期产业发展的基本预期 ………………（106）
  四、对产业发展对策的思考及建议 ………………………………（107）

2012年出版物发行业报告 ………………………………………… 方 菲（109）
  一、年度数据彰显发行业发展趋势 ………………………………（109）
  二、年度行业热点问题聚焦 ………………………………………（113）
  三、值得思考的话题 ………………………………………………（119）

2012年出版科研十大热点聚焦 ………………… 冯建辉 袁赛男 乔 迈（122）
  一、出版产业研究持续升温 ………………………………………（122）
  二、出版史研究有新的突破 ………………………………………（123）
  三、数字出版研究呈现新亮点 ……………………………………（124）
  四、版权研究逐步深入 ……………………………………………（126）
  五、出版集团研究取得新进展 ……………………………………（127）
  六、编辑主体研究方兴未艾 ………………………………………（128）
  七、民营书业研究呈现多角度 ……………………………………（130）
  八、期刊发展广受关注 ……………………………………………（131）
  九、农家书屋研究开拓新视角 ……………………………………（133）
  十、出版改革研究更具全球视野 …………………………………（134）

年度重点专题报告

2011年全国图书出版统计分析 …………………………………… 赵彦华（139）
  一、新闻出版业最新的发展概况 …………………………………（139）
  二、新闻出版统计及《文化及相关产业分类（2012）》修订的
    大致情况 ………………………………………………………（139）
  三、2011年全国图书出版总体状况分析 …………………………（140）

四、2011年全国各类图书出版情况分析 …………………………（144）
　　五、2011年全国各类课本出版情况分析 …………………………（145）
　　六、2011年全国各地区图书出版情况分析 ………………………（147）
　　七、2011年全国各类出版物中图书零售情况分析 ………………（149）
　　八、2011年全国图书出版进出口分析 ……………………………（150）
　　九、2011年全国图书出版经济总量分析 …………………………（151）

2012年农家书屋工程全面竣工农村新闻出版公共服务体系
基本建成 ………………………………………………… 陈含章（152）
　　一、工程建设概况 …………………………………………………（152）
　　二、书屋的管理、使用与效果 ……………………………………（155）
　　三、未来发展 ………………………………………………………（158）

2012年政府资助出版物的概况及趋势 ………………… 刘兰肖（161）
　　一、政府资助出版物的总体情况 …………………………………（161）
　　二、2007~2012年基金资助的实践探索 …………………………（163）
　　三、拓展基金资助的有关建议及努力方向 ………………………（166）

2012年新闻出版人才队伍建设发展状况报告 ……… 刘晶晶　刘拥军（169）
　　一、新闻出版人才队伍的总体现状 ………………………………（169）
　　二、新闻出版人才队伍建设的特点 ………………………………（171）
　　三、新闻出版业人才队伍建设的机遇与挑战 ……………………（175）
　　四、进一步加强人才队伍建设的对策建议 ………………………（177）
　　五、加强对紧缺急需人才的培养 …………………………………（178）

书展，走向书香中国的驿站
——2012上海书展观察 ………………………………… 庄　建（181）
　　一、为什么办书展和怎样办书展 …………………………………（182）
　　二、在服务读者中实现办展追求 …………………………………（184）
　　三、建文化高地四两拨千斤之举 …………………………………（186）

2012年民营书业发展报告 ……………………………… 王化冰（189）
　　一、2012年民营书业总体情况 ……………………………………（189）
　　二、面临的形势与问题 ……………………………………………（191）
　　三、2013年及今后一段时期的发展趋势 …………………………（195）

四、建议 ……………………………………………………………（197）

营造读书文化氛围　推进学习型党组织建设
——中央国家机关"强素质·作表率"读书活动综述 …… 黄逸秋（200）
一、读书活动的品牌特色分析 ……………………………………（200）
二、读书活动的实践效果分析 ……………………………………（202）
三、读书活动成功运作的启示 ……………………………………（203）

2012年新闻出版标准化建设进展 ………………………… 陈　磊（206）
一、新闻出版标准化工作综述 ……………………………………（206）
二、2012年新闻出版标准化工作特点分析 ………………………（209）
三、问题与不足 ……………………………………………………（212）

出版传媒集团研究

2012年出版传媒集团创新发展报告
……………… 中国新闻出版研究院"出版传媒集团研究"课题组（217）
一、出版传媒集团在国际出版业发展中的地位分析——与国外
　　出版集团的差距正在逐渐缩小 ………………………………（217）
二、出版传媒集团在出版产业、文化产业、国民经济中的
　　地位分析——正变得越来越重要 ……………………………（218）
三、2012年上半年出版传媒集团上市公司的经营状况分析
　　——出版发行业绩增长，广告报刊业绩下滑 ………………（219）
四、2012年上半年出版传媒集团上市公司在整个资本市场的
　　地位分析——规模中等偏下，成长性良好 …………………（223）
五、2012年出版传媒集团的改革发展分析——启动二次改革，
　　建立完善的现代企业制度 ……………………………………（225）
六、2012年出版传媒集团文化影响力分析——凸显时代精神，
　　释放正能量 ……………………………………………………（226）
七、2012年出版传媒集团的资本运营分析——打破地区壁垒，
　　拓展新的经济增长点 …………………………………………（227）
八、2012年出版传媒集团多媒体发展分析——既要提供内容，
　　也要提供数字文化产品 ………………………………………（230）

九、2012年出版传媒集团"走出去"分析——输出中国概念，
注重资源整合 ··(233)

企业个案

中华书局百年的历程和发展 ··徐　俊(239)
　　一、教育启蒙与社会变革的推动者 ···(240)
　　二、文化传承的中流砥柱 ··(241)
　　三、为大众服务的文化普及者 ···(243)
　　四、知识分子的精神成长史 ··(244)
　　五、百岁中华的精神遗产 ··(245)
文化的追求与责任
　　——生活·读书·新知三联书店八十年（1932~2012） ··· 张文彦(250)
　　一、无愧于时代——三联书店八十年盛典 ···(251)
　　二、三联书店的历史回顾 ··(253)
　　三、三联书店的文化意义与启示 ···(261)

港、澳、台地区出版业报告

平凡中的不平凡
　　——2012年香港特区出版业回顾与展望 ····················李家驹(265)
　　一、2012年的出版概况 ··(265)
　　二、多元的阅读风貌 ··(268)
　　三、诚品对书业带来的影响 ··(270)
　　四、香港的定位：可争取的角色 ··(271)
2012~2013年台湾地区出版业报告 ····································黄昱凯(275)
　　一、台湾地区出版产业概况 ··(275)
　　二、2012年台湾图书出版产业轮廓 ···(277)
　　三、台湾数位阅读现况 ··(279)
　　四、没有声音的电子书产业 ··(281)
　　五、结语 ···(283)

澳门出版业的新希望 ……………………………………… 陈雨润（284）

附 录

2012 年中国出版业大事记 ……………………………………… 于秀丽（289）
2012 年中国香港特别行政区出版业大事记 ………… 香港联合出版集团（324）
2012 年中国台湾地区出版业大事记 ……………………………… 黄昱凯（333）

主 报 告

稳中求进的中国出版业
——2012~2013年中国出版业发展报告

中国出版业发展报告课题组

党的十八大报告强调要扎实推进社会主义文化强国建设，具体到出版业就是要扎实推进新闻出版强国建设，而建设新闻出版强国，需要大力推动出版业加速发展，提升出版业的整体实力。出版业的发展状况，需要我们做出整体研判并提出相应的发展思路。

近年来，世界经济形势总体上比较严峻。金融危机之后，世界经济复苏的不稳定性、不确定性时隐时现；我国经济发展中不平衡、不协调、不可持续的矛盾和问题仍然突出，经济增长下行压力和物价上涨压力并存，部分企业生存困难，环境保护形势严峻，经济、金融等领域也存在一些不容忽视的潜在风险。面对错综复杂的形势，2011年12月召开的中央经济工作会议确定了以科学发展为主题，以加快转变发展方式为主线，经济工作稳中求进的总基调，做好2012年经济工作，要继续把握好稳中求进的工作总基调，立足全局，突出重点，扎扎实实开好局。

2012年3月31日，新闻出版总署[①]署长柳斌杰在总署党组中心组2012年第三次理论学习会议上提出，2012年的新闻出版工作要坚持稳中求进总基调，正确处理好改革、发展、稳定的关系。2013年1月5日，柳斌杰署长在全国新闻出版工作会议上强调，2013年新闻出版战线要坚持稳中求进的工作总基调，紧紧围绕全面建成小康社会这个目标，加快落实新闻出版业"十二五"规划。

在2013年6月7日召开的新闻出版工作座谈会上，国家新闻出版广电总局党组书记、副局长蒋建国指出，新闻出版系统必须坚决贯彻落实党的十八大精

---

① 2013年3月22日，国家新闻出版广电总局正式挂牌。基于时间段及表述方便，以下全书中之前的名称还用新闻出版总署。特注明。

神和十七届六中全会关于文化改革发展的战略部署,在更高起点上不失时机地推进新闻出版改革发展。

据2013年7月9日国家新闻出版广电总局发布的《2012年新闻出版产业分析报告》,2012年全国[1]出版、印刷和发行服务实现营业收入16 635.3亿元,较2011年增加2 066.7亿元,增长14.2%;增加值4 617.0亿元,较2011年增加595.3亿元,增长14.8%。

2012年全国共出版图书41.4万种,较2011年增加4.4万种,增长12.0%。2012年全国图书总印数79.3亿册,较2011年增长2.9%;期刊总印数33.5亿册,增长1.9%;报纸总印数482.3亿份,增长3.2%,增长速度均低于2011年水平。2012年全国共出版电子出版物11 822种,较2011年增长5.7%;出版数量2.6亿张,增长23.5%;实现营业收入9.2亿元,增长48.6%;增加值4.6亿元,增长47.7%;利润总额2.3亿元,增长76.8%。2012年数字出版实现营业收入1 935.5亿元,较2011年增加557.6亿元,增长40.5%,占全行业营业收入的11.6%,首次突破10%,较2011年提高2.1个百分点;电子书、数字期刊、数字报纸的营业收入增长52.6%,超过数字出版整体增长速度;以网络动漫和在线音乐为代表的新型数字内容服务形态发展迅猛,营业收入增速高达291.2%。2012年全国印刷复制实现营业收入10 360.5亿元,较2011年增加1 055.1亿元,增长11.3%,占全行业62.3%,减少1.6个百分点;增加值2 679.5亿元,较2011年增加354.6亿元,增长15.3%,占全行业58.0%,提高0.2个百分点。2012年出版物发行实现营业收入2 418.7亿元,较2011年增加255.8亿元,增长11.8%;实现利润总额196.0亿元,增加10.9亿元,增长5.9%,实现重新增长。2012年版权引进品种与输出品种比例由2011年的2.1∶1降至1.9∶1;全国共输出版权9 365种(其中出版物版权7 831种),较2011年增加1 582种,增长20.3%。全国累计出口图书、报纸、期刊、音像制品、电子出版物和数字出版物2 087.9万册(份、盒、张),较2011年增加530.4万册(份、盒、张),增长34.1%;金额9 474.1万美元,增加2 077.5万美元,增长28.1%。

据2012年出版类上市公司年报,中南传媒等11家出版传媒类上市公司

---

[1] 不包括香港、澳门特区及台湾地区,下同。

2012年总计实现营业收入441.15亿元，平均增长14.4%，净利润合计45.34亿元，平均增长7.27%。而据《重庆商报》报道，2012年A股上市公司年报披露的数据显示，有可比数据的2 364家A股上市公司在2012年总计实现营业收入23.61万亿元，同比增长8.04%，净利润合计约1.92万亿元，同比增长约0.59%。可见出版传媒类上市公司无论是营业收入增长，还是净利润增长都比A股上市公司的平均水平要高出许多。相比较而言，出版传媒类上市公司的净利润增长比较喜人，这从一个侧面反映出出版业的业绩增长高于国内各行业的平均水平。

2012年党的十八大的召开给出版业带来了巨大鼓舞，出版改革进一步解放了出版生产力，科技与出版融合加快了出版业的转型升级，全民阅读、国家出版基金助推了出版业发展，教辅新政促进了民营书商转型，实体书店获得了政府的有效扶持，莫言荣获诺贝尔文学奖与伦敦国际书展带动了中国出版业"走出去"……2012~2013年中国出版业发展的整体特点可以概括为"稳中求进、稳中有进"。稳，是指出版业的发展整体平稳，没有大的起伏；进，是指出版业紧抓文化强国建设的机遇，加快转变发展方式，深化改革开放，在两个效益上取得新成效。稳和进相辅相成，辩证统一，构成了2012~2013年中国出版业发展的内在特点，这一特点贯穿于出版业的整个发展过程中。

一、2012年中国出版业改革发展的特点分析

（一）出版业进入新一轮改革阶段，非法人报刊编辑部体制改革引热议

改革、发展、管理是驱动出版业前行的三大动力，其中改革处于主导的地位。出版业的改革逐步深化，推动了出版业的稳步发展。

1. 政府推动，出版业进入新一轮改革阶段

伴随着出版业转企改制工作的全面完成以及出版传媒集团的发展壮大，出版业的新一轮改革成为政府继续推动和深化出版业改革发展的关键。

2012年9月23日，柳斌杰署长在出版传媒集团主要负责人座谈会上的讲话中提出，要全面深化新一轮改革，即在完成转企改制的基础上，以"三改一

加强"为重点,继续深化生产经营体制改革,加快建立完善的现代企业制度,在全国范围内打造和培育一批国内一流、国际知名的大型出版传媒集团。具体内容包括积极推进股份制改造、大力推动出版传媒企业上市、完善法人治理结构、加快转换内部经营机制等。

出版业新一轮改革的启动,给出版类上市公司带来了利好。9月24日,传媒板块应声而涨,出版传媒开盘不久,便直冲涨停。同时,天舟文化和华策影视也强劲上涨,涨幅分别达6.87%和4.60%。在新一轮改革精神的指引下,不少出版传媒集团着力建立和完善现代企业制度,积极推进股份制改造,并加快了上市融资步伐。出版传媒企业在内部三项制度(人事、劳动、分配)、激励与约束机制、监督机制、内部运行和经营机制建设等方面也努力改革创新,为企业的发展带来了活力。

2. 非时政类报刊转企改制取得阶段性成果

自2011年出版业全面启动非时政类报刊转企改制工作之后,非时政类报刊转企改制全面推进,取得了阶段性成果。深化非时政类报刊出版单位体制改革,是文化体制改革的一项重要任务,是增强报刊发展活力、提升主流媒体舆论引导能力的重要途径,是优化报刊结构、推动文化产业成为国民经济支柱产业的迫切需要。非时政类报刊的转企改制为报刊搞活内部机制、走向市场、做大做强奠定了基础。2012年,《人物》、《天下》、《财经天下》等一批杂志借改革东风,对杂志内容进行了全新改版,采用完全市场化机制、市场化定位、市场化运营,呈现出十足的活力,引起了良好的市场反响。2012年1月6日,由中国电力报社转企改制组建而成的中国电力传媒集团在北京成立。集团将负责经营《中国电力报》、《中国电业》、《网络导报》、中国电力新闻网、中国电力网络电视台、电力手机报、网络舆情监测以及图书音像、展览制作等传媒业务,同时涉足经营文化旅游、艺术品投资、房地产、酒店管理等项目,打造传媒、文化、实业三大板块共同推进的格局,其目标是要发展成为跨行业、跨地区的大型专业文化传媒集团和战略投资者,对报刊转企改制进行了有益的尝试与探索。

3. 非法人报刊编辑部体制改革在业界引起热议

伴随着非时政类报刊转企改制工作的基本完成,分类改革中所涉及的非法人报刊编辑部体制改革被提上了日程。2012年7月30日,新闻出版总署制定出台了《关于报刊编辑部体制改革的实施办法》，对不具有独立法人资格的报刊编辑部的体制改革，包括"学术期刊编辑部"改革作出了具体安排，主要是"并"（并入其他出版企业）、"转"（自身转为出版企业）、"改"（改为内部资料性出版物）、"留"（留住编辑业务出让出版经营权）四条出路。鉴于"改为内部资料性出版物"意味着失去刊号，"编辑与出版分离"只针对极少数代表"国家水准"的学术期刊，所以四条出路实际上剩下转企改制一条。《办法》一出台，在全国各地引起了热烈的讨论。

有人认为，学术期刊出版是产业，产业就应该遵循产业的发展规律，价值取向以消费者的认可为目标，工作中心以营销为重点，资源配置以获取效益为中心。持这种观点的人认为，学术期刊转企有利于学术资源的优化配置，改变我国学术期刊"小、散、弱"的现状。也有人认为，部分期刊转制之后无法生存，会造成人才的流失，或者造成滥收版面费现象，从而会影响学术期刊的质量。中国学术事业的明天会因为学术期刊的全面转企而焕发生机，还是会由于陷入经营困境而影响学术的繁荣发展，或者会因为滥收版面费而造成恶劣影响？这些疑惑都有待改革的进一步推进来消除。

（二）出版物文化影响力日益增强　内容精彩纷呈释放正能量

1. 主题出版物形成畅销热潮，雷锋精神、中国梦引发读者共鸣

2012年是雷锋同志逝世50周年，也迎来了党和国家的一大盛事——党的第十八次全国代表大会召开。2012年11月29日，中共中央总书记习近平带领新一届中央领导集体参观中国国家博物馆"复兴之路"展览时首次提出"中国梦"概念。在政府有关部门的指导下，全国各出版单位结合重大主题活动，精心策划推出了一系列主题出版物。其中包括迎接党的十八大重点出版物、党的十八大文件及学习辅导读物、深入诠释中国梦的重点出版物、"弘扬雷锋精神"的出版物、宣传党的十七届六中全会的重点出版物、探讨中国未来发展道路的重点出版物等。

这些主题出版物具有素材鲜活、创新能力强、思想内容丰富的特点，无论是内容质量还是装帧设计，都做到了精益求精，受到了广大读者的热烈欢迎。由学习出版社与人民出版社联合出版的《辩证看　务实办——理论热点面对面·2012》对收入差距如何缩小、房地产调控如何坚持等大众关心的热点话题

进行了生动解读，以独特的思想魅力，求真务实的精神，深入回答了广大人民群众普遍关心的问题。华文出版社的《雷锋全集》全面、真实地展现了雷锋精神的实质：把爱献给周边的人，能给他人快乐，也能使自己收获幸福。《雷锋全集》已经重印7次，累计发行25万册。上海人民出版社出版的《中国触动》告诉读者，中国不要自己打败自己，软实力更触动世界，引起了广大读者的共鸣。

2012年，主题出版物延续了上一年的畅销态势，呈现出内容厚重、精彩纷呈的特点。除国有出版单位外，民营书业也纷纷介入主题出版，在市场上掀起了主题出版物畅销热潮。

2. 重大工程引领出版导向，学术文化类图书持续升温

2012年8月，新闻出版总署办公厅下发《关于调整"十二五"国家重点图书、音像、电子出版物出版规划的通知》，"十二五"国家重点图书、音像电子出版物出版规划项目由2 030种增至2 578种，新增规划项目共595种，并从中遴选出代表国家一流水平的原创出版项目，形成"哲学社会科学创新成果出版工程"、"中国科学技术研究领域高端学术成果出版工程"、"中国文学创作出版精品工程"三个精品工程。

2012年，新闻出版总署在国家出版基金、古籍整理出版专项经费等评审工作中对规划项目予以重点关注和支持。2012年度国家出版基金资助项目中，列入"十二五"国家重点图书出版规划的有88项，占项目总数的43%。这些资助项目对出版单位的选题策划起到了引领作用，策划具有文化传承价值的学术文化类选题成为众多出版单位的自觉追求，一大批重大科研、学术成果得到了及时出版。学术科研成果的出版持续升温，使出版的文化传承创新功能得到了有效发挥。

3. 畅销书驱动图书市场繁荣，文学、少儿类图书引领市场风向

2012年图书市场的整体结构基本稳定，专业类图书、教育类图书发展平稳，教材教辅类图书虽然受教辅新政影响较大，但也不过是蛋糕的重新分配，从整体上看教材教辅的利润还是稳步增长，计划内教材教辅依然是出版业发展的基石。在大众图书市场上，各种畅销书虽然此起彼伏，但依然是图书零售市场的重要推动力量。开卷数据显示，2012年，销量前5%的图书码洋对整个图书市场的贡献率达到61.87%，畅销书码洋贡献率再创新高。从2012年的发展

速度来看，文学类和少儿类的表现是最为突出的。

2012年，文学类图书是码洋比重上升最高的一类，其年度增速达7.73%，名家新作带动市场是这一板块畅销书的重要特点。韩寒、郭敬明、南派三叔、黄晓阳等知名畅销书作者都有新书上市。其中，莫言作品的市场影响力增长最为显著。10月之后，莫言获诺贝尔文学奖拉动书业增长，文学类图书成为书业领跑者。2012年莫言的图书对整体市场的码洋贡献率为0.47%，对文学类市场的码洋贡献率为4.21%。莫言效应也引领了经典文学回归的风潮，让更多的纯文学图书走进公众的视野，特别是借力于影视改编的文学作品带动了原著小说的热销。如《白鹿原》、《温故一九四二》等多部经典文学被搬上大银幕，借助电影的声势成为年度畅销书。莫言获奖对图书市场的影响力，由资本市场可见一斑：2012年10月11日，莫言获奖的消息传来，10月12日，新华传媒开盘涨停，带动出版传媒股全线飘红，这是2012年资本市场上出版传媒类股票股价变动最引人瞩目的时刻之一。

2012年，少儿图书的年度增速达4.71%，略低于文学类图书。2012年少儿类图书的畅销新热点，一是原有的知名童书系列的新单册，如"笑猫日记系列"的《永远的西瓜小丑》、"动物小说大王沈石溪品藏书系"的《狼王梦》、"喜羊羊与灰太狼"系列的《开心闯龙年》等；二是新的畅销书系列，如"墨多多谜境冒险"系列、"植物大战僵尸武器秘密故事"系列等。少儿类图书市场是最具成长性的市场。符合少儿天性，具有奇妙、冒险、幻想特点的少儿图书有着巨大的开发潜力。

此外，传记类、文化思想类、励志类、财经类、养生类图书也是2012年持续畅销的图书品种。与央视纪录片《舌尖上的中国》同名的图书，通过对传统美食生动、细腻地介绍，激发起国人深厚的爱国热情。湖南文艺出版社出版的《正能量》，引发"正能量"热潮，把正能量传播作为价值选择的根本向度，最终必将有利于实现整体社会效益最大化，对整个经济、政治、文化的发展释放出正能量。

（三）跨行业、跨地域合作有了新进展，出版传媒集团资本运营引人瞩目

资本运营是出版传媒集团发展的高级阶段。2012年出版传媒集团的资本运

营呈现出一些新的特点。一是跨行业合作实现外向性拓展。如山西出版传媒集团与太原钢铁集团、山东出版集团与山东移动通信公司、中国电信江苏公司与江苏凤凰出版传媒集团、青岛出版集团与海尔集团等相继签订了战略合作协议。这意味着出版传媒集团的外向型拓展取得了新的进展,借助外力占领移动出版、云计算、数字出版的制高点成为出版传媒集团努力的方向。二是跨地域重组进一步深入。2012年,凤凰出版传媒股份有限公司和海南省教材出版有限公司、中国出版集团公司与江西新华发行集团有限公司、中国出版集团公司与吉林出版集团有限责任公司、时代出版公司与青海人民出版社相继进行跨地域重组,在跨地域发展方面取得了新进展。三是出版上市公司在传统出版、数字出版、文化地产、投资理财和教育培训等方面的运营上取得了实效,资本实力逐步增强。据2012年出版传媒类上市公司年报,2012年大地传媒净利润增长达37.31%,皖新传媒净利润增长达25.73%,凤凰传媒净利润增长达25.43%,新华文轩净利润增长达20.50%,中南传媒净利润增长达17.23%,长江传媒净利润增长达16.58%,时代出版净利润增长达14.39%,中文传媒净利润增长达4.88%,普遍高于A股上市公司的净利润增长平均水平。

尽管出版传媒集团上市引来不少议论,尽管国内经济形势并不乐观,A股在2012年"跌跌不休",有关部门已暂停IPO审批,但出版传媒集团上市的兴致却丝毫不减。2012年,中国科学出版集团、读者出版集团、知音期刊集团、中国出版集团、中国教育出版集团、河北出版集团、广东出版集团、山东出版集团等都在努力做上市前的准备工作,其是非曲直,有待实践检验。

（四）传统出版数字化进入2.0时代,社会化阅读、电商平台、移动终端、关联技术成关注热点

2012年,对于踟蹰中前行的中国数字出版业来说是一个利好年。中央提出"科技与文化融合"的发展方向,科技部联合新闻出版总署等六部委推出《国家文化科技创新工程纲要》。作为科技与出版业融合的典范,数字出版迎来史上最好的发展机遇期。

1. 传统出版数字化走进新时代

历经几年探索,2012年,传统出版数字化默默前行。种种迹象表明,传统出版数字化正在步入一个新的阶段,我们可以把这个阶段称之为数字出版的

2.0阶段。

第一，内容制作升级换代。在国内，随着注重设计与细节的唐茶、多看等精品电子书第三方制作商的兴起，纸质出版物电子书制作步入崭新阶段：电子书彻底脱离纸质既有设计，进入了独立设计的美学阶段。在移动出版领域，苹果iReader的推出，使电子书阅读器升级为制作、阅读、分享三位一体的多功能体验载体，其带有背景音乐、语音朗读、无线发布等多功能的电子书阅读平台让使用者对电子书有了一个全新认识。与此同时，图文音视合一的增强型电子书正在越来越多地被出版商推出。

第二，赢利模式的服务化转型。2012年4月，人民教育出版社将该社网络公司改造为人教云汉数媒科技有限公司，致力于服务基础教育信息化；长江出版集团上线数字教育公共服务平台，并与人民教育出版社共同推广人教社"数字校园"工程；江苏教育出版社全力打造了两个平台：一是打造幼儿教育信息化综合平台项目；二是初步实现基础教育数字化题库的建设。国内各大教育出版社正在由生产内容转向提供服务，为学生、家长、老师提供一站式的解决方案。赢利模式的服务化转型体现出传统教育出版单位对数字出版认识程度的深化，已不再将发展数字出版仅仅停留在数字化内容的提供上，而是开始从网络经济的商业模式来建构内容产业。

第三，儿童数字出版产品的增值化。儿童出版物数字化在2012年获得了较快发展，走在前列的出版社如中国少年儿童出版总社、21世纪出版社、安徽少年儿童出版社、接力出版社等。推出更多产品与应用已不仅仅是出版社追求的目标，从专业出版领域转向产业化实践，提供从儿童阅读到衍生产品到多功能体验馆的整体解决方案，提供儿童出版物相关产品的一站式供给是其探索的新路径。

2. 社会化阅读迅速兴起

2012年，社交网络在国内快速发展，微博、微信迅速普及，新浪微博取代新浪网成为新浪最大的网民入口，越来越多的读者利用各大微博平台来进行资讯的获取，从而取代了传统门户网站的角色；微信在腾讯还没有大力推广的情况下，用户数量已经达到2.7亿，并在2013年一季度突破3亿。这一年，美国最大的手机社会化阅读平台Flipboard发布了基于iPhone的中文版应用，并向中国派出了专人负责中国Flipboard的发展工作。

社会化阅读是将数字阅读平台与社交网络平台结合在一起，在社交平台上，实现阅读功能的一种新型数字出版传播模式。是一种以读者为核心，强调分享、互动的全新阅读形式。

社会化阅读平台一改以书为建构主体的平台建构方式，多重建构体系使平台建构更加立体化，它打破了以往被动阅读的静态方式，其内容来源非局限于专业的内容提供者，读者也可以参与到内容的创作与传播中去，拓展了阅读内容的丰富性，增加了读者的话语权。同时，通过社会网络提供的弱关系，也大大提升了数字内容的传播效率。社会化阅读使数字出版不仅仅停留在满足人们静态阅读的需求上，还提供了满足人与人之间关系拓展的需求，满足信息构建与社群传递的需求，满足内容欣赏与互动展示的多重需求，极大拓展了数字出版的内涵与外延。

3. 电商竞争内容销售平台

继 2011 年年底当当上线电子书后，2012 年，国内几家大型电商平台纷纷上线纸书销售。2 月，京东商城宣布启动电子书刊业务；4 月，淘宝书城电子书正式上线；11 月 15 日，苏宁易购正式上线电子书频道；12 月，一直处于观望的亚马逊中国，也毅然宣布上线 Kindle 电子书店。电商企业从事电子书业务，一方面因为纸质图书频道已走在先，拥有了一定用户积累，在价格更低的情况下，电子书对于网购人群中更具吸引力。另一方面，相比日用品等购买渠道丰富的产品，图书的利润率较高。另外在数字内容中，电子书相比在线视频的运营成本较低，其长尾效益可期。

此外，电商网站的全行业覆盖趋势更加明显，布局数字内容已经成为电商网站抢夺用户入口的一大利器，未来，用户的消费习惯会逐步从实体购买扩展到数字内容的消费，电商企业布局数字内容也是未雨绸缪的重要一步。

4. 重视关联性数字出版技术应用

2012 年，出版传媒集团开始通过战略合作、收购股权等各种方式掌握数字出版的核心技术，通过占领技术的制高点，实现数字产品的创新，创造出适合读者消费的新的产品形态。

2012 年 5 月，中国出版集团、中原出版传媒集团、南方出版传媒公司、人民教育出版社、云南教育出版社等 8 家单位，与天朗时代科技有限公司签署 MPR 数字出版战略合作协议，扩大智能语音技术在出版业的应用范围，积极开发点读笔等 MPR 数字出版物。

2012 年,是二维码技术得到广泛应用的一年,图书、报纸、期刊,甚至电视节目中均可见到二维码的影子。通过二维码,可实现既有内容的阅读延伸,同时,也可将平面内容与流内容有效融合,实现了内容产品的多媒体扩展。

MPR 与二维码技术都属于将纸质出版物与数字出版物关联起来的技术。传统出版向数字出版的转型不是一蹴而就。重视关联性技术的应用,在纸媒的继续使用中适度融入数字技术,既延长了纸媒的生命力,也使数媒有了新的落脚点。将纸媒与数媒链接在一起,实现了内容的纸书、音频、视频同步出版,使所有出版形态都拥有了超级链接,增强了阅读的现实感,不失为一种共赢的商业模式。

5. 移动终端成为竞争焦点

移动网络在互联网中的地位越来越重要。中国互联网络信息中心(CNNIC)发布的第 31 次《中国互联网络发展状况统计报告》显示:2012 年 12 月底,中国网民数量达到 5.64 亿,其中手机网民达到 4.2 亿,年增长率达 18.1%,远超网民整体增幅。在 2012 年 6 月,手机首次超越台式电脑成为第一大上网终端,网民中使用手机上网的比例也继续提升,由 69.3% 上升至 74.5%,其第一大上网终端的地位更加稳固。

移动互联网的迅猛发展,使多家互联网企业跃跃欲试。2012 年,百度、盛大、腾讯、奇虎 360、阿里巴巴纷纷涉足手机制造,推出搭载自己操作系统的智能手机:阿里云和百度采取了与品牌手机商合作的模式;腾讯将自己所有的移动应用深度植入到手机厂商手机中;盛大与奇虎采用了自有品牌 Bambook 和 360。互联网巨头以不同的方式介入手机市场,其目的只有一个:占据移动互联网硬件入口,扩张或稳固其流量入口,争取移动互联网新时代的流量变现能力。

如果说手机生产厂商目前还暂时依赖于卖硬件去赚钱的话,那么互联网企业生产手机则更希望通过增值服务来挣钱。这些互联网智能手机普遍采取了偏低的定价策略,都基本定位在千元机的范围。凭借自身巨大的用户量向移动互联网转型,用流量和广告资源与手机厂商分享收益,是其为手机制定的经营策略。

（五）教辅新政促使民营书业转型深化，政策推动其实现新的发展

新闻出版总署2012年7月12日公布的《2011年新闻出版产业分析报告》显示，2011年在全国15.3万家新闻出版企业法人单位中，民营企业数量占81.2%。在印刷复制企业中，民营企业营业收入占86.3%，增加值占85.4%，利润总额占86.5%；在出版物发行企业中，民营企业营业收入占62.9%，增加值占67.6%，利润总额占68.7%。由此看出，2011年民营经济依旧是新闻出版业一支重要的生力军。

2012年的政策、市场变化给民营书业带来了诸多的困难与不确定性，而2013年可能会成为决定众多民营教辅企业命运的关键性一年。

1. 教辅新政影响持续发酵，民营书业转型逐步深化

2012年2月，教育部、新闻出版总署、国家发改委、国务院纠风办联合下发《关于加强中小学教辅资料使用管理工作的通知》，要求各地市教材选用委员会对进入本省的教辅材料进行评议并公告，一个学科每个版本选择一套教辅材料，推荐给本地区学校供学生选用。2012年4月，国家发改委、新闻出版总署、教育部联合印发《关于加强中小学教辅材料价格监管的通知》，明确从2012年秋季学期开始，对中小学生使用的主要教辅材料实行政府指导价管理，部分教辅材料价格降低近40%~50%。由此看来，教辅新政目的是为学生推荐优质、低价的教辅，对进入各地市场的产品进行把关，减少当地学校的筛选成本。

对于教辅新政，各省执行情况有所差异。2012年秋季学期开始时，所有省份基本都已下发了文件，迅速做出反应并执行的省份有十几个，余下的省份则明确表示将在2013年秋季执行。

随着教辅新政的落地，教辅市场也发生了一些变化。教辅整体规模在减少，出版策划教辅的民营教辅企业利润空间也在下降，但这些政策的出台，也使教辅材料过多过滥、选用无序、质量难以保证以及高定价、高回扣等问题得到很好的改善。

第一，在教辅新政的影响下，2012年民营教辅企业开始由以往增品类增销量的做法，逐步转向以单科求销量，推出的产品相比以往，类别、数量都有不同程度的减少。据北京曲一线图书策划有限公司执行总经理李东介绍，2012年

曲一线只做一件事，即围绕"质量提升"加强现有品牌的市场竞争力和可持续发展能力。

第二，纯粹靠系统征订实现销量的教辅产品，在2012年都有不同程度的整合乃至删减，更多民营教辅企业开始将出版方向转向含金量高的市场化零售类产品。山东世纪金榜有限公司、山东瀚海书业有限公司等一批过去主营"批量进课堂"教辅图书的民营书企，在2012年开始推出主打零售市场的图书。

第三，教辅新产品质量都有大幅度提升，差异化也比以往明显。2012年，教辅新政主要影响的是走征订渠道的目录类教辅，实际上，大多数民营教辅企业赖以生存的并非这一块，而是走市场的零售类教辅。由于目录类教辅的开发受到制约，民营书商将更多的精力投入到了提高零售类教辅质量上，更注重教辅产品的个性化与差异化开发。眼下对目录类教辅的授权，是否会在2013年延伸到市场化零售类教辅，这可能是决定民营教辅企业命运最关键的因素。

2. 实体书店接连倒闭，社会各界广泛关注

继2011年年底，国内最有影响力之一的书店光合作用倒闭后，2012年春节前，成都时间简史书坊、上海万象书店也相继倒闭，北京单向街书店也因租金上涨而搬迁，而著名学术书店风入松从原址迁出后迫于房租压力最终还是歇业，季风书园等地标书店的门店也一个个关张，2012年越来越多的独立书店陷入了僵局。

面对独立书店的倒闭潮，北京蜜蜂智爱文化传媒有限公司在2011年推出《独立书店，你好!》后，在书业引起巨大反响，之后于2012年1月推出了《独立书店，你好!（第二季）》，2013年3月推出了《独立书店，你好!（第三季）》。这一系列图书，除了关注独立书店的生存现状，为独立书店立言外，还多方面探讨了独立书店的生存之道。

除书业外，实体书店的困境也继续成为2013年全国两会代表和委员关注的焦点。两会期间，全国政协委员、中国作协副主席张抗抗和全国人大代表、上海广播电视台首席主持人曹可凡等不约而同地提出保护实体书店的提案和建议，使实体书店的发展再次引发关注。两位代表、委员的建议主要包括：对实体书店减免税费；规范图书价格体系，限制网络书店书价恶意竞争；设立专项基金进行扶持补贴；将实体书店纳入公共文化服务体系，在城区规划中预留出版发行门店设施用地等。

我们可以看出，无论是出版人还是文化界人士，都在呼吁政府对实体书店给予扶持和支持。事实上，面对书店的困境，各地相关部门也纷纷出台了相关政策扶持民营书店。2012年2月底，上海市政府宣布将从新闻出版专项资金中划拨1 500万元支持出版物发行网点建设，其中500万元用于定向支持各类实体书店，尤其是已形成专业定位和品牌影响的中小微、专精特民营实体书店。2012年4月底，首批资助企业名单公布，500万元专项资金投向35家实体书店。同时，杭州市委宣传部、财政局、文化创意产业办公室、文广新局四部门联合出台了《关于扶持民营书店健康发展的暂行办法》，并在7月23日出台了《民营书店专项扶持资金的通知》，单独设立民营书店专项扶持资金，每年安排300万元专项资金，以资助、贴息和奖励等方式扶持杭州民营书店发展。

政府的这些政策对于实体书店来说，其作用只是输血，而实体书店要想再焕生机，最关键的还要靠书店自己造血。

3. 政策支持民间资本参与出版经营

2012年6月，新闻出版总署颁布了《关于支持民间资本参与出版经营活动的实施细则》，支持民间资本投资参股报刊出版单位的发行、广告等业务，鼓励民资参与"走出去"出版经营，从事图书、报纸、期刊、音像制品、电子出版物等出版产品的出口业务，到境外建社建站、办报办刊、开厂开店等出版发行业务。支持民资文化企业，以选题策划、内容提供、项目合作、作为国有出版企业一个部门等方式，参与科技、财经、教辅等专业图书出版经营活动。

在出版"走出去"上，民营书业同样引人瞩目。2012年7月北京时代华语图书股份有限公司率先在美国纽约投资成立了全资出版公司——中国时代出版公司（CN TIMES INC），总投资额500万美元。在第十九届北京国际图书博览会上，中国时代出版公司与国内17家品牌出版集团、出版社签订了100种图书的版权输出协议，成为迄今中国出版历史上最大规模的单笔图书输出活动。

民营出版企业虽遇到了种种困难，但在政府的支持下，他们依然在顽强地发展着。

（六）新闻出版公共服务体系建设全面推进

2012年7月，国务院印发了《国家基本公共服务体系"十二五"规划》（国发〔2012〕29号），对"十二五"时期新闻出版公共服务的重点任务、基本标准、保障工程做了整体规划。《规划》要求"十二五"时期广泛开展全民阅读活动,继续加强农家书屋和城乡阅报栏(屏)建设,合理规划布局建设农村和中小城市出版发行网点,推进公益性数字出版产品免费下载、阅读和使用,大力扶持少数民族出版物的翻译和出版,积极开展少数民族文字书报刊赠送活动,由政府对盲文出版物给予资助等。2012年中央财政共安排建设资金155.21亿元(年增长19.81%),用于支持构建包括农家书屋工程在内的覆盖城乡的公共文化服务体系。

由于国家政策和各级财政的大力支持,2012年农家书屋、全民阅读等新闻出版五大惠民工程深入推进,改革发展成果惠及人民群众,新闻出版公共文化服务体系建设日趋完善。尤其是农家书屋工程提前三年建成60万家农家书屋,标志着农村新闻出版公共服务体系基本建成。

1. 农家书屋工程全面竣工

2012年农家书屋工程建设进入最后攻坚和收尾阶段。1月,柳斌杰署长在全国新闻出版工作会议上提出要"高标准完成农家书屋工程建设任务"的要求。5月,新闻出版总署下发《关于开展农家书屋复查 确保农家书屋工程圆满竣工的通知》,确保所有农家书屋出版物配备达标,全部投入使用。8月,农家书屋工程全面竣工,提前三年完成建设任务。9月,全国农家书屋工程建设总结大会在天津举行,柳斌杰署长发表了题为《开创农家书屋工程建设新局面》的报告。

《报告》中谈到,农家书屋工程自2005年试点到全面竣工,全国各级财政共投入资金120多亿元(其中中央财政专项资金58.56亿元),社会投入资金60多亿元,共建成农家书屋600 449家,配送图书9.4亿册、报刊5.4亿份、音像制品和电子出版物1.2亿张、影视放映设备和阅读设施60多万套,基本解决了农民"读书难、看报难"的问题。

2. 国家出版基金突出服务国家大局意识

2012年5月国家出版基金办公室发布的《2013年度国家出版基金项目申报指南》,与上年度相比,增加了资助重点,如"迎接党的十八大重大主题出版项目"、"具有重要思想价值、艺术价值的优秀文艺作品出版项目"和"具有教育普及作用、适合少年儿童阅读的优秀少儿读物和科普读物"等。最终,共有251家出版单位的340个项目获得资助,占申报项目总量的34.4%,资助率比上年降低1%，资助总额为35 866.82万元。

从结果上看，项目规模更趋合理，选题结构逐步优化，体现出国家出版基金继续加大对原创中小型项目的支持力度，服务国家大局意识突出。如集中资助了《中国南海史料文献集》、《中国钓鱼岛主权文献集》等关乎国家主权的重大项目。同时，载体形式日趋丰富，音像制品、电子出版物、多媒体出版物有39项，比2011年提高了4.2个百分点。民族项目增长显著，西藏和新疆地区获资助项目的数量和金额都大幅度提高。社科类、科技类、文学艺术类较上年均有大幅度增长，尤以文学艺术类为最，从上年度的17项猛增至63项。

3. 全民阅读写进十八大报告

2012年3月，新闻出版总署印发《关于深入开展全民阅读活动 努力建设"书香中国"的通知》，各地随之开展了一系列书香活动，有力推动了全民阅读活动的开展。其中，以"书香家庭"活动最具特色。11月1日，新闻出版总署出版管理司在湖南长沙召开了"全国部分省市书香家庭活动座谈会"，探讨如何推动书香家庭建设、营造书香中国。2012年，北京市共评选出了50个最具影响力和感染力的"书香家庭"。河北省计划将"书香家庭"打造成省文化亮点和品牌工程。11月，开展全民阅读活动作为扎实推进社会主义文化强国建设、丰富人民精神文化生活的重要举措，呈现在中国共产党第十八次全国代表大会报告中。

4. 少数民族新闻出版东风工程进展顺利

新疆、西藏、内蒙古、宁夏、四川、青海等少数民族地区在2012年完成了一大批民文采编系统、网站设备、印刷设备配置项目，新华书店网点土建项目也已开工。如新疆维吾尔自治区新疆日报社等22家新闻出版单位的民文采编系统、印刷设备购置项目已全部完成，21个县级新华书店网点开工建设。西藏自治区65处新华书店网点开工建设。

5. 城乡公共阅报栏（屏）工程、盲文出版等取得新进展

2012年，不少城市把阅报栏建设列为为群众办实事之一。江苏省作为较早开展城乡公共阅报栏（屏）建设工作的地区，在全国处于领先地位，之前已建成城乡公共阅报栏（屏）600多个，2012年新建数量超过2 000个。

此外，盲文出版被纳入《国家人权行动计划（2012~2015）》，提出加强盲文出版基地建设，达到年生产盲文书刊1 600种、70万册规模的要求。党报党

刊等重点报刊传播能力建设工程被列入《新闻出版公共服务体系建设"十二五"时期规划》之后，2012年深化党报党刊发行体制改革进入试点阶段。

（七）"走出去"立体化传播格局初步成形，"中国概念"受到国际社会瞩目

2012年11月召开的中国共产党第十八次代表大会提出全面建成小康社会的16项目标。其中，"中华文化走出去迈出更大步伐"被作为我国努力实现社会主义文化强国的重要组成部分。这既是对十年来我国新闻出版"走出去"扎实推进的充分肯定，也对下一步工作提出了更高的要求和希望。

2012年，在全行业不断努力和行政管理部门的持续推动下，出版"走出去"在政策、渠道、品牌、数字出版等方面都有新进展，"覆盖广泛、重点突出、层次分明"的国际传播格局逐步呈现。

1. 各类政策频频出台，出版"走出去"获多方面扶持

2012年，新闻出版总署以一号文件的形式发布了《关于加快我国新闻出版业走出去的若干意见》。这是继《新闻出版"十二五"时期"走出去"发展规划》之后行政主管部门出台的又一专项政策，对"十二五"末的主要目标提出量化标准，明确加强"走出去"宏观布局、加强版权贸易等八项重点任务，提出优化新闻出版资源配置的10条"新政"，大大激发了企业发展海外业务、拓展海外市场的积极性。

其他部委或对新闻出版"走出去"企业和项目予以表彰，或与新闻出版总署签订合作协议，或给予"走出去"重点企业提供特殊便利服务，为相关企业创造了更为有利的融投资和对外贸易环境。2012年，商务部颁布《2011~2012年度国家文化出口重点企业和重点项目目录》。在全部入围的487家企业中，新闻出版类企业占到30%以上；新闻出版项目约占总项目的40%。这充分肯定了新闻出版企业在文化"走出去"战略实施过程中起到的重要作用。2012年7月，新闻出版总署与中国进出口银行在北京签署《关于扶持培育新闻出版业走出去重点企业、重点项目的合作协议》，为新闻出版企业"走出去"在随后5年内争取了不低于200亿元人民币或等值外汇融资支持。这是新闻出版总署继与中国银行、中国农业银行、国家开发银行、中国工商银行等金融机构签订"走出去"支持协议之后与金融领域签订的又一重要协议，对提高新闻出版业

的整体实力和国际传播能力起到极大的推动作用。年内，各级海关通过与重点进出口企业建立"点对点"合作的方式对进出口出版物提供通关便利和相关政策咨询服务，指导企业及时享受减免关税等国家优惠政策。

2．"中国概念"受到国际社会瞩目，以版权转让为中心的多介质传播格局初步形成

2012年，我国版权贸易持续活跃。从内容上看，随着中国的不断发展和国际影响力的与日俱增，国外读者对中国的关注和了解不再局限于武术、烹饪、中医中药、旅游风光等传统文化内容，而更加倾向于推动中国快速发展的政治经济制度、思想文化观念等更为广泛、更为深刻的内容。因此，介绍当代中国核心价值观，探讨中国道路、中国经验、中国模式的"中国概念"图书不断受到国际社会和读者的好评。2012年4月举办的伦敦书展上，"中国概念"主题出版物受到了广泛欢迎。

尤为可喜的是，单一的图书版权输出虽仍是我国版权"走出去"的主要形式，但合作出版成为越来越多的出版机构外向型内容策划和输出的新选择。一些具有特色内容资源的出版社积极与国外同类知名出版机构签署合作协议，以版权合作项目的方式参与文本遴选、选题策划、多介质开发、海外市场营销等重要环节，最大程度地综合发挥中外优势，既能保证选题适合国外市场需要，又能使翻译质量进一步提高，最终达到被国外读者接受和认可的目的。

在版权贸易日趋活跃的同时，版权合同也在从单一的纸质翻译权转让向复合权利合同转变。对于学术类、专业类内容，许多国内出版社选择将纸质版和电子版版权捆绑输出；在汉语教材方面，纸质版权、音像版权和网络学习内容授权成为出版社正在探索的新模式。

3．项目带动初见成效，渠道建设全面推进

"中国出版物国际营销渠道拓展工程"实施三年来，我国越来越多的企业以不同方式与国外重点发行商、批发商和零售商建立了业务往来，为我国出版物进入海外主流营销渠道，进入海外主流读者视野不懈努力。上海新闻出版发展公司在与法国拉加代尔集团建立了友好的销售服务关系后，又与美国泰拓公司、读者文摘集团、伯克利公司签署了中国出版物地区代理发行协议，在进入全球重点零售渠道的同时着力打入全球重点市场的重点发行渠道；中国国际图书贸易集团有限公司与亚马逊联合建立的"中国书店"上线

图书已超过17万种，实现销售数万册，并专门为保证信息编制和实时供货建立了项目联席会议制度，为我国出版物的全球传播探索出一种全新模式。中国图书进出口（集团）总公司在伦敦书展期间与英国最大的连锁书店W. H. 史密斯开展了"中国主题图书推广月"的短期合作，为双方建立长期业务关系奠定了良好基础。

与此同时，我国"走出去"实体的渠道优势和纽带作用渐渐显现，渠道建设突破实物销售渠道这一传统范围，向编辑合作、发行合作、营销合作等多个方向延伸。科学出版社东京分公司与社会科学文献出版社、中国藏学出版社、上海交通大学出版社等国内多家出版机构签署战略合作、项目合作协议，利用东京公司这个平台，走共同策划选题、多文种出版、多介质发布、多地域销售的全球化经营之路。昆明新知集团与人民教育出版社签署人教版产品"走出去"合作意向书，凭借自身在东南亚、南亚的门店代理销售该社汉语和基础教育教材，提升人教版教材在这些地区的认知程度。

4. 数字出版"走出去"备受关注，出版企业创新输出模式

2012年，以网络游戏和期刊数据库为代表的我国数字出版"走出去"依然保持着强劲的势头。年内，我国共有40家企业向海外出口177款自主研发的游戏，海外收入达到5.7亿美元，"走出去"企业数量、出口数量和海外收入都实现了两位数的增长。期刊数据库方面，集合了大陆公开出版的90%以上学术资源的"中国知网"系列数字出版产品2012年实现海外销售832万美元，1245家海外机构用户分布在42个国家和地区。

传统新闻出版企业抓住移动阅读成为阅读潮流和发展趋势的有利时机，以特色内容为素材，或自主研发，或借助海外成熟平台，开发各种应用程序，尝试利用数字平台"走出去"。北京语言大学出版社的汉语学习应用年内已登陆苹果商店；江苏科技出版社《针灸经络穴位》书籍应用程序60%的下载用户来自欧美地区；中国国际出版集团投入研发的《中国文摘》移动新媒体阅读产品围绕中国财经和时政话题，以多种形式集中展现国内外相关观点与评论。所有这些都表明，传统新闻出版企业在数字出版"走出去"方面已变被动为主动，以数字化产品开发取代单一的数字化内容输出，以新技术创新海外营销和销售渠道，以数字化阅读产品实现信息整合和中国观点发布。

二、中国出版业未来改革发展的趋势分析

（一）现代企业制度将逐步完善，报刊编辑部改革将继续推进

在2013年6月7日召开的新闻出版工作座谈会上，国家新闻出版广电总局党组书记、副局长蒋建国指出，新闻出版系统要认清形势凝聚改革发展共识，坚定不移地深化新闻出版体制改革。

伴随着经营性出版单位转企改制工作的基本完成，出版单位建立现代企业制度和完善的法人治理结构，加快股改上市的步伐，在全国范围内打造和培育一批国内一流、国际知名的大型出版传媒集团将成为下一步改革的方向和必然趋势，而报刊编辑部的改革则是下一步改革的突破点。

1. 探索主管主办制度与出资人制度有效衔接的管理体制是下一步改革的重点

对于出版传媒集团与部委出版社来说，目前其受主管主办单位与出资人的双重管理。在中国现行的新闻出版管理体制下，主管主办制度是一个需要长期坚持的制度，那么，如何将出资人制度与主管主办制度有效结合，如何划分他们之间的责权利关系，就成为出版业新一轮改革中一个迫切需要探讨与解决的问题。2013年5月，国家新闻出版广电总局党组书记、副局长蒋建国在新闻出版调研工作汇报会上要求要积极探索主管主办制度与出资人制度有效衔接的管理体制，实现管人、管事、管资产与管导向的有机统一。可以预计，这种探索在不久的将来会产生重要的突破。

2. 现代企业制度将逐步完善

目前不少出版传媒集团与出版单位都建立了现代企业制度，但这些制度并不完善，比如出版传媒集团的董事长、董事、总经理全部由上级领导任命，这与现代企业制度是格格不入的。随着新一轮改革的深入，建立股东会选举董事会，董事会任命经理层的运营机制将是大势所趋。许多大学出版社转制以后，建立了董事会，设立了董事长，同时还保留了社长的职位，这其实是两种体制的杂糅。董事长与社长谁应该是出版社的第一负责人？其职责有什么不同，这是一个很难说清楚的事，在实践中也常常导致两者之间产生矛盾。随着改革的

深入，大学出版社的现代企业管理制度也必将进一步完善。在大学出版社建立董事会聘任总经理，总经理负责具体经营业务的机制也为期不远。

3. 报刊编辑部改革的难题将会得到有效破解

在2013年新闻出版工作座谈会上，国家新闻出版广电总局党组书记、副局长蒋建国指出，出版业改革的重点任务是继续推进报刊出版单位体制改革。具体地说就是要推进报刊出版事业单位分类改革，推进科技期刊和学术期刊出版单位改革，推进报刊编辑部改革，推动组建报刊出版传媒集团公司。由此可见，政府部门推动报刊编辑部改革的态度十分坚决。虽然对报刊编辑部改革仁者见仁、智者见智，虽然报刊编辑部改革困难重重，虽然报刊编辑部改革涉及的问题比较复杂，但我们相信，政府有关部门与研究者、从业者有足够的智慧找到解决问题的办法，报刊编辑部改革的难题必将得到有效破解。

（二）中国梦将成为未来出版传播的核心主题

2013年主题出版仍将是出版业发展的主流。2013年是践行党的十八大精神和中国梦的开局之年，是抗美援朝战争胜利60周年，是中国首次成功发射载人宇宙飞船神舟五号10周年。相关主题的出版物将会是未来出版社关注的着重点。其中，中国梦将会是未来出版传播的核心主题。

中国梦实质上是实现国家富强、民族振兴、人民幸福的诗意化表达，中国梦体现了党的十八大的精神实质，党的十八大提出的经济建设、政治建设、文化建设、社会建设和生态文明建设五位一体总体布局，中国特色新型工业化、信息化、城镇化、农业现代化道路，文化强国、海洋强国、生态文明等的建设都是中国梦的应有内涵，这些内容将在未来的出版物中得到充分体现。

1. 经济强国建设类图书将会是出版人重点关注的选题

以经济建设为中心是兴国之要，以科学发展为主题，以加快转变经济发展方式为主线，是关系我国发展全局的战略抉择，新型工业化、信息化、城镇化、农业现代化同步发展是我国经济发展的具体目标，新"四化"建设将会为出版业发展提供巨大历史机遇。全面深化经济体制改革、实施创新驱动发展战略、推进经济结构战略性调整、推动城乡发展一体化、全面提高开放型经济水平等都将会是出版人重点关注的议题。

2. 政治建设类出版物将会受到广大读者的欢迎

继续积极稳妥推进政治体制改革，发展更加广泛、更加充分、更加健全的人民民主是我国政治建设的重要内容。注重健全民主制度、丰富民主形式，保证人民依法实行民主选举、民主决策、民主管理、民主监督，支持和保证人民通过人民代表大会行使国家权力、健全社会主义协商民主制度、完善基层民主制度、全面推进依法治国、深化行政体制改革、健全权力运行制约和监督体系、巩固和发展最广泛的爱国统一战线等方面的出版物将受到广大读者的欢迎，成为选题策划关注的重要领域。

3. 文化强国建设类出版物将成为出版传播中的热点

文化是人民的精神家园。建设社会主义文化强国，关键是增强全民族文化创造活力，让一切文化创造源泉充分涌流，让全民族文化创造活力持续迸发。加强社会主义核心价值体系建设、全面提高公民道德素质、丰富人民精神文化生活、增强文化整体实力和竞争力是文化强国建设的主要内容，关注这些内容既有利于文化强国的建设，也有利于促进出版业的发展。

4. 社会建设类出版物将会得到广泛传播

加强社会建设，是社会和谐稳定的重要保证。加强社会建设，必须以保障和改善民生为重点，必须加快推进社会体制改革。努力办好人民满意的教育、推动实现更高质量的就业、千方百计增加居民收入、统筹推进城乡社会保障体系建设、提高人民健康水平、加强和创新社会管理是社会建设的重要内容，也是出版人应该深入探讨、研究、广泛传播的内容。

5. 生态文明建设类将为出版人提供足够丰富的新题材

生态文明的实质是尊重自然、顺应自然、保护自然，生态文明建设就是要推进绿色发展、循环发展、低碳发展，形成节约资源和保护环境的空间格局、产业结构、生产方式、生活方式。如何优化国土空间开发格局、如何全面促进资源节约加大自然生态系统和环境保护力度、如何加强生态文明制度建设等都是生态文明建设的重要方面，这是值得出版业高度关注的新兴领域，需要进一步深入挖掘。

另外，总结历史经验、探索未来发展道路、建设小康社会与改革开放、国防和军队现代化、"一国两制"和祖国统一、人类和平与发展、党的建设等也将会是出版物表现的重要内容。

（三）出版传媒集团跨地域、跨媒体发展将会有新突破

1. 出版传媒集团跨地域设立的出版公司会有新发展

2013年5月，安徽时代出版旗下的全资子公司北京时代华文书局获得国家新闻出版广电总局批准颁发的图书出版许可证，这是中国出版产业跨地区发展获批的第一家出版企业。这标志着出版传媒集团跨地域发展将进入一个新的时代。出版传媒集团跨地域设立独资公司或者控股公司已经具有比较长的历史，比较知名的有世纪出版集团在北京设立的世纪文景公司，长江出版传媒集团在北京设立的长江新世纪公司，广西师大出版集团在北京和上海设立的贝贝特公司等。这些出版公司都没有出版权，必须用其他出版社的书号，不能以公司名义出书，也不能直接申报项目，在出版流程上也有许多不便，这不利于其品牌塑造，对公司的经营也有很大的影响。时代出版旗下的北京时代华文书局获得出版权，意味着其他出版集团跨地域设立的出版公司也有获得出版权的可能，出版传媒集团将进入跨地域发展的一个新的时代。

2. 跨地域重组将有可能实现强强联合

除了跨地域设立出版公司，出版传媒集团的跨地域强强联合也将有可能获得新的进展。此前，出版传媒集团并购重组出版社或者出版集团已有不少先例，但基本上都是强的重组弱的，中心城市的重组边远城市的，这与国际出版传媒集团之间强强联合的重组背道而驰，对改变地方割据的出版格局没有太大影响，对出版资源的整合也没有太多的益处。2012年10月29日，据路透社报道，英国培生集团已经同意旗下企鹅出版社与德国贝塔斯曼旗下兰登书屋合并，创建世界领先的企鹅兰登书屋，此次重组的目的是为了应对数字出版的挑战。据说，哈珀科林斯与西蒙舒斯特也有合作意向。看来为了应对新媒体的挑战，大的出版传媒集团之间进行横向并购是一种大的趋势。中国出版业地区分割的局面已受到高度关注，大的出版传媒集团之间实行横向并购重组，整合专业性相同的内容资源应该为期不远。

3. 新闻出版广电总局成立将助推大型传媒集团诞生

2013年3月15日，全国人大通过机构改革方案，批准组建国家新闻出版广电总局，初步实现"大传媒"的统一管理体制，实现整个传媒产业链的资源整合与共享。2013年3月22日，国家新闻出版广电总局正式挂

牌。未来出版传媒集团经过批准后配置广电资源，广播电视集团配置出版资源可能性增大，出版传媒集团与广电集团重组的可能性也加大，组建新闻出版广电全产业链传媒集团的可能性日益增强，形成新闻集团、贝塔斯曼集团这样的国际大型出版传媒集团的可能性也日益增强。可以预计，新闻出版广电大传媒产业链的融合将不可避免，通过市场运营、股份制合作整合全产业链的内容资源，形成一种资源多次开发，多终端接收的传播系统将是大势所趋。

（四）移动网络应用日趋多样，微传播将获得社会持续关注

1. 移动网络建设迅猛扩张，移动应用将更多样

随着移动互联网进入4G时代，数字出版需要大网速传送的内容将会获得更好的用户体验，数字内容的深化开发与推广，将获得更有力的技术支持。4G时代，无线网络将会与有线互联网一样快捷，而手持、移动的便捷属性又使手机拥有PC终端所无法比拟的优势，传统的PC端商业模式将遭遇到移动互联网带来的强大挑战，数字出版走向移动化将得到更多体现。

伴随智能手机的普及与移动网民数量的激增，移动互联网应用也获得快速增长。苹果公司宣布，截至2012年12月底，苹果应用商店App Store自面世以来已经推出了大约77.5万个APP应用，苹果iOS应用商店App Store的应用程序下载总量已经超过400亿个，2012年的应用下载量更是取得惊人的进展，当年达到了200亿个。

2012年8月在北京召开的苹果APP移动运营商大会展台上，除了传统基于触摸功能的新款游戏之外，五花八门的新开发更是让人眼前一亮。其中有基于位置服务的多款应用，如结合位置提供的酒店、机票预订的便捷服务；同城同区域的新型移动社交网络LSNS；结合定位功能的电商销售平台。有以个性化内容为主题的应用开发：如原始音乐的个性化定制；类似扎客网的个性化社会化阅读平台。还有软件开发各种工具：背景音乐的提供；室内装修的仿真模拟等。开放的平台推动创新智慧。相信在未来，这种新奇特的应用开发会越来越多地出现在移动应用商店中。

2. 大数据将使个性化、精准化、精确化服务成为现实

数字出版正步入一个大规模生产、分享和应用数据，社交网络、电子商务

与移动通信把人类社会带入一个以"PB"（1024TB）为单位的结构与非结构数据信息时代。其中，结构数据是指来自于企业的ERP、CRM等各类数据库，非结构性数据是指越来越多的来自互联网与移动互联网的日志、音视频、图片、地理位置等信息。据估算，非结构化数据占比会达到整个数据量的75%以上。以往的数据库技术对于这些实时动态的数据进行分析与使用的时候力有不逮。随着大数据挖掘与分析技术的不断提升，海量数据在经过精确分析后会诞生出巨大的价值，比如依据客户购买与阅读行为的全数据进行分析，对之进行精准内容投送、个性化、精确化营销定位；对数字内容进行定位与改进，提升内容价值；提高使用效率等等。处于大数据处理时代的数字出版，在大量繁复的信息内容中，探索数字出版领域新型产品、服务与商业模式与投资机会，将是全新挑战。

3. 微传播将可能成为数字出版传播的重要趋势

微传播是指传播主体、传播内容与传播方式都以"微"为特征的新型网络传播方式。微传播是一种个人、平民和底层的传播形态，采用微话语的表达，关注微层面内容，通过互联网、移动互联网的实时交互，不同价值观在同一时空中发酵、冲突，进而聚集弥散在民众中的细微力量，从而获得社会的持续关注力。在过去的一两年中，通过微传播引爆的社会公众事件屡见不鲜，且呈现出不断攀升之势。微传播所爆发出的媒介公信力与影响力，大有与大众传播抗衡之趋势。

微时代的出现，是中国当代社会文化激烈变化的结果，与此前单一的意识形态和价值观念不同，今天网民的欲望和诉求更加多元。在一个价值多元、利益多元化的时代，他们希望以自己的努力，影响舆论与公众，共建一个和谐、美好的社会。微博、微信、QQ、MSN、SNS、BBS等这些微传播渠道在聚合散乱力量，表达出碎片的意志方面，正体现出其强大的力量。重用微传播，在未来数字出版领域，乃至整个互联网、移动互联网领域，都是一个不容忽视的课题。

（五）民营书业多点突破，资本运营将成必然选择

1. 民营书业多点支撑的利益格局将初步形成

在2012年教辅新政的影响下，民营书业长期以来过分依赖教辅图书的产

品结构的风险暴露无遗，给部分民营教辅企业带来重创。因此，加快民营书业的转型，寻求多点支撑的利益格局，已成为很多民营企业的必选之路。

首先，加快产品结构调整，减少企业对教辅品种的依赖，向学前、少儿、大学、社科类图书靠拢，有效避免因教辅新政所带来的无书可出的尴尬局面，已成为很多民营企业的必然之选。广州开心图书发行有限公司表示，将来要寻求在少儿文学图书出版领域的新增长。

其次，民营教辅企业开始从教育图书出版商向教育内容、服务提供商转型。志鸿教育、世纪金榜、经纬文化、江苏春雨等几家大型教辅机构在教育信息化上的投入逐年加大，传递出了其向教育服务提供商转型的信号。2012年6月，天舟文化出资1500万元，与上海东方阶梯智力发展有限公司共同出资设立北京东方天舟教育科技有限公司，开展教育培训业务。其年报显示，2012年教育培训业务对天舟公司营收贡献了282.3万元。

第三，出版行业将从"做图书产品"转向"做数字化信息内容资源"。数字出版正逐步成为民营书业公司投入的重点。以运营磨铁中文网、磨铁手机站以及苹果设备等终端建设工作为主的北京磨铁数盟信息技术有限公司，在2012年已开始步入轨道。江苏可一出版物发行集团则加大了其天下阅读网的投入，同时可一公司还推出了以电子书包为核心内容的系列产品，为教育现代化提供数字化校园的系统集成和软硬件优化服务，提供电子书包解决方案。

第四，教辅企业开始尝试跨行业发展。2012年3月中旬，志鸿教育集团和复星集团联合投资21.2亿元的印象齐都文化创意产业园项目在淄博奠基，该项目致力于打造集文化产品研发、创意设计、文化体验、数字版权和动漫等为一体的复合式文化产业园；2012年4月24日，世纪金榜与央视动画有限公司达成电视动画片衍生产品开发战略合作协议，还与北京广豪时空文化传播中心达成手机电视开发合作协议，与国试（上海）文化产业有限公司、北京紫峰文化发展有限公司达成教育图书策划发行战略合作协议。

第五，在国家政策的支持与教辅新政的影响下，民营书业与国有出版资源合作将成为必然的趋势。2012年，京版北教控股有限公司与北京小雨明天图书有限公司合资成立北教小雨文化传媒（北京）有限公司；广西师大出版社与北京昊福文化传播有限公司股权合作，占有公司10%的股份；金星、志鸿、金榜苑等知名教辅企业选择和人教社合作。这些合作说明，国有与民营的合作将越来越紧密。

总之,"把鸡蛋放在不同的篮子里"分散风险,成为大多民营教辅企业的新选择。民营教辅企业的这些转型,大都还在探索或尝试中,多数利润菲薄甚至是没有利润,但他们谋划的是未来,他们期待着转型能成为扭转教辅新政不利影响的转机。

2. 民营书店由单一售书向文化服务转变

2012年,"求变"成了依旧坚守的民营书店的生存新思路。书店除了卖书外,开始提供一些延伸服务,如在店内做起了会所、咖啡馆、茶馆、文具,甚至服装、手袋、装饰品等生意。因为,随着网络书店对实体书店生存空间的挤压,以及近年来房租等经营成本的膨胀,书店单纯图书销售的利润已不足以维持书店生存。

上海的2666图书馆,是一家沙龙式私人书店。它采取的是收费会员制,主要销售人文社科类,并且都是签名本,以借书、卖咖啡为主,并不断举办各种活动,如放电影,搞讲座,请作家、学者、导演、音乐人来交流等。广州方所书店集书店、美学生活、咖啡、展览空间与服饰时尚等混业经营为一体,店内专门设有"方所推荐"、"媒体推荐"、"网络意见领袖推荐"等特色书架。

这些都是实体书店转型升级的有益尝试。由此看来,民营书店要想生存下去,必须改变单纯贩售式的传统书店模式,要以文化企业自身的创新提升、生产销售高附加值文化产品、提供多元化服务等,来拓展新型书店模式。

3. 更多的民营企业将引入业内或业外资金进行资本运作

随着《关于支持民间资本参与出版经营活动的实施细则》的颁布,以及政府支持民间资本参与出版经营活动力度的加大,将来可能会有更多的民营资本进入出版经营领域。

首先,国际风险投资者开始关注民营书业。据《中华读书报》报道,被称为VC中的传奇,曾投资并帮助孵化过苹果、思科、谷歌、甲骨文等公司,在国内投资过新浪网、阿里巴巴集团、京东商城等公司的国际风险投资巨头红杉资本,约出资1.5亿元人民币投向新经典文化。该投资为迄今为止民营书业获得的最大单笔投资。

其次,更多民营书业开始为上市融资做准备。2012年9月,江苏可一文化产业集团股份有限公司发布上市辅导公告,拟在国内证券交易所上市;2012年

12月，北京昊福文化传播有限公司在天津股权交易所挂牌；2012年，志鸿集团、学友园等民营企业纷纷引入数千万元资金。据悉志鸿集团还有计划冲刺资本市场。

借力资本，在未来的一个时期内，将成为更多民营书业的选择。

（六）全民阅读将成为国家重要文化工程，数字农家书屋将获大范围推广

在2013年1月的全国新闻出版工作会议上，新闻出版总署署长柳斌杰作了《深入学习贯彻党的十八大精神　加快推进新闻出版强国建设》的报告（以下简称《报告》），指出总署将进一步完善新闻出版公共服务的生产供给体系、服务网络体系、基础设施体系和保障体系，尽早实现新闻出版惠民工作全覆盖。其中，全民阅读和农家书屋工程在新闻出版公共服务中占有重要篇幅，反映了政府的倾向。

1. 全民阅读将成为新闻出版公共服务新亮点

《报告》对2013年新闻出版公共服务工作提出四点要求，其中第一条即是大力推进全民阅读，抓住党的十八大报告首次历史性地写入"开展全民阅读活动"的重大契机，制订国家全民阅读中长期规划，完善全民阅读活动基础设施，加快城乡阅报栏（屏）工程建设，开展"书香之家（乡、县、市）"推介工作，营造"书香中国"浓厚氛围。根据这一要求，1月24日，新闻出版总署全民阅读活动组织协调办公室召开会议，制定了多方面措施推进全民阅读，包括推动设立国家全民阅读指导委员会；推动全民阅读国家立法，设立国家阅读节或全民阅读日；推动建立国家阅读基金，将全民阅读提升为国家重要文化工程；研究制订国家全民阅读中长期规划；开展书香之家的推荐活动等等。有目标、有任务、有方案、有制度，政府投入力度明显增强，在未来几年，全民阅读有望成为新闻出版公共服务领域中继农家书屋工程建设之后的又一大亮点，参与人数、影响深度及广度都将远超以往。

2. 数字农家书屋有望大范围推广试点

2012年新闻出版总署已就数字农家书屋的试点建设发出积极的信号。2012年9月，柳斌杰署长在《开创农家书屋工程建设新局面》的报告中提出要"以数字化建设为手段，提高农家书屋传播能力"，鼓励各地可以"先从有条件的

地区和艰苦偏远地区入手,探索数字农家书屋的建设模式和经验,重点解决偏远地区报刊的及时投递、更新问题"。当年已有不少省份开始探索运用互联网、卫星、多媒体、有线电视网络等技术推进数字农家书屋的建设,探索适用本地的运行模式和平台构建。根据工作部署,2013年农家书屋工程的重点是巩固和提高。从巩固的角度,主要是用好管好农家书屋,解决好资金、人员和出版物补充更新问题。从提高的角度,数字农家书屋作为完善和补充实体农家书屋功能的重要手段已得到各方充分认可,2013年1月的《报告》更加明确地提出要"推进数字农家书屋试点扩展工作,构建农家书屋综合服务平台。"从上述讲话和数字农家书屋目前发展的形势来看,2013年数字农家书屋将迎来新的发展契机,扩大试点范围,成为农家书屋工程后续发展的重要方向。

(七) 市场化运营、本土化运作,"中国品牌"将在全球大放异彩

2012年是新闻出版"走出去"的国际布局年,2013年是新闻出版"走出去"的品牌年。可以预计未来一段时间,行业"走出去"扶持政策逐步落实,党的十八大对中华文化"走出去"强调作用渐渐显现,新闻出版企业对"走出去"工作的重视程度将进一步提高。随着中国作家、中国作品、中国声音、中国企业不断为世人了解和熟知,中国品牌作家、中国品牌出版物、中国品牌新闻出版企业将会受到国际社会的普遍关注。

1. "莫言热"将带动更多优秀出版物品牌"走出去"

莫言获得2012年诺贝尔文学奖无疑是多年来我国文学作品走出国门结出的硕果。莫言可以说是名符其实的中国品牌作家,其作品无疑可称为中国品牌出版物,其将为我国现当代文学作品获得全球读者关注提供重要契机。从诺贝尔奖官方网站对莫言获奖的评价——"用魔幻现实主义的写作手法,将民间故事、历史事件与当代背景融为一体"来看,具有独特写作手法、包含"中国概念"的作品将因莫言作品的全球热销而具备读者需求、出版需求等"硬性指标",在版权推介、作者推介和产品营销过程中也将获得诸多便利条件。

出版"走出去"必将是中国品牌出版物的"走出去",质量低劣的出版物将难以"走出去"。因此,打造中国品牌出版物,推出"中国概念,国际化表达"优秀作品将会是中国出版业"走出去"的必然选择。

2. 出版企业抱团"走出去"将更有利于打造国际化品牌企业

我国新闻出版"走出去"经过了十年的发展，以新闻出版集团为代表的企业已经在版权贸易、实物出口、数字出版产品出口、印刷服务贸易、资本境外投资等方面进行了有益探索，获取了宝贵经验，为国内外同行展开"走出去"的深入合作打下了良好基础。在过去的一年里，我国一些新闻出版集团或与国内优势企业合作，或与国外重点企业建立战略合作关系，以"联合舰队"的形式尝试国际化经营已有萌芽态势。

考虑到这些集团的示范作用和大部分企业独自开拓海外市场的能力不强，我国新闻出版企业与国内外重点企业建立战略合作伙伴关系、项目合作关系，通过"抱团"提高自身海外知名度、提升国际经营能力，逐步打造成国际化企业品牌可能成为一种趋势。

3. 民营企业品牌将在"走出去"中发挥重要作用

在新闻出版"走出去"过程中，民营企业品牌一直扮演着重要角色，并将在同业示范、政府扶持、资本带动的合力下发挥重要作用。

第一，以天视全景、珍本国际、同方知网、完美世界、雅昌集团、时代华语等为代表的民营企业已经在"走出去"的五大领域中取得了显著成绩，必将带动更多同类企业进行大胆尝试。

第二，《关于加快我国新闻出版业走出去的若干意见》对"完全针对国外外语市场开展出版业务的非公有制企业、中外合资企业给予特殊扶持政策"。

第三，2012年6月新闻出版总署发布的《关于支持民间资本参与出版经营活动的实施细则》指出，民营书业企业"经批准，对面向境外市场生产销售外语出版物的，可以配置专项出版权"。这对于民营书业企业"走出去"提供了强有力的支持。

第四，创业资本对民营企业的注资无疑在资金上可对后者开拓海外市场提供了一定的保障。

三、促进中国出版业改革发展的建议

（一）学术期刊改革要尊重期刊发展规律，以繁荣学术、促进学术期刊发展为目的

1. 学术期刊改革要重在促进学术发展繁荣

随着市场经济的发展，学术期刊原有的办刊机制、办刊模式已经越来越不适应市场经济办刊环境下期刊发展的需要，改革是历史的必然。但鉴于学术期刊的特殊性，其改革的重点应放在繁荣发展学术上。因为我们的最终目的是要促进学术的交流和发展，"转企、改制"都只是手段。在学术期刊改革方面，我们可以借鉴北京中科期刊出版有限公司"编营分离"的模式，即把出版经营这块交给中科期刊统一管理，编辑部以及内容生产还由各主办单位来负责。这在一定程度上既有利于发挥办刊人的积极性，又实现了在激烈竞争态势下的利润和效率要求，是在既有大格局不变的前提下推进学术期刊深化转型的较为理想的制度安排。

因此，对于学术期刊改革，国家应给予更多的人、财、物的扶持和政策支持，通过"增加投入、转换机制"来增强和改善服务，调整优化期刊结构，激活办刊活力，让学术期刊能够更好地承担起传播学术、服务科研的职能，这也应该是改革的根本目的。

2. 学术期刊改革要适应期刊业的发展规律

不管是生物界还是大自然，亦或是整个人类，其均衡发展，必然要求"小与大、强与弱、好与坏、美与丑"的完美结合。期刊业的发展也必然要遵守这个规律。有调研发现，即便是在科技期刊发达的美英德日法等国家，其期刊出版单位的规模也并不都是很大。美国出版 10 种以上科技期刊的出版机构只占全部出版机构的 3.3%，美国出版科技期刊的机构有 2 421 家，共出版 6 720 种科技期刊；英国的 4 323 种科技期刊由 1 019 个出版机构出版；德国有 2 110 种科技期刊，由 715 个出版机构出版；日本有 1 963 种科技期刊，由 1 473 个出版机构出版，平均每家出版科技期刊 1.3 种；法国有 810 种科技期刊，由 348 个出版机构出版。

我国期刊业体制改革虽然有利于破解"小、散、弱"的结构性弊端，实现期刊业的转型升级，推动期刊业又好又快发展，增强期刊传播能力。只有"强者"，没有了"弱者"，会有损期刊业的生态平衡。所以学术期刊改革，在扶持和鼓励学术期刊集团化、集群化发展，帮助其做大做强的同时，也要兼顾中小期刊出版单位的利益，允许其存在并为他们提供生存发展的空间。

3. 建立完善的非营利出版机制

在西方，学术期刊出版机构一般分为营利性的商业出版机构和非营利性的出版机构两大类。商业出版机构是出版业的主力，以最大限度地获得商业上的利润为宗旨，完全是企业化运作，如爱思唯尔、施普林格；非营利性出版机构则更多地考虑学术发展的需要，包括各类学术团体、大学及其研究机构主办的各种学术期刊。他们一般享受减免税收、政府资助、财政拨款、基金支持等优惠。

用政府资助和基金运作的方式对学术期刊进行资助是西方国家的普遍做法。从基金的资金构成来看主要有三种形式：一是政府出资建立的基金会，如美国国家科学基金会、德国的科学研究会；二是私人捐款设立的基金会；三是基金来自多种渠道，包括政府资金、民间捐款、社团赞助，如美国福特基金会。此外，政府资助主要有两种情况，一是由政府从国库中直接拨出，二是设立一个税收项目，所有税收的一部分或全部用作某一基金。像英国皇家学会这样的非营利性出版组织，政府资助是其主要的收入来源；德国每年用于印刷补贴（学术著作和学术期刊）的资金在900万马克左右；日本1996年资助学术定期出版物218种，美国早在1977年有关部门直接资助的科技期刊就达149种，直接资助金额在2 000万美元以上。

在世界学术期刊市场中，虽然营利性机构占主导地位，但非营利性机构作为市场不可或缺的组成部分起着十分重要的补充作用。我国学术期刊改革也可以借鉴国外学术期刊发展的模式，建立完善的非营利出版机制，让"公益的归公益，商业的归商业"。

（二）出版业传播中国梦要注重实效

习近平总书记提出中国梦的概念后，在全国范围内掀起了学习讨论中国梦的热潮，出版行业也积极参与讨论中国梦的实质及实现中国梦的路径。人民出版社、人民日报出版社、红旗出版社等很快推出了中国梦主题的出版物。出版人该如何认识传播中国梦，传播中国梦有哪些内在的规律，如何才能使受众更好地认知并接受中国梦？这是一个值得出版业长期探讨的课题。针对这一问题我们提出以下建议：

1. 出版传播中国梦要有思想性、价值性

中国梦不是一个抽象的概念，它与中国价值、中国思想、中国智慧、中国精神、中国形象密切相关。传播中国梦必须把这些思想观念渗透在每一个出版物中，渗透在每一种出版物的策划、编辑、营销过程中。中国人的诚实守信、坚韧顽强、和谐共进、团结奋斗、集体主义等传统价值观，都应该在出版物中得到充分的体现。从另一个方面看，中国梦应该体现在政治、经济、文化、科技、教育等一切领域，形成一个完整的系统。

2. 要注重传播普通人的中国梦

中国梦应该是勤劳致富的普通人之梦，应该是合法经营的企业家之梦，应该是通过创意、创造致富的创业者之梦。中国梦应该汲取美国梦的合理内核，注重发挥个人的积极性、创造性，让每一个有目标、有追求，勇于奋斗的人都能实现自己的梦想，通过个体的强大实现国家富强。

3. 要用生动感人的典型形象传播中国梦

出版传播中国梦需要理论的研究与探讨，但更重要的是通过故事、通过情节、通过细节、通过血肉丰满的人物形象来传播，要能够感动人、感染人，净化人的心灵、提升人的境界。许多美国大片与畅销书如《第一滴血》、《阿甘正传》、《泰坦尼克号》等中没有一个字谈美国梦，但其却通过一个个人物形象让人感受到了美国式的个人奋斗精神、美国式的传奇色彩、美国式的绅士风度。有人说，美国的畅销书史和电影史就是一部美国人追求美国梦的历史。这种说法是有一定道理的。

4. 传播中国梦要有创意与创新

目前中国梦主题出版物在一定程度上存在重复出版的现象，这成为中国梦主题出版物亟待突破的瓶颈。中国梦主题出版物的出版传播是一个值得长期探讨的课题，必须不断地在内容与形式的结合上进行创新、创造，才能常出常新，总能给人带来意想不到的惊奇。创意、创新、创造离不开丰富的想象，如何提升出版人、作者的想象力是一个重要议题。

5. 要善于利用新技术、新媒体传播中国梦

随着信息技术的高速发展，新的媒体、新的载体、新的传播方式不断涌现，多媒体多介质传播成为大势所趋，新的传播方式带给人新的体验、新的感觉、新的震撼，利用新技术、新媒体传播中国梦刻不容缓。由著名导演詹姆斯·卡梅隆执导的3D电影《阿凡达》，应用3D技术创造出了独特的场景、独特的音响效果与独特体验，增强了人们对电影主题的现场感受，其成功经验值得中国出版业借鉴。

（三）加强数字出版整体化布局，提升数字化内容的价值

在国内数字出版总产值中，数字内容创造的价值占很少的比重。2012年，数字报纸、数字期刊、电子书三项合计产值不到数字出版总产值的5%。如何提升数字出版内容价值的含量，是需要全行业解决的重要课题。

1. 加强数字出版的整体化布局

与国内不同，近年来，培生、汤森路透、斯普林格、爱思唯尔等多家国外大型出版集团在数字出版业务上呈爆发之势。相较国外，国内出版商的数字化却进展缓慢。造成国内外数字出版发展增长差异的尽管有多层面因素，但有一点尤其应该引起我们的注意，那就是国外数字出版战略是整体化战略，数字出版部门与人员并非孤立在传统出版业务之外，而是与传统业务部门及其人员息息相关，整个公司的数字出版业务在组织架构上有一条清晰的脉络，与传统出版业务的关联也是密不可分。这在很大程度上规避了内部的低效扯皮，为数字出版业务的发展营造出一个良好的内部环境。而在国内，数字出版部门往往是独立于传统出版部门，把核心传统出版部门的数字化业务完全剥离并成立独立的部门、招聘新的产品经理和营销主管。这种割裂不仅造成人员内耗，而且还会带来部门间的合作困境与相互的竞争。应该意识到，传统出版数字化的进程不是一个部门可以完成的，而更应该是一个集团的整体化战略，是整个集团各部门都应有的工作思维与工作方式的转变，应加强出版单位的数字化整体布局，尽早建立数字出版全集团、全社一体化运营机制，实现传统出版社向数字出版的整体化重心迁移，才能真正将传统出

版的内在潜力激活。

2. 注重数字出版内容价值的深度挖掘

目前，无论传统出版单位还是专业期刊平台，对于其所拥有的内容价值并没有做到深入挖掘与使用。由于数字出版的从业人员以技术背景人才为主体，对数字技术了解有加，而对出版文化底蕴欠缺，对所编辑的内容理解力不足，造成对既有内容的价值挖掘远远不足，编辑与聚合能力不足，难以带来信息内容的增值价值，其所制作出的内容产品，难以获得读者认同。建议实施编辑全流程数字化，使一线编辑在第一时间参与到数字出版编辑工作中，加强既有编辑在数字出版方面的训练，便于协同技术人员进行数字内容的深度开发。此外，应加强新技术的关注度，以技术手段提升数字出版内容价值，如增强型电子书的制作，语音技术、互动技术等多重应用，以内容呈现的多元化，提升内容价值。

3. 规范数字出版发行平台

2012年，尽管数字出版销售平台获得快速发展，中国移动手机阅读基地的销售收入连创新高，但电商平台、移动平台对电子书的低价倾销；电子书定价机制中内容商发言权的被忽略；电子书销售数据第三方监管的缺失，使内容生产商与平台商很难建立起真正的信任关系，多数出版社仍视数字出版为鸡肋——食之无味，弃之可惜。在莫言获得诺贝尔文学奖后，中国移动手机阅读平台首页，14本莫言小说打包销售，售价仅为8元钱，平均每本5毛7分钱，几十万字的中国第一位诺奖获得者作品，还不值6条短信的价钱。对于内容价值的不尊重，很难调动起作者与内容供应商的积极性。作为数字出版产业链源头的内容产业得不到良好的发展，数字出版产业链的发展终将是不均衡的。严惩低价免费的倾销行为，规范数字出版发行平台，建立平等对话机制，提高销售产品的透明度，使内容价值真正地显现出来，应成为数字出版管理部门、数字出版行业协会的重要工作。

(四) 加大对民营书业的政策支持力度，对其实施集群化、园区化管理

1. 针对教辅出版，应建立清晰、可行、双赢的教材授权模式

教辅新政中的一大焦点即教材授权。有关政策出台后，一些人将其理解成

一切配套教辅都是侵权，必须取得教材社的授权，没有获得授权就不能上评议公告。围绕教材授权，出版业的官司也是不断。早在2011年年初，以人民教育出版社为代表的原创教材出版社开始了全国范围的教材维权和教辅授权工作，引起了整个教辅出版行业的巨大反响与多方热议。在此间，外研社与武汉小熊、人教社与志鸿教育等都有过交锋，但因怎么鉴定侵权等问题目前并没有明确说法，所以这些官司最终也多以和解为主。

针对教材授权问题，很多民营企业表示也曾与教材原创社谈过合作，但每个教材社都有各自不同的授权条件，有些很难实现。另外，对配套多套教材的民营教辅企业来说，一个个教材社谈合作也不太现实。

面对"教材授权"的种种问题，希望相关政府部门通过多方调研，能建立一个统一、合理的模式，对如何鉴定侵权、如何授权、是否要依据不同地域来授权、授权费用标准等问题能做一个详细、可行的规定。这对于教材社与民营教辅企业来说都应是一件好事。在教材社利益得到保证的同时，民营教辅企业也会经营得更踏实。

2. 拓宽经营范围、加强政府支持，是实体书店的生存之道

第一，民营书店应从功能上进行转型，通过多元化经营提高企业的赢利能力，由原来单纯贩售式的传统书店模式转换升级为文化企业自身的创新提升、生产销售高附加值文化产品、提供多元化服务的新型书店模式。

第二，建议各地政府把实体店纳入公共文化服务系统，拨出专项资金，扶持文化品牌的实体书店，尤其是社区、学区、商区的书店，将书店向半经营化半公共事业化的定位转变，让书店担当起基层图书馆、社区阅览室的职责，这对城市文化发展也有很大帮助。

第三，建议设立图书公益基金等类似性质的民间或半官方机构，对资金流转困难的民营实体书店进行定期资助。同时，政府可对书店进行税收免除、租金补贴等政策扶持，使书店能进入持续、良性的发展。国家新闻出版广电总局有关负责人2013年5月12日在博雅出版论坛上透露，总局正在与财政部沟通，希望借鉴欧美等国家对实体书店的低税率或者零税率做法，制定对国内实体书店减免税赋的政策法规。我们期待这些政策法规能尽早出台，并能落到实处。

第四，规范价格体系、限制肆意打折。2013年4月23日《人民日报》发表了整版的专题，关注价格战伤害实体书店利益的现状，并发表了德国和法国

关于价格立法的文章；业内不少有识之士也撰文呼吁在我国实行图书销售价格立法，以帮助实体书店走出困境。

正所谓，授之以鱼不如授之以渔。对于民营书店的扶持，除单纯的资金支持外，我们的思路还可以更开阔一些，应该努力培育民营书店的自我造血功能，保障其能长久、良性、可持续发展。

3. 对民营书业进行集中式、集群化、园区化管理

随着更多的民营资本参与出版经营，我们应该使其进入出版的渠道更为畅通。中国北京出版创意产业园可以说是一种成功的探索，实现了引导民营出版企业健康、有序、规范发展的目标，增强了民营书业的品牌意识和精品图书的创造力。下一步园区应在扩大园区的容纳规模、增强园区企业之间的合作与融合、加强民营书业人才队伍的培养与管理等方面进行更多的探索，以促进民营书业健康快速成长。

在民营企业的管理上，书业可借鉴其他行业的管理模式，借鉴北京出版创意产业园的做法，为经营同类图书的民营书业提供统一的办公区，提供产业园式的管理。对于规范运营的民营企业可给于优惠政策、优质服务。这样既能保证民营书业策划出导向正确的图书，也有利于发挥民营书业的积极性与创造性。

（五）加快完善新闻出版公共服务体系，建立公共服务绩效评估机制

按照《新闻出版公共服务体系建设"十二五"时期规划》时间表，我国新闻出版公共服务体系将在2015年基本建成。为实现这一目标，建议2013年加快完善新闻出版服务的投入保障和运行管理，建立公共文化绩效评估机制。

1. 加大对几项新闻出版公共服务项目的投入

对于农家书屋工程、少数民族新闻出版东风工程、盲文出版工程、公共阅报栏（屏）建设工程、国家古籍整理出版工程、重大出版工程等新闻出版公共服务项目，政府应加大财政投入力度。公共服务主要是由政府主导，其存在与发展需要有长期稳定的财政投入作保障。同时，新闻出版公共服务是随着时代发展、人民文化需求日益增长而不断发展和完善的一项事业。因此，新闻出版公共服务基础性工程也应与时俱进。除了维持工程的正常运转，还应进一步完

善、巩固和提高工程原有的功能，这需要国家财政部门给予稳中有升的财政支持。

2. 设立全民阅读推广活动工程

自2006年以来，我国大部分省市成立了全民阅读活动组织领导机构，部分省市制订了中长期规划，全民阅读活动在全国各地蓬勃发展并取得显著成绩，国民综合阅读率呈上升趋势。但全民阅读活动还存在很多问题，如缺少统一、高效的政府组织机构，缺少专业的阅读公益机构和阅读推广人等。尤为重要的是，公益活动需要政府主导、财政保障投入并持之以恒地开展。但目前由于财政缺少保障，地方经费严重不足，全民阅读推广活动与国外相比，存在较大差距。从长远看，这将不利于全民阅读的长效发展。建议像启动农家书屋工程一样设立全民阅读推广活动工程，由国家财政提供专项资金予以保障。

3. 建立第三方绩效评估制度

新闻出版公共服务体系是否完善，运转是否健康，人民群体的阅读文化权益是否得到充分保障，农家书屋、城乡阅报栏（屏）、东风工程等文化基础阅读设施有无得到充分利用，有无达到预期目的，国家投入的资金有无用到实处，公共资产有无流失，全民阅读水平是否提高等等，这些问题需要建立一套科学的绩效评估体系来客观评价。在发达国家和地区，绩效管理与评估已形成制度化、规范化和科学化的发展趋势，并拥有专业的绩效评估机构。绩效评估，一方面是落实公共文化部门责任的重要手段，另一方面是帮助政府改进公共服务管理、提高公共服务效能的重要工具。有鉴于此，我们建议：尽快建立新闻出版公共服务绩效评估制度，由第三方组织实施评估。

（六）加强引导、创造条件，全面提升出版企业"走出去"的内在动力

"走出去"是我国新闻出版产业参与国际竞争，实现国际化发展的必由之路。包括行业企业、政府机构等在内的社会各界力量应从多方面入手，改善企业"走出去"的外部条件，提升企业的内在动力。

1. 协调各类支持政策，构建惠及全体"走出去"企业的政策环境

目前，除新闻出版总署作为行业行政主管部门发布了一系列推动行业"走出去"的政策之外，财政部、商务部、国家税务总局、国家海关总署、国家外

汇管理局、中国人民银行等其他部委也分别出台了一些鼓励政策。这些政策虽对新闻出版"走出去"企业提供了资金、税收、审批等方面的支持，但相对独立、松散，对作者、权利人、译者的支持也相对缺乏。

从政策层面对新闻出版"走出去"工作进行支持，需要国家按照实际情况持续出台鼓励政策，进一步完善新闻出版"走出去"政策扶持体系；需要协调各级各类行政管理部门的政策制定工作，使鼓励"走出去"的各类政策相互包容，产生实效；需要在保护"走出去"企业积极性的同时，考虑个体在其中起到的重要作用，使相关支持政策惠及产业链各个环节。

2. 加强顶尖级人才培养，为"走出去"储备人力资源

新闻出版"走出去"需要国际化的顶尖级人才。林语堂用英文写作介绍中国文化受到美国主流读者欢迎；莫言获诺贝尔奖带动了中国文学作品"走出去"；马悦然对中国文学"走出去"做出了卓越贡献。顶尖级人才对出版业"走出去"的影响不可估量。

人才缺乏是多年来困扰我国新闻出版"走出去"的一大难题。对于狭义的出版业，国际化的翻译人才和版权代理人还是稀缺资源；对于广义的出版业，除上述人才外，具备国际视野、熟悉国际管理、善于跨文化沟通、善于创新的国际化经营人才和数字化人才尤为稀少。更深层次的原因是，整个行业目前还普遍缺乏吸引和使用这些人才的机制和能力。

加强人才培养，需要国家从行业需求的角度提高培养的针对性；需要行业协会等组织推动国内与国际出版企业之间的人才交流，边交流、边培训、边提高；需要企业积极尝试与高校、研究机构的互动，通过产学研结合，建立适应产业发展要求的培养模式。加强人才培养，一方面需要国家、行业和企业的培养紧密结合，形成"教育体系——行业培训——岗位培养"相结合的培养机制；另一方面，需要建立市场化的薪酬和激励机制，实现人才使用的市场化和国际化。

3. 建立全面、开放的"走出去"工作评价体系，充分调动企业"走出去"的内在积极性与主动性

经过全行业多年的努力，新闻出版业在版权贸易、出版物实物出口、数字出版产品和服务出口、印刷服务贸易、企业境外投资等方面也取得了突出成绩。但事实上，目前只有"版权引进输出比"和"实物出口种次、数量、金

额"这两个指标作为评判行业"走出去"实效的量化数据被广泛认可。如此不完善的评价指标不仅不利于新闻出版"走出去"成绩的彰显,而且更不利于提升相关企业的积极性。

建立符合行业"走出去"实际的评价体系,就是要在充分调研的基础上,使具有代表性的指标进入行业统计范畴,进入公共舆论视野。应建立健全国有、民营等各种所有制企业在版权、资金、企业、产品、数字出版物、项目、人员等方面的"走出去"统计指标体系,保证评价的准确、全面,并对优秀企业给予适当的奖励,调动出版企业"走出去"的内在积极性。

(课题组组长:郝振省,副组长:魏玉山;执笔:冯建辉、陈含章、杨春兰、王珺、汤雪梅、张倩影、杨莹。本文由庞沁文担任执行总撰稿,郝振省、魏玉山、冯建辉审定)

参考文献

[1] 郝振省,魏玉山.2011~2012 中国出版业发展报告 [M].北京:中国书籍出版社,2012.

[2] 马莹.2012 年中国书业大势大事 四大趋势引领出版产业走向.中国图书商报 [N],2012-07-03.

[3] 宇澜,蓝有林,刘海颖,刘志伟.2012 年中国书业年终盘点.中国图书商报 [N],2012-12-21.

[4] 莫息.孕育缓慢 前景看好——2012 中国电子书市场盘点.新华书目报 [N],2012-12-03

[5] 叶丹.互联网 2012 年终盘点:热闹非凡纷争不断.南方日报 [N],2012-12-17

分类报告

2012~2013年图书出版业报告

杨 伟

2012年，出版业度过了不平凡的一年：国际经济复苏乏力、国内经济下行压力增大，一系列产业政策密集推出。党的十八大提出了提升国家文化软实力的战略部署。作为我国文化产业的主力军，图书出版业重任在肩。新闻出版总署在2012年2月下发了《关于加快出版传媒集团改革发展的指导意见》，鼓励出版传媒集团深化体制改革、加强管理、应用新技术，鼓励进行战略重组，鼓励"走出去"。在此方针下，"强化管理"与"技术革新"成为一年中图书出版业的重要主题。

我们可以看到，在各地出版发行机构加大管理和创新力度的背景下，图书出版业的生产能力不断提升，创新成果也不断涌现。由此，图书出版业的上游产品供应和下游产品发行也都在发生一些变化。

一、2012年图书零售市场基本状况

（一）上游产品供应旺盛，出版机构动销品种增长现象普遍

2012年"开卷全国图书零售市场观测系统[①]"监测到的动销品种数达到125万种，年内首次动销品种超过20万种，市场在销的品种数再创新高。其中，本版年度动销品种超过1万种的出版社达到11家，比上一年度增加了2家。动销品种数持续增长仍旧是绝大多数出版机构的市场特征。

[①] 不包括香港、澳门特区及台湾地区，下同。截至2013年1月1日，该系统已经覆盖除西藏、港澳台以外30个省份当中890个县级以上城市的2 084家书店门市加盟系统。其中包括超市店136家，校园店49家，专业店89家，机场店40家。上述30个省份当中有影响的国有、民营书店绝大部分都已经被包含该监测系统当中。

下表展示了 2012 年全国图书零售市场排名前 100 位的出版社动销品种规模分布情况（见表1）。

表1　2012年全国图书零售市场出版社动销品种规模分布

动销品种零售排名	≥10 000（种、家）	5 000~9 999（种、家）	3 000~4 999（种、家）	2 001~2 999（种、家）	1 000~2 000（种、家）	<999（种、家）
1~10	3	4	2	1	0	0
11~20	2	4	2	2	0	0
21~30	1	3	5	1	0	0
31~40	1	2	5	2	0	0
41~50	3	2	3	1	1	0
51~60	1	3	4	2	0	0
61~70	0	4	2	2	1	1
71~80	0	3	5	0	2	0
81~90	0	1	3	4	1	1
91~100	0	4	1	2	2	1
总计	11	30	32	17	7	3

可见，市场上众多领先出版社经过多年产品积累，已经达到了数千甚至上万种的产品规模。大量的产品供应丰富了读者选择，但是会使得行业上下游在品种管理方面的难度加大。数据显示，在新书品种持续增长的同时，新书收益能力并未有显著提升，2012年新书码洋贡献率 27.81%，比 2011 年小幅降低。

（二）地面零售首现负增长，网店分流有影响

近几年来，在线图书零售发展迅速，使得图书的销售开始不局限于传统地面书店。这一效应在 2011 年以后开始明显。因此，网上书店在影响读者购书行为和购书习惯的同时，也开始对图书零售渠道产生结构性影响。伴随着网店打折促销和让利幅度的加大，地面书店开始感受到读者购买力的转移，有一部分读者将原本在地面店的购书行为转移到网上书店渠道。这也是当下地面书店经营压力加大的原因之一。

目前，地面书店仍旧是图书零售市场最主要的发行渠道，不过网店的影响作用也已经逐渐发挥出来。近几年来地面书店图书零售的增长趋缓，在 2011

年零售增速达到 5.95% 之后，2012 年的市场出现了负增长，年度同比增长率仅为 -1.05%。详细分析近几年市场增速波动的原因，主要有三个方面：首先，十几年来图书出版行业市场化程度提升，图书零售业进入成熟期，市场容量难以大幅扩大而产生增速放缓效应。从这个角度来说，整体增速放缓是必然的趋势。其次，2011 年将近 6% 的市场增幅给 2012 年的增长加大了难度，而 2012 年的畅销热点相对不足、强度偏弱都是使得年度增速进一步放缓的影响因素。2012 年的前两个月，月度同比仍旧为正值，但是由于市场中缺少类似于 2011 年同期的"党史"类图书及《史蒂夫·乔布斯传》这样的超级畅销书，从 3 月开始到 11 月市场一直表现为同比负增长；进入第四季度受莫言作品、政治类图书及一些少儿畅销书的带动，12 月图书市场再度恢复正向增长，但已无力扭转全年出现负增长的状况。第三，网上书店分流是造成地面图书零售下滑的重要原因。尽管目前网店渠道的整体增速已经从"一年翻倍"回落到年增幅 50% 以内，但是这一渠道的持续上升已经直接影响到地面店销售规模的增长。其实，如果将 2012 年网店渠道的增长计算在内，整体图书零售的年度增幅应该在 8%~10% 左右。

在当下的图书零售市场，畅销书仍旧是拉动图书零售市场发展的重要力量。也正因为如此，在缺乏畅销书或者畅销书表现不足的年份，市场表现往往比较乏力，而在畅销书表现优秀的年份，市场发展形势和增长速度就会非常可观。最近几年的畅销书销售数据也可以验证这一点（见表 2）。

表 2　近三年大众畅销书销量水平对比

时间	大众畅销书前三名（监控销量，册）
2012 年	1.《窗边的小豆豆》（四卷），定价 25 元，19.5 万 2.《笑猫日记——孩子们的秘密乐园》，定价 15 元，18.9 万 3.《好妈妈胜过好老师》，定价 28 元，16.0 万
2011 年	1.《朱镕基讲话实录》（四卷），定价 49 元，89.0 万 2.《史蒂夫·乔布斯传》，定价 68 元，24.0 万 3.《蔡康永的说话之道》，定价 25 元，20.0 万
2010 年	1.《把吃出来的病吃回去》，定价 35 元，49.9 万 2.《中国 2010 年上海世博会官方导览手册》，定价 20 元，32.0 万 3.《小时代 2.0 虚铜时代》，定价 26.8 元，25.9 万

（三）图书零售结构基本稳定，文学、少儿增速领衔市场

目前，图书零售市场的整体销售结构比较稳定，教辅教材和社科类是规模最大的细分市场，教辅类占图书零售的码洋比重接近四分之一，社科类占比接近两成。同时，少儿、文学、科技和语言类也是市场上规模较大的细分板块（见图1）。

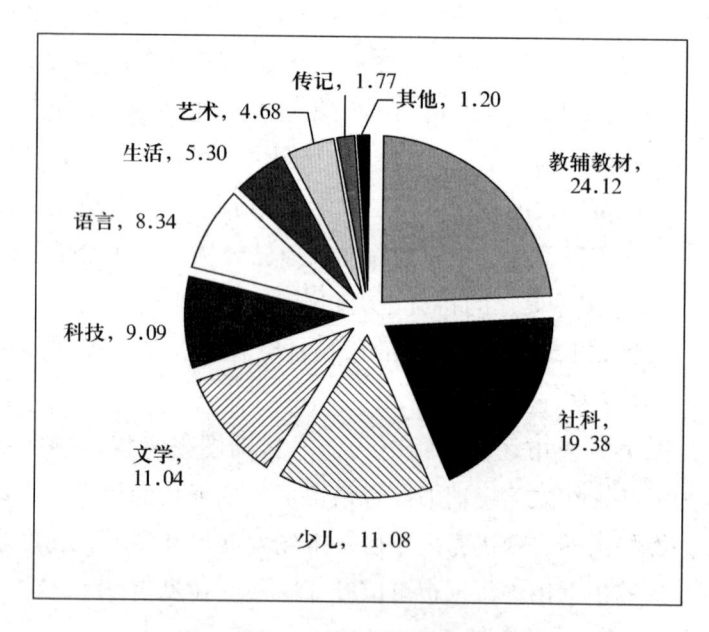

图1　2012年全国图书零售市场销售码洋结构（%）（开卷监测数据）

应该说，在整个图书零售市场当中，每一年的市场热点往往是上期热点延续和特别热点轮换的共同结果。2011年快速上升的传记类和学术文化类由于后续品种热度降低，使得这两个类别在2012年出现回落。除码洋结构外，从2012年的发展速度来看，文学类和少儿类的表现最为突出，分别以7.73%和4.71%的年度增速成为市场的亮点。结合往年情况来看，这两个类别的稳步增长对图书零售市场的稳步发展贡献突出，尤其是在增速相对较低的年份，它们为稳定市场起到了重要的支持作用。

2012年，文学板块有不少新的畅销作品出现，名家新作带动市场是这一板块畅销书的重要特点。韩寒、南派三叔、黄晓阳等知名畅销书作者都有新书上

市,"莫言热"更为2012年度的文学市场添了"一把火"。少儿类在2012年也有了新的畅销书热点,原有的知名童书系列"笑猫日记"、"喜羊羊与灰太狼"、"动物小说"都有新的单册推出,而且新的畅销书系列也浮现出来,"墨多多谜境冒险"系列、"植物大战僵尸武器秘密故事"系列都成了畅销书榜单上的新秀。而少儿类图书市场本身的需求持续而稳定,新的系列图书受到市场认可更为这一板块的增长提供了支持。

二、近期图书出版业值得关注的现象和问题

(一) 政策推动出版集团深化改革,"走出去"使企业综合实力提升

2012年1月,新闻出版总署发布2012年"一号文件"——《关于加快我国新闻出版业走出去的若干意见》,旨在采取更加有效的政策、更加得力的措施,加快推动新闻出版业"走出去"的步伐,大力提升我国新闻出版业的国际竞争力、传播力和影响力,加快推动中华文化走向世界。

2012年2月,新闻出版总署发布《关于加快出版传媒集团改革发展的指导意见》,鼓励出版传媒集团深化体制改革、加强管理、应用新技术,鼓励进行战略重组,鼓励"走出去",并提出一些具体保障措施。在深化出版传媒集团体制改革方面,提出要继续推动出版传媒集团完善法人治理结构,推进股份制改造,加快转换内部经营机制;在加强出版传媒集团科学化管理方面,提出要推动出版传媒集团加强出版产品内容生产的引导,不断健全内部管理机制,科学整合内部资源,建立健全编委会制度,并加强人力资源规划和开发;在支持出版传媒集团应用高新技术和推动产业升级方面,提出支持出版传媒集团应用高新技术,发展数字出版产业,建立科技创新体系;在推进出版传媒集团实施战略性改组方面,提出继续支持出版传媒集团兼并重组,支持出版传媒集团间开展战略性合作,要求新闻出版行政主管部门要继续推动出版传媒集团转变发展方式。同时,《意见》还就"走出去"和加快出版传媒集团改革发展的保障措施等提出了具体要求和指导性意见。

（二）教辅新政出台，教辅领域洗牌或将开始

2012年2月底，教育部、新闻出版总署、国家发改委、国务院纠风办联合下发了《关于加强中小学教辅材料使用管理工作的通知》，再次提出了规范中小学教辅材料使用的具体要求。根据这一要求，单学科教辅推荐数量被限制在一种，各地市相关单位将秉承自愿购买的原则，可以为学生提供无偿代购服务。4月，发改委、新闻出版总署、教育部联合印发《关于加强中小学教辅材料价格监管的通知》，规定从2012年秋季学期开始，对中小学生使用的主要教辅材料实行政府指导价管理，大幅降低价格标准，减轻学生教辅经济负担。

两个《通知》的出台，意味着中小学教辅材料必须由新闻出版行政部门批准的发行企业发行，更需获得教材出版社的授权，教辅图书也只有进入各省的推荐目录才能进行系统销售。新政的出台使得教辅市场环境乱象渐清，不过在执行初期也暴露出各地对"教辅新政"理解不一、执行与监管力度各异等问题。总的来说，教辅市场的整体规模将减少，教辅企业的利润将出现下降。尤其是对于很多将教辅作为核心业务的民营书业来说，将面临产品被淘汰，公司业务急需转型的困境。

（三）《著作权法》（修改草案）征求意见，当前版权领域众多问题将有法可依

2012年国家版权局公开《中华人民共和国著作权法》（修改草案）文本和关于草案的简要说明，向社会公开征求意见。此次修订被视为是对《著作权法》的首次主动修改。3~10月，修改草案先后发布三稿，引发社会热烈反响。其中，关于网络"避风港"原则和集体管理等条款最受关注，也有人专门强调数字出版相关条款还应细化。

尽管《著作权法》（修改草案）截至2012年年底尚未落定，但是对于著作权相关体系的关注并且从法律层面上进行规范，无疑有助于健全图书出版行业生态链条，也有助于未来电子书业务模式的真正成熟和数字出版的发展创新。

（四）实体书店生存继续受关注，多地推出相应扶持政策

从2011年开始，实体书店的生存状态引起社会广泛关注，各地多家民营

书店业务收缩、迁址的消息时而出现。这一势头在2012年仍旧没有改观。在2012年年初的"两会"上，多位代表、委员将扶持实体书店作为议案或提案提交上会；年内，也有多家知名媒体针对实体书店的状况展开报道。在这一年里，杭州、上海等地出台了针对民营地面书店的扶持政策：2月22日，杭州发布了《关于扶持民营书店健康发展的暂行办法》，并在7月23日出台了《民营书店专项扶持资金的通知》，单独设立民营书店专项扶持资金，每年安排300万元并根据实际需要适当增加。上海市也在2月28号出台了实体书店建设扶持政策，每年从财政中拿出1 500万元支持发行网点建设，其中500万元定向支持实体书店。"4·23世界读书日"当天，上海地区被扶持书店名单出炉，包括季风书园、上海图书公司、千彩书店等在内的35家获得实体书店专项资金资助的企业接受证书，首批实体书店扶持工作正式启动。

尽管广大实体书店还在继续面临自身经营压力以及来自新兴渠道的竞争，但是来自媒体、公众的关注和认可，以及部分地区已经出台的帮扶政策也让各类实体书店看到了曙光。

（五）B2C网络书店价格战继续，负面效应开始显现

2012年，电商价格激战还在继续。从上半年的"618"，到年中的"815"，再有后来的"双11"、"双12"以及"圣诞狂欢"，网店们在日常折扣售书以及分主题促销的基础上通过图书全场返券、"满减"、"0元购"等多种形式打造了一轮又一轮的"读者狂欢"。"3元区"、"5元区"，"3折封顶"、"5折封顶"，更让图书被推到了价格战的风口浪尖。图书的价格究竟能低到多少？似乎只有想不到而没有做不到。

持续的激战中，我们也开始看到一些变化。网店价格竞争的开创者当当网在最近一年里对打折促销的态度似乎开始转变，两家新进入者京东和苏宁反而成了年内价格战的主要推动者。另外，在网店普遍以加大折扣力度来促销之后，购书者对于图书合理价格的认知开始模糊，其购书节奏也开始被扰动甚至是打乱，于是出现了网店"促销期间推高销售，促销过后销量骤然滑落"的现象。尤其是当下半年的促销活动越发密集之后，消费者的购买力终于被透支殆尽，后续营销的效果也开始"打折"。与此同时，网店也已不堪忍受持续促销的成本，出版社被拉上营销的"战车"——出版方开始被迫越来越多地分担网

上书店的营销活动成本。

在上述背景下，图书行业对电商图书价格战仍然是困惑大于收获，也促使人们更加关注近年来业内一直在呼吁的图书价格立法、政府监管和配套制度建设。因为从长远来看，低至成本的折扣力度影响的不仅仅是地面书店的生存，更会影响到出版单位的创新能力，最终必将导致全行业图书定价虚高以及内容质量的下降。根据开卷市场的观测数据，近几年来各个类别的图书定价已经出现了普遍上升，这其中固然有成本升高的影响，而销售折扣的降低更是重要原因。

（六）电商高调开启电子书平台业务，"战国"雏形初显

2011年年底，当当电子书平台"当当数字馆"上线，打响国内电商巨头进军电子阅读领域第一枪。2012年2月，京东在北京召开新闻发布会，宣布启动电子书刊业务。11月，苏宁易购也上线了电子书项目，首批引进电子书近5万册。12月，亚马逊中国的Kindle电子书店在中国低调上线。除了亚马逊的Kindle上线之后被临时叫停，开展近一年的当当和京东电子书业务都开始在品种上初见规模。可见，在英美等国发展成熟的电子书模式已经在中国正式落地。从电子书领域的市场格局来看，几家大型电商都已经将电子书业务作为其图书业务发展的战略方向。未来围绕内容争夺和市场争夺的激烈竞争已经可以预期，或许书业将会迎来电子书业务的"战国时代"。

事实上，在读者的电子书购买习惯尚未形成之前，在这个领域还没有建立足够的行业规则和标准之前，电子书产业的发展仍旧面临一些需要进一步探讨和解决的问题，比如信息规则的统一以及版权保护体系的进一步完善等。也正因为如此，尽管2012年的出版社和书店已经或多或少地感受到了传统业务的变化，但是大家仍旧坚信纸质图书还是未来一段时间之内的立身之本，电子书业务的发展需要一定的时间。

（七）莫言获奖引发出版业连锁反应，热点响应能力仍有不足

2012年诺贝尔文学奖授予中国作家莫言，莫言成为有史以来首位获得诺贝尔文学奖的中国籍作家。莫言的获奖使得国内各界对他本人的作品以及其所代表的纯文学创作领域都产生了巨大的影响，也带来了一轮出版业的热烈反响。

获奖消息发布后，莫言在各时期创作的作品销售快速飙升，线上线下销售渠道一齐售罄，各大出版社加紧重印，一些原本不被大众所熟知的莫言作品、有关莫言其人其书的评论作品也被读者热情追捧。

其实，莫言获奖带给书业的，除了相关书籍的热销之外，也反映出书业对于跟进市场热点、快速反应方面的相对不足。而莫言获奖后其作品的相关版权交易、文化衍生品发掘也将会带给出版者更多关于内容经营的思考。

三、2013年及未来一段时间图书出版业发展趋势及展望

对于整个图书出版业来说，2012年是深入改革发展的年份，上下游都在新技术和产业链条的革新当中重新审视和把握着自己的定位，同时也在密切跟进着市场上的各种机会与挑战。在渠道变革过程中，出版单位、实体书店和网络书店都有需要解决的疑问；在新的内容载体明朗化之后，真正让其变为现实也还需要很多实际的推动，不过伴随着全行业的持续探讨和尝试，未来的发展趋势已经越发明朗。

（一）行业改革进一步深化，各类机构规模发展重效率

按照主管部门的要求，在全行业转企改制完成之后，各级出版单位还将深化经营体制创新，加快战略性重组，提升综合实力。在企业做大做强的过程当中，管理精细化和经营效率提升将成为基本要求。可以预见的是，未来图书出版业的品种规模还将继续扩大，不过出版发行机构对经营效率的要求将更加明确和严格。在此过程中，一批做得较好的出版集团、出版社以及一些民营出版机构的优秀做法可以借鉴，而借助行业内更加广泛的战略性重组，未来的机构间合作也将在效率与效益的基础上建立，优秀的机构和人才将成为行业内广泛追逐的对象。

（二）渠道变革正在发生，适应载体和发行渠道的变化是必然趋势

互联网技术在书业的应用主要体现在两个方面，一个是内容载体的变化，

另一个是图书销售渠道的变化——前者催生出电子书产业，后者直接作用于网上书店的发展。与传统地面书店相比，电子书和网上书店的很多属性更切合年轻读者对方便、快捷的需要。因此从需求发展的角度来说，载体和发行渠道不再局限于原有的形式是一种必然趋势。而对于所有的出版单位和发行单位来说，要适应这些变化也是未来在书业继续发展的必然要求。

相对于电子书产业的从无到有，网上书店目前的发展已经比较成熟。基于网店渠道带给读者购书方式的变化和带给地面书店的压力，行业内近几年的渠道变革速度已经加快。除了地面书店和网上书店这两个主要的发行渠道以外，馆配、直销、团购也已经被越来越多的出版社和书店所重视，而以农家书屋和中小学教材为代表的政府采购项目在过去五年里也为一些出版单位和书店开创了另一个发行方向。所有这些变化都是源于读者需求和相关政策作用的结果。未来，所有的书业单位也都将在渠道变革的进程当中随时把握机会，充分发挥自身定位的责任和价值。

（三）无论市场增速高低，畅销书仍将是行业发展的重要推动力

正如我们在上一年度的判断，经过了连续几年的市场发展起落之后，图书出版行业对于零售市场以及未来发展的想法和观点已经更加理性——不会有人因为一时的市场增速高低而再次陷入迷茫。我们可以更加理性地看待市场的阶段性特点和长期发展趋势，因为只要有足够数量和足够优秀的产品就一定可以带动这个市场和行业的持续增长。

2012年虽然畅销书的市场热度不及上一年，但是不断浮现的畅销书主题，以及"莫言热"所显示出的读者消费购买力都让行业为之一振（见表3）。我们从来没有忽视过畅销书的力量，而这次"莫言热"无疑让我们更加坚定了这一点。10月莫言获得诺奖后，相关图书迅速进入畅销榜单，而且上榜图书呈现多品种、多版本、排名靠前的特点：2012年11月，25种图书在榜，几乎占据全部开卷月度虚构类畅销书榜单。莫言作品的热销也让他成为仅次于杨红樱的年度最具市场价值作家，码洋贡献率达到0.46%，比2011年的这一指标增长了45倍。"莫言热"的出现，从一定程度上说明市场购买力是可以触动和激发的，而市场需要一些畅销的话题和理由。在这当中，出版人需要有敏锐的嗅觉以及把握和推动市场热点的能力。在这一轮莫言图书热销当中，市场上还是曾

经出现过短期的断销现象。可见，畅销书是图书出版行业的重要推动力，而探索读者阅读需求的演变和特征都将是图书出版行业持续关注的主题。

表3　2012年大众畅销书榜单TOP10

排名	ISBN	书名	出版社	定价（元）	新书时间
1	9787544250580	巴学园系列—窗边的小豆豆	南海出版公司	25	201012
2	9787533267209	笑猫日记—孩子们的秘密乐园	明天出版社	15	201201
3	9787506345040	好妈妈胜过好老师：一个教育专家16年的教子手记	作家出版社	28	200901
4	9787508630069	史蒂夫·乔布斯传（简体中文版）	中信出版股份有限公司	68	201110
5	9787535451552	小时代3.0刺金时代	长江文艺出版社有限公司	32.8	201109
6	9787544253994	百年孤独	南海出版公司	39.5	201105
7	9787535457844	虚实之间	长江文艺出版社有限公司	32	201204
8	9787534256301	动物小说大王沈石溪品藏书系—狼王梦	浙江少年儿童出版社有限公司	18	200909
9	9787543877450	青春	湖南人民出版社	29	201111
10	9787533269005	笑猫日记—永远的西瓜小丑	明天出版社	15	201206

（作者为北京开卷信息技术有限公司研究总监）

2012年期刊现象观察

张泽青

2012年,一位期刊主编在其刊物的卷首语里这样写:"相比起无数投资进入和造富神话层出不穷的互联网媒体,平面杂志的同仁们,似乎像是中世纪的酷暑下,一边抹着汗水一边辛苦耕种的农夫。慢,累,收入低下。而且,放眼望去,尽是夕阳西下的忧伤,我们都不得不面对一个杂志将死的结局。"[1]

其实,不仅中国期刊面临困境,世界期刊同样也面临困境。有关资料报道,2012年上半年,美国杂志报亭发行量下降了10%,杂志广告比上一年同期下降了8.8%。在新媒体的强劲攻势之下,传统的平面媒体正面临新的、更加猛烈的挑战。

在此,我们对2012年我国期刊的一些值得关注的现象或事件进行观察,如我国学术期刊发出抵制学术不端行为的呼吁,文学期刊生存困难引起社会关注,美国《读者文摘》中文合作刊物停止出版,首批100种社科学术期刊获得国家社科基金资助,非独立法人编辑部改革文件反响强烈,我国期刊正面临转型期的各种变化等,记录我国期刊的发展轨迹。

一、新办与更名期刊中的信息

据了解,2012年,经新闻出版总署批准新创办的期刊有30种左右,其中英文学术期刊8种,以少数民族文字出版的5种。从新创办期刊的品种中看不出期刊品种的热点,只能看出政府重点支持和发展的期刊种类。

2012年,更名的期刊有140多种,其中一半以上属于机构变更后期刊必须随之更名的,如大学校名改了,该大学学报的刊名也随之变更。其余的有各种情况。从全年期刊更名情况看，几乎找不到期刊追逐市场变化的迹象，说明期刊市场变化放慢，新的亮点极少。是期刊读者市场已经饱和，再也找不到有市场前景的新品种，还是期刊界人士心灰意懒，缺少发展的雄心与力量，都需要透过现象进行思考。

值得注意的是，普及型的外语教学类期刊纷纷变更为外语研究类期刊。如《日语知识》更名为《东北亚外语研究》，《英语知识》更名为《语言教育》，《德语学习》更名为《德语人文研究》，《中学英语园地》（初中版）更名为《外文研究》等。深入分析，不知这种现象是否与学术期刊存在收取版面费现象及外语教师更容易发表论文有关。

二、学术期刊发出自己的声音，集体抵制学术不端行为

十多年来，由于缺乏科学合理的机构评价、人才评价机制，以及学术期刊迫于经济压力等原因，一些期刊存在的收取版面费，缺乏严格把关，质量下降、学术不端等问题，已在社会上引起较大反响。

2012年4月10日，中国科协千余种科技期刊联合声明，抵制学术不端行为，情节严重者，刊物将终生不刊发其论文。[2] 在9月举办的"首届全国人文社会科学期刊高层论坛"上，由中国社会科学杂志社发起，参加论坛的60家人文社科类学术期刊联合发表声明，共同抵制学术不端行为。60家期刊承诺，加强自律，坚守职业道德，树立学术尊严，坚决抵制期刊"互引"、"互转"等学术不端行为，坚决抵制无视期刊质量，以牟利为目的的乱收版面费的腐败现象，让期刊回归学术公器之本质。[3]

在学术界、学术期刊被不合理的人才评价机制绑架后，学术期刊界出现的乱象使得有良知的期刊界人士忍无可忍，终于发出了自己的声音。这是我国自有期刊出版以来百余年历史上没过的现象，更是中国期刊自身要求净化、自律的可喜现象。

三、知音集团上市被媒体质疑

2012年年初,知音期刊集团在具备各方面条件后向有关方面提出了申请,准备上市。但是,也有媒体发表文章,对知音期刊集团上市提出了异议。主要观点是集团的主刊《知音》曾经发表过一些失实报道,刊物的内容又有低俗的倾向等等。文章一出,知音期刊集团的上市行动放缓。目前中国大众化期刊中,知音期刊集团是实力最强的一家,如果能够顺利上市,将有助于集团的进一步发展。中国的传统媒体做得成功的不多,对于有能力发展、创新的媒体,社会应当给予更多的理解和支持。

四、《辽宁期刊史》出版

继2011年我国第一本分省期刊史《山西期刊史》出版后,由辽宁省新闻出版局、辽宁省期刊协会编著,辽宁人民出版社出版的《辽宁期刊史》也面世了。这是我国第二本分省期刊史。这类图书虽然读者不一定有多少,但是,对于积累期刊的历史资料,对于曾经为辽宁期刊付出努力、作出贡献的人们来说,他们的付出被记录进历史,他们的经验也将给后来者留下一笔财富。

五、书博会上期刊展区取消,湖北2013年举办期刊博览会

2012年在宁夏银川举办的全国第22届书博会上,连续十几年参展的期刊展位被取消。这似乎是一个信号,说明各地期刊已经缺乏参展的积极性,期刊难以组团参展。这与以往书市上期刊曾经规模宏大的展位、抢人眼球的各种推广活动形成了对比。

好在近年期刊发展异军突起的湖北省已经在积极筹备2013年在武汉举办的中国期刊博览会了。希望中国传统期刊不会这么快就销声匿迹,更希望中国

的期刊能够逆势而起，出现凤凰涅槃的新繁荣。

六、《普知》杂志退出中国

注册地在上海的《普知》是中方2008年与美国《读者文摘》合作出版的，其内容和读者定位与《读者文摘》基本一致。该刊创办时，很多人认为将会对本土的《读者》造成强有力的冲击。但大家看到的是，2009年美国发行量最大的《读者文摘》申请破产保护，2012年，《普知》停止出版。中美版权合作的期刊有十多种，为什么《普知》这么短命？生不逢时？缺少原创？本土化内容少？这些都需要深入探讨和研究。

七、文学期刊新闻多

很多文学期刊为了解决办刊经费困难的问题，通过改变办刊宗旨，出版所谓的"理论版"收取版面费。这些期刊的编辑并不具备审核学术论文的能力，便把组稿的工作交给社会上以营利为目的的论文中介。《大家》等文学期刊通过改变刊期出版旬刊，其中"理论版"就是与论文中介合作的产物。这种情况被媒体披露后，引起了社会公众的广泛关注，也引起了文学界人士的讨论。

《大家》杂志在创刊时志存高远，始终用诺贝尔文学奖的获奖者照片作为杂志的封面，志在发现和扶植中国获得诺贝尔文学奖的作家。令人感叹的是，《大家》在1995年时就独具慧眼，不但发表了莫言的《丰乳肥臀》，并在同年的"大家·红河文学奖"评奖活动中，将大奖十万元颁发给了《丰乳肥臀》。而当莫言真的获得了诺贝尔文学奖时，《大家》却因资金短缺而违规与论文中介合作出版"理论版"被管理部门处罚。文学期刊能否走向市场，应该用什么样的政策对待文学期刊，大家都在思考，在讨论。但是，已经多年难以生存的各级文学期刊似乎已经等不及了。

莫言获得诺贝尔文学奖，举国媒体报道，领导重视，其后续结果能否给中国的文学期刊带来活力，值得关注。

在文学期刊中发行量比较大的《收获》也发出了自己的声音,该刊所发的作品拒绝其他各类媒体转载。刊物认为,他们精心组来的优秀文学作品一经发表,便立刻被大量的文摘选刊类报刊、网站转载,导致期刊发行量下降,作家的著作权得不到有效的保护,发表原创作品的刊物受到极大的损失。《收获》在大幅提高自己刊物稿费的同时,拒绝任何媒体转载其发表的原创作品,这也是文学期刊发出的另一种声音。

八、刚毕业的蒋方舟担任《新周刊》副主编

《新周刊》是一本有个性的刊物,2012年,这本刊物又一次彰显了个性。该刊聘请刚从清华大学毕业的知名青年作家蒋方舟担任刊物的副主编。这一举措自然引起了媒体的炒作,为《新周刊》做了成功的广告宣传。也有人质疑,刚毕业的大学生能做个称职的期刊主编吗?清华大学能够破格降分录取蒋方舟,肯定是她在文学方面有过人之处。那么《新周刊》慧眼识人,用一个副主编的头衔引进一个办刊人才,也可能会使年轻人发挥重要作用。至少,蒋方舟的"粉丝"们会使得刊物的发行量增加一些吧。

九、学术期刊影响因子造假情况严重

我们注意到,胡锦涛同志在党的十八大报告中提到工作中存在的不足和面临的六个方面问题,其中第四个问题是:"一些领域存在道德失范、诚信缺失现象"。报告同时指出,"深入开展道德领域突出问题专项教育和治理,加强政务诚信、商务诚信、社会诚信和司法公信建设"[4],说明中央已经看到并高度重视某些领域中存在的诚信缺失问题的严重性,并将就解决这一问题采取行动。

在关注学术期刊存在的问题时,我们发现,部分学术期刊为了提升自己的影响力,早日进入"核心期刊"名单,收取更高额的版面费,造假行为在不断升级、变换。我们不能对这种问题视而不见。落实党的十八大精神,就要从源

头上解决导致学术期刊弄虚作假的问题,解决质量低劣的学术论文大量产生的问题。是时候了!

十、100 种社科学术期刊获得国家社科基金资助

2012 年年初,国家社会科学基金第一批学术期刊资助名单公布,《北京大学学报》(哲学社会科学版)等 100 种人文社会科学学术期刊能够获得每年 40 万元的经费资助。对于坚守学术操守、保证期刊学术质量的精品学术期刊来说,国家层面的资助无疑是雪中送炭,而且,获得基金资助也是对期刊学术质量的认可与肯定,是一种荣誉。

国家在大力发展文化事业的宏观背景下,拿出经费资助学术期刊的发展,是一件功在当代、利在千秋的好事。此前,国家自然科学基金会、科技部、中国科协、教育部等有关部委和机构都曾拿出经费资助学术期刊发展,主要是科技类的学术期刊。2013 年,国家出版基金也将开始资助学术期刊。近些年精品学术期刊质量在提升,中国学术期刊在国际上的影响力也在增强,有关方面的经费资助肯定发挥了重要的作用。在报刊全面转企改制的进程中,如何保证优秀的文化产品不致因经营困难消失,是国家文化发展战略中需要高度重视的问题,国家资助期刊的经费应该更多,惠及的期刊种类应该更多。

党的十八大报告提出:建设社会主义文化强国,关键是增强全民族文化创造活力。有政府的大力支持,加上全国期刊界同行的共同努力,中国期刊一定能够为社会主义文化大发展、大繁荣作出自己的贡献。

十一、更多的期刊放弃原创文章,转而做文摘,尤其是做时政综合文摘

2012 年,大众化期刊市场不太活跃,但综合性的时政类文摘期刊可以称得上是比较受欢迎的一种。读者没有时间每天跟踪网络上的海量新闻,而且网络新闻缺乏深度。为了满足读者深度知晓近期热点新闻的需求,市场上出现了为

数不少的时政类文摘期刊,《看天下》是这类期刊的代表。这类期刊把各家媒体对于热点新闻的报道进行筛选、重新编写后发表,为没有时间读报、上网的读者提供聚会、聊天、候车、候机时的谈资。不少期刊苦于经费匮乏,也跟风做起了这样的文摘。

这类期刊受到市场认可,但同时也存在侵犯其他媒体和作者著作权、署名权等风险,更存在规避向首发媒体和作者支付转载费等风险。

十二、高仿山寨版期刊出现

在期刊艰难发展的同时,一些非法出版、非法牟利的期刊也在地下活动。据媒体披露,国家外文局所办的时政类外宣期刊《中国报道》被不法分子假冒,出版了发表学术论文的《中国报道》学术版。非法出版的期刊封面设计、版权页与合法期刊几乎完全相同,致使不明真相的作者上当受骗。随着政府信息公开程度的增强,"扫黄打非"力度的加大,作者、读者可以很方便地查找到全国期刊的名单以及被列入非法出版物的黑名单,所以不法分子造假的手段也在不断翻新。他们主要通过网络与作者联系,给有关部门的查处工作造成了很大困难。

十三、寻找出路

尽管平面媒体发展前景不是那么乐观,但是更多的期刊在费尽心思地寻找生存发展的出路。学术类期刊通过提高出版质量,或者设法提高"影响因子",从而跻身各种核心期刊名单。当然,由此导致的各种评价机构会议往往人头攒动,更不乏各种"公关"之举。大众化、市场化的期刊面对市场萎缩,设法寻求大型国企的并购或投资,如大连万达集团投资《华夏时报》和《全球商业经典》杂志后,又准备投资《大众电影》的消息,就引起了业内的广泛关注。

十四、编辑部改革文件反响强烈

2012 年 7 月 30 日,《关于报刊编辑部体制改革的实施办法》下发。这个文件在数千种非独立法人期刊编辑部从业人员中引起的反响十分强烈,网络上评论很多,一些实名博客更是集中进行评论。随后,有的学术类期刊又发表了一些论文,虽然语气比网络上的和缓了许多,但观点没有什么变化。

一个文件下发引起业界如此强烈的反响,实属空前。

报刊体制改革涉及问题多,情况复杂,设计科学合理的改革政策,稳妥有效地推进改革,通过改革提升我国报刊业的实力,促进我国报刊业发展繁荣,是改革要达到的目的。

十五、数字化转型时代的到来

据不完全统计,中国移动目前已经有 3 000 多种期刊以手机报的形式上线,更有不少期刊引领数字化潮流,已经在 iPad 上线。

年内期刊界的各种会议、论坛以及发表在期刊上的研究文章,无不把期刊数字化转型作为重要的、或者主要的话题。可见,期刊界人士已经有了共识,平面媒体数字化转型势在必行。但是,不同类别的期刊如何顺利实现数字化转型、如何找到转型后的盈利模式,是全世界同行共同面对的新课题。

参考文献:

[1] 黎文. 互联网的坏朋友 [J] 城市画报,2012 (17).

[2] 韩娜. 千家科技期刊联合打假学术不端者论文永不刊用 [N] 北京晨报,2012 - 04 - 11.

[3] 毕玉才.60 家人文社科核心期刊发声明共同抵制学术不端 [N] 光明日报,2012 - 09 - 17.

［4］胡锦涛．坚定不移沿着中国特色社会主义道路前进为全面建成小康社会奋斗——在中国共产党第十八次全国代表大会上的报告［R］．人民出版社，2012．

（作者单位：国家新闻出版广电总局）

2012~2013年报纸出版业报告

丁以绣　郭全中

2012年,是中国报业在改革中发展奋进的一年。在这一年里,中国报业为迎接、学习、宣传、贯彻党的十八大营造了良好氛围,深化体制机制改革取得新成果,产业发展创造新经验,数字化转型探索取得新进展,亮点纷呈。同时,随着网络媒体的快速发展,报业广告经营状况令人忧虑,我国报业发展进入了一定要加快结构调整和推动产业升级的关键时期。

一、迎接学习宣传贯彻党的十八大主旋律突出

2012年,全国报业面对社会思想意识多元多样、媒体格局快速变化的新形势,将学习宣传贯彻党的十八大精神作为首要政治任务,发挥报业在舆论引导格局中主力军、主阵地作用,制定周密的宣传计划,组织专门的机构,抽调精兵强将,开辟专题、专栏、专版,推出了大量优秀新闻作品,营造了解放思想、凝聚力量、攻坚克难、实干兴邦的良好氛围,推进社会主义核心价值建设,壮大主流思想舆论,丰富人们精神文化生活,增强了报业的公信力、传播力、影响力。

党的十八大召开前,全国报业在"科学发展,成就辉煌"宣传活动中组织开展了系列宣传活动。党的十八大召开以来,各报纸继续精心策划、集中报道,推出了一批有份量有深度的报道、综述、社论、评论和理论文章,迅速掀起学习宣传贯彻十八大精神的高潮。《人民日报》紧紧围绕十八大报告提出的一系列重大理论观点、重要战略思想和重大战略部署,组织刊发系列理论文章,推出"十八大报告解读"等专版、专栏,深入宣传科学发展观作为党必须

长期坚持的指导思想的重大意义,深入宣传必须坚持和发展中国特色社会主义,深入宣传全面建成小康社会和全面深化改革开放的目标,深入宣传我国经济、政治、文化、社会、生态文明建设的重要举措,深入宣传全面提高党的建设科学化水平,充分发挥《人民日报》的新闻宣传和舆论引导优势。《光明日报》精心设置各种专栏,让专家学者讲理论、领导干部说政策、基层群众谈体会,集中推出了一系列述评、系统辅导、专论文章、理论文章和新闻报道。其中,"学习贯彻党的十八大精神系列述评"、"学习贯彻十八大精神辅导"、"学习贯彻十八大精神笔谈"和"焦点三人谈"等栏目推出了一批有份量、有影响的文章。《经济日报》根据自身特点和实际制定了采访方案,陆续开设了"学习宣传贯彻落实十八大精神"、"学习宣传贯彻落实十八大精神·特稿"、"学习宣传贯彻落实十八大精神·专论"、"学习贯彻十八大精神辅导文章"、"十八大精神在基层"、"基层心声"等栏目,向全国各地派出记者采访,充分反映各地区各部门把党的十八大精神转化为新征程上的新思路、新举措、新进展,反映全面建成小康社会蓝图下人民群众的意愿、呼声和火热生活,加快建设高端权威、国内一流、国际知名的财经大报。

各地报业集团以党报为代表,在学习宣传贯彻党的十八大精神工作中发挥各自优势,刊发了大量优秀新闻作品、评论和理论文章。《北京日报》的理论周刊以高度的理论自觉和责任意识,周密部署,综合运用专论、特稿、特刊、访谈等多种形式,努力让十八大精神"深入浅出,入脑入心",成为地方党报十八大宣传中的一个突出亮点。《解放日报》、《文汇报》围绕"科学发展、成就辉煌"主题宣传活动,寻找独特角度,开设了一批特色专版、专栏,推出了大量内容鲜活、引导有力的报道,为喜迎党的十八大召开营造了浓厚的舆论氛围。南方报业集团举行了十八大报道团队出征仪式,《南方日报》、南方网、《南方周末》、《南方都市报》、《21世纪经济报道》及南网、奥一网等媒体抽调政治素质过硬、采编能力强的骨干组成强大的十八大报道团队,集团各媒体总编辑每天值班,各媒体编辑部门精心策划、整合资源、严格管理,准确充分报道盛会。

结合迎接学习宣传贯彻党的十八大,全国报业继续深入开展"走转改"活动,广大报业采编人员深入基层一线、体察国情民情、反映火热生活,一大批生动鲜活、感人至深的精品佳作集中涌现,一大批心系群众、业务精湛的优秀记者脱颖而出,一系列关系群众切身利益的突出问题得到解决。2012年9月,新闻出版总署下发通知,要求各级新闻出版行政部门和报刊主管单位对开展活动的要求和情况实行"五个纳入",即将其纳入对采编人员的培训内容、纳入对新闻记者考核内容、纳入群众对报刊评议内容、纳入对报刊年度核验内容、纳入对报刊出版质量综合评估内容,促进"走转改"活动深入开展。10月,中宣部等五部门共同举办"躬行大地——新闻战线'走基层、转作风、改文风'活动图片展",共展出图片300余幅,全面展示了全国新闻战线"走转改"活动取得的丰硕成果。

纵观全年,在信息网络技术快速发展、媒体传播格局不断调整变化的时期,中国报纸作为舆论传播的重要载体,仍然是大众获取信息的主要渠道之一,特别是在事关党和国家工作大局的社会重大事件和重要新闻的发布传播中,报纸的高度权威性、客观公正性和广泛影响力仍为大多数媒体受众认可和尊敬。

二、深化体制机制改革取得阶段性成果

全国报业紧紧围绕落实党的十七届六中全会精神、迎接宣传贯彻党的十八大这条主线,继续深化非时政类报纸出版单位转企改制。新闻出版总署确定了在党的十八大前全国应该转企改制的非时政类报刊出版单位名单,共有报刊3 388种,其中报纸774种,占22.8%。先后出台了《关于中央各部门各单位规范报送非时政类报刊出版单位体制改革实施方案有关问题的通知》、《关于报送第二批非时政类报刊出版单位体制改革实施方案的通知》等文件,下发《关于做好非时政类报刊出版单位体制改革涉及行政审批事项申报材料报送工作的通知》,开辟行政审批"绿色通道",提高改革涉及的行政审批事项办理时效。非时政类报刊出版单位体制改革取得了明显成效。截至十八大前召开,完成转制报纸733种,占应转企改制的非时政类报纸的94.7%,为实现在党的十八大前基本完成非时政类报刊出版单位体制改革阶段性任务的目标做出了贡献。

制定出台报刊编辑部体制改革实施办法。2012年8月,新闻出版总署制定发布了《关于报刊编辑部体制改革的实施办法》,适用所有经新闻出版总署批

准从事报刊出版活动、获得国内统一连续出版物号、但不具有独立法人资格的报刊编辑部。《实施办法》指出原则上不再保留报刊编辑部体制,对现有报刊编辑部,区别不同情况实施不同的改革办法。同时明确,报刊编辑部转制不得有非公资本进入。《实施办法》有利于推动报刊业市场主体的建设培育,不仅对大量不具有独立法人资格的报刊编辑部体制改革产生重大影响,而且将对整个报刊业结构调整和产业发展产生久远的积极作用。

为引导民间资本参与报业等新闻出版经营活动,新闻出版总署制定出台了《关于支持民间资本参与出版经营活动的实施细则》。《实施细则》与报业有关的内容有:支持民间资本在党报出版单位实行采编与经营"两分开"后,在报纸出版单位国有资本控股51%以上的前提下,投资参股报纸出版单位的发行、广告等业务,提高市场占有率;支持民间资本参与"走出去"出版经营,从事报纸等出版产品的出口业务,到境外建社建站、办报办刊、开厂开店等出版发行业务。经批准,对面向境外市场生产销售外语出版物(包括报纸)的,可以配置专项出版权。《实施细则》进一步明确了民间资本参与出版经营活动的政策,对吸引社会资本参与报业经营活动、推动报业的进一步发展提供了政策条件,受到报业的关注。

三、一批新报纸创刊调整报业品种结构

据统计,2012年全国新创办报纸19种,其中新批准创办的报纸4种,采用更名方式创办的报纸15种;中文15种,民族文字4种(见表1)。主要特点有:

1. 新增数量。新批准创办报纸的数量依然较少,仅4种,主要为面向西部地区和民族地区读者的民文报纸,如《新疆农民报》、《新疆农民报(维文版)》、《中国妇女报精编周刊(藏文)》;采用更名方式创刊的共15种,如《克孜勒苏日报》汉文版、维文版、柯尔克孜文版均更名为《克孜勒苏日报》相应版本,大众报业集团旗下《财富时报》更名为《黄三角早报》等。

2. 区域分布。创刊的19种报纸中,中央报纸少,有《中国邮政快递报》等2种;地方报纸较多,共17种,主要集中在中西部地区和民族地区(11

种），仅新疆地区就有《新疆农民报（维吾尔文版）》、《克孜勒苏日报（维文版）》等5种报纸创刊。

3. 报纸类型。多为地方党委或党报社主办的党报，如《银川日报》、《克孜勒苏日报（柯尔克孜文版）》等。此外，还有《企业观察报》等经济类报纸4种，《社区晨报》等都市生活及晚报4种，《南方教育时报》等教育类报纸2种，以及其他专业类报纸4种。

4. 办报主体。出版集团办报6种，如《社区晨报》、《科技金融时报》；党委办报4种，如《银川日报》、《克孜勒苏日报》；报社办报7种，如《白银晚报》、《新疆农民报》；其余单位办报2种。

5. 市场拓展。有的报业集团认为在新的政治周期可能孕育着新的报业机会，因此更名创办新的报纸。如《兰化工人报》更名为《企业观察报》，《白银有色报》更名为《白银晚报》等。同时，有的报业集团纷纷创办地铁报进入地铁报市场。

表1　2012年全国新创办报纸一览表

序号	报纸名称	地区	类型	主管机关	主办单位
1	《中国邮政快递报》	北京	专业	国家邮政局	北京国邮创展文化传播有限公司
2	《中国妇女报精编周刊（藏文）》	中央	其他	中华全国妇女联合会	中国妇女报社、西藏自治区妇女联合会
3	《企业观察报》	中央	经济	中国企业改革与发展研究会	中国企业改革与发展研究会
4	《廊坊都市报》	河北	都市报	廊坊日报社	廊坊日报社
5	《社区晨报》	上海	都市报	解放日报报业集团	解放日报报业集团
6	《科技金融时报》	浙江	经济	浙江日报报业集团	浙江日报报业集团、温州日报社
7	东方周报	安徽	党报	中共合肥市委宣传部	合肥报业传媒集团、中国新闻出版传媒集团有限公司
8	《黄三角早报》	山东	经济	山东大众报业（集团）有限公司	山东大众报业（集团）有限公司

续表

序号	报纸名称	地区	类型	主管机关	主办单位
9	《小学生学习报（中高年级版）》	河南	教育	河南教育报刊社	河南教育报刊社
10	《南方教育时报》	广东	教育	深圳报业集团	深圳报业集团
11	《企业家日报》	四川	经济	四川省社科院	四川省社科院
12	《巴中晚报》	四川	晚报	巴中日报社	巴中日报社
13	《白银晚报》	甘肃	晚报	中共白银市委	白银日报社
14	《银川日报》	宁夏	党报	中共银川市委	中共银川市委
15	《克孜勒苏日报》	新疆	党报	中共克孜勒苏自治州党委	中共克孜勒苏自治州党委
16	《克孜勒苏日报（柯尔克孜文版）》	新疆	党报	中共克孜勒苏自治州党委	中共克孜勒苏自治州党委
17	《克孜勒苏日报（维文版）》	新疆	党报	中共克孜勒苏自治州党委	中共克孜勒苏自治州党委
18	《新疆农民报》	新疆	专业	新疆日报社	新疆日报社
19	《新疆农民报（维文版）》	新疆	专业	新疆日报社	新疆日报社

四、党报营造新的舆论场，构建传播新格局

当前，国内的舆论场可以分为体制内和民间舆论场，体制内的舆论场是以《人民日报》为代表的传统媒体，而民间舆论场则是以新浪微博、腾讯微博为代表的互联网媒体。

以《人民日报》为代表的党报高度重视微博等新媒体的作用，主要通过《人民日报》新浪官方微博和人民网，致力于打通体制内和民间舆论场，取得了良好效果。2012年7月22日，《人民日报》官方微博正式在新浪微博平台上开通其官方微博，定位为"参与、沟通、纪录时代"，在短短的4个月时间内，其粉丝数就超过291万，高居媒体影响力榜的第五位，并且其"明天体"走红微博。

五、加强管理，着力规范新闻采编秩序

2012年，利用或假借新闻采编活动谋取非法利益的问题仍然比较突出，治理新闻敲诈和有偿新闻仍然是全社会关注的热点，报业等新闻界各种违规事件频发，新闻出版总署切实加强行业管理，不断深化专项行动，处理了一批违法违规案件，受到群众的好评。《经济观察报》存在重大违规、《科技信息快报》一号多报、《古今故事报》内容低俗、《商务时报》违规发放记者证等，受到相关管理部门警告、停业整顿、罚款等相应处罚。

新闻出版总署等有关部门集中开展打击"新闻敲诈"治理有偿新闻专项行动、虚假违法广告治理等专项行动，对记者站、记者证进行集中清理，处理了一批违规单位和人员，一些违法、违规问题得到初步治理；查处了《网络导报》、《中国改革报》、中国企业报新闻网等210件新闻敲诈和虚假新闻案件；对13种广告严重违法报纸分别给予通报批评和年检缓验处理；全国注销新闻记者证2 779个，注销和缓验记者站252个。

研究提高新闻采编从业人员素质的治本之策。有关管理部门正研究完善规范新闻采编工作的规章制度，强化日常监管，重点抓好采编人员职业准入、教育培训、日常监管工作，通过所有人员的集中培训普遍提高从业人员的政治素质和业务素质；通过进一步完善全国统一的新闻采编人员不良从业行为记录数据库，强化限业或禁业防范措施；通过进一步加大打击假报刊、假报刊机构、假记者力度，加强违法、违规查处；通过新闻报刊管理法规、规章广泛宣传，加强舆论监督和社会监督的力度，创造良好报刊出版环境。

六、报纸广告收入增速转负，行业前景堪忧

2012年我国GDP首次突破50万亿元，高达519 322亿元，但是增速却"破八"，只有7.8%，为13年来的最低。受经济趋缓等因素的影响，2012年我国广告市场增速很低，即使在2009年金融危机中也未出现这样的增速下滑，

报纸更是出现罕见负增长。

首先，根据CTR媒介智讯提供的数据，2012年1~11月传统媒体广告刊例花费同比增长仅6.4%，与上年同期的13.3%相比下滑近7个百分点。具体到行业，电视增长6.5%，报纸下降7.5%，期刊增长7.5%，广播增长9.6%，户外增长2.0%。

其次，2011年"世界日报发行量前100名排行榜"中，中国有21家报纸（其中大陆20家，香港1家）进入世界日报发行量百强行列，尤其值得注意的是，较上一年大幅减少了5家。中国上榜报纸中，除《参考消息》、《人民日报》、《环球时报》外，均为省市地方报纸。

七、新媒体发展势头强劲，给报业带来的挑战越来越大

首先，根据互联网上市公司财报而统计汇总的广告数据显示，2011年为41.75亿美元，再加上淘宝网和谷歌中国的广告收入，高达387.55亿元。如果把全国所有的互联网广告收入都统计在内，保守估计广告收入会超过430亿元。考虑到互联网上市公司近两年超过80%的复合增长率，2012年前三季度上市互联网公司的广告收入的增速高达61.91%（具体见表2），则2012年全年的互联网广告收入应该能超过50%，2012年的互联网广告收入会达到645亿元，铁定会超过报纸而成为第二大广告媒体，并进一步缩小和广电业广告的差距。此外，新媒体的利润总额和利润率远远高于报纸。根据新闻出版总署《2011年新闻出版产业分析报告》的统计资料，2011年我国报业的净利润为98.61亿元，预计2012年会低于90亿元，而百度仅仅前三季度净利润就为76.61亿元，预计全年会超过100亿元，则2012年百度的净利润铁定会超过全国报纸的净利润。此外，腾讯的净利润则更高，2012年前三季度就为92.81亿元。

表2 2012年前三季度互联网上市公司广告收入   单位：亿元,%

媒体名称	2011年前三季度	2012年前三季度	同比增速
新浪	16.47	18.78	14.03
腾讯	13.94	24.35	74.68

续表

媒体名称	2011年前三季度	2012年前三季度	同比增速
网易	5.17	5.90	14.12
搜狐	15.00	18.45	23.00
百度	90.24	159.71	76.98
凤凰新媒体	3.15	4.17	32.21
奇虎360	4.86	9.61	97.74
合计	148.83	240.97	61.91

资料来源：根据上市互联网公司财报整理。

其次，2012年我国报业广告的下滑受诸多因素的影响。一是我国GDP同比增速下滑，直接影响了广告的投放。二是作为报业广告投放大户的政府的财政收入增幅在放缓，也直接影响了广告的投放。三是房地产、汽车限购等因素导致报纸投放额度最大的两大行业低迷，更是直接影响了报业的广告收入。

第三，新媒体的冲击和替代是根本性原因。在传统媒体广告哀鸿遍野的情况下，新媒体的广告收入依然全线飘红，保持高速增长态势。2012年前三季度百度、腾讯、新浪、搜狐、网易、奇虎360和凤凰新媒体的广告收入为240.97亿元，同比增长61.91%。

西方发达国家报业快速衰退的事实也证明了传播技术的革命是报业广告下滑根本原因。截至2011年年底，美国、日本、加拿大的新媒体广告收入已经超过报纸的广告收入，英国的新媒体广告收入已经超过电视的广告收入。由于西方发达国家对媒体采取的是管制很少、自由竞争的管理方式，如果认为我国对传统媒体的管理体制和管制方式是报业衰落的根本原因，则没有办法解释西方发达国家报业的衰落。因此，传播技术的革命是报业衰落的根本原因。尤其需要指出的是，随着互联网媒体的高速发展，传统媒体的年轻读者被快速分流，其读者群平均年龄逐步增大，而这部分人很难吸引广告投入。这将从根本上决定传统媒体广告收入的未来。

八、报业新公司继续上市，难改总体经营状况不佳局面

（一）新公司继续上市

首先，《人民日报》旗下的人民网成功登陆上海证交所，重点新闻网站上市的序幕拉开。人民网于2012年4月27日成功上市，半小时后股价就上涨73.6%。2012年第三季度，营业收入为1.65亿元，同比增长30.95%；净利润为0.65亿元，同比增长47.73%。当前总市值高达109.99亿元，其中流通市值为27.50亿元，市盈率为57.39。在人民网的示范效应下，新华网已经递交上市申请拟登陆上交所，目前正处于初审状态，正筹备上市。此外，东方网等地方重点新闻网站也在积极谋求上市。

其次，粤传媒向《广州日报》定向增发的3.42亿股股票正式在深交所上市交易，《广州日报》成为继《浙江日报》上市之后第二家经营性资产整体上市的报业集团。此后，粤传媒正式更名为广东广州日报传媒股份有限公司。

（二）报业上市公司经营状况不佳

报业上市公司的收入规模小、增速低、净利润率低。浙报传媒、《广州日报》、博瑞传播、新华传媒、华闻传媒2012年前三季度的总收入为72.75亿元，比2011年同期的74.55亿元下降了2.41%；净利润为9.55亿元，比2011年同期的10.63亿元下降了10.16%，净利润率为13.13%。如果考虑到未装入上市公司的采编业务则净利润率会更低。具体见表3。

表3 2012年前三季度报业上市公司经营情况 单位：亿元

	浙报传媒		《广州日报》		博瑞传播		新华传媒		华闻传媒	
	2012年前Q3	2011年前Q3	2012年前Q3	2011年前Q3	2012年前Q3	2011年前Q3	2012年前Q3	2011年前Q3	2012年前Q3	2011年前Q3
总收入	10.29	10.01	12.29	12.94	10.14	9.96	12.22	14.75	27.81	26.89
净利润	2.08	2.03	2.27	2.83	2.44	2.80	0.80	1.10	1.96	1.87

资料来源：根据各上市公司财报整理。

尤其需要指出的是，浙报传媒准备以32亿元的评估价格收购杭州边锋网络技术有限公司和上海浩方在线信息技术有限公司，打造互动娱乐社区平台。

九、久困谋变，报业探索转型之路

报纸为了应对新媒体的挑战，纷纷采取各种方式进行转型。首先，《人民日报》利用人民网进军新媒体。其次，《南方都市报》以产品流程再造为主，向全媒体转型。2009年，《南方都市报》作为我国第一都市报品牌，面对新媒体的冲击提出构建"南都全媒体集群"，把其发展目标定位为"现代型的信息集成商、全媒体数字信息运营商、媒体和信息的混合运营商"。在内容流程再造方面，一是进行全媒体理念再造，"围绕'活性'用户为中心建立自洽式的应用平台系统"；实现"全天候动态报道模式"；做到"快速共享和100%被多层次利用加工"。二是强化信息集成中心的研发能力与建设信息集成中心，把以出报为核心目标的生产流程改造成以数字化产品生产为主要目标、保持并提升报业出版效率的生产流程；实现信息传播方式的多元化和提升全面运营能力。三是进行组织流程再造，实现"信息集成中心"为核心的"交互型流程组织"。四是强化绩效考核。建立健全全媒体考核体系，"稿费计算"将由"全媒体评价体系"所取代，引入内部评价、用户反馈、微博转发、媒体转载、资料库收录等辅助性指标。

第三，浙报集团积极进行传媒梦工场转型探索。根据发布的《浙报集团全媒体战略行动计划》，浙报集团拟通过内部发展转型、外部联合扩张和积极孵化未来三者并举，在内容生产、传播组织、媒体经营、技术支撑等方面实现突破。在浙报的全媒体转型战略中，至关重要的一环就是"传媒梦工场"的运营。"传媒梦工场"在其启动仪式上宣称，将以"传媒梦工场，文化新硅谷"为目标，打造一个全国一流、具有标杆意义的新媒体内容与技术应用孵化基地。传媒梦工场目前已经完成对创新工场、虎嗅网、知微、点触科技、微拍和优微的投资。

此外，二维码重出江湖。《京华时报》借助二维码技术推出云报纸，《华西都市报》推出魔码，长江日报报业集团正式推出"云报纸"平台。

十、实施报业跨地区多元化发展战略取得新进展

（一）跨区域战略合作进一步推进

在省外跨区域合作方面，南方报业传媒集团与合肥日报报业集团合办了《江淮晨报》，批准中国新闻出版传媒集团与合肥日报报业集团合办《东方周报》。

在省内跨区域合作方面，大众日报报业集团在烟台市场创办了《蓝色快报》，在东营市场创办了《黄三角早报》。大众报业集团与菏泽日报社按照"产权联合、利益连结、行政推动"原则，成立菏泽牡丹传媒有限公司，统一运营齐鲁晚报《今日菏泽》和《牡丹晚报》。此外，湖北日报报业集团、南方报业传媒集团也正在积极实施省内整合战略。

（二）多元化拓展成效显著

2012年以来，报业集团充分认识到，传媒业和金融业的融合速度进一步加快，南方报业传媒集团、大众日报报业集团、浙江日报报业集团等纷纷成立投资公司，采取各种方式进入投资领域。目前，在投资领域发展较好的有，浙江日报报业集团旗下有新干线传媒投资有限公司、东方星空文化基金，华商传媒集团旗下的北京华商盈通传媒投资有限公司。此外，河南日报报业集团通过增资扩股进入信阳银行进军金融业，通过注资4.4亿元，占信阳股份银行的20%股权，成为该银行第一大股东。

（三）报业集团化建设取得新进展

大众报业集团进一步调整和规范集团管理体制，下面拟设立《大众日报》、《齐鲁晚报》、《半岛都市报》三大二级集团，目前以《齐鲁晚报》为主组建的齐鲁传媒集团已经成立。成立后的齐鲁传媒集团将以资本为纽带，加快整合集团内外部非时政类报刊资源，致力于成为山东省龙头文化企业和具有全国影响的报业传媒航母。

（国家新闻出版广电总局 丁以绣；国家行政学院社会和文化教研部高级经济师 郭全中）

2012 年电子出版单位年度核验情况及对发展的几点思考

郑加可

2012 年,新闻出版总署开展了全国电子出版单位年度核验工作。通过年度核验,对全国电子出版单位 2010～2011 年度资产和人员情况、办社能力、出版能力等方面进行了全面核查。在此,通过核验的情况,对全国电子出版单位的基本情况进行梳理,分析目前存在的主要问题,并对网络传播迅猛发展的新形势下,电子出版业的发展提出一些思考,供业界参考。

一、电子出版年度核验反映的情况

在参加此次年度核验的 276 家电子出版单位中,包括 27 家独立电子出版单位,243 家拥有电子出版权的出版单位(含图书出版社、报刊社、音像电子社)和 6 家电子书出版单位。

(一)从出版业务隶属关系、区域管辖的情况看电子出版单位呈现的特点

1. 独立音像电子单位数量与依从于传统书报刊出版单位数量趋平

从出版业务的依从关系看,依从于书报刊等传统出版单位的电子出版单位 143 家,约占总数的 52%;独立音像电子出版单位 103 家及由数字出版集团主办的电子书出版单位 3 家,约占 38%;独立电子出版单位 27 家,约占 10%(见图 1)。

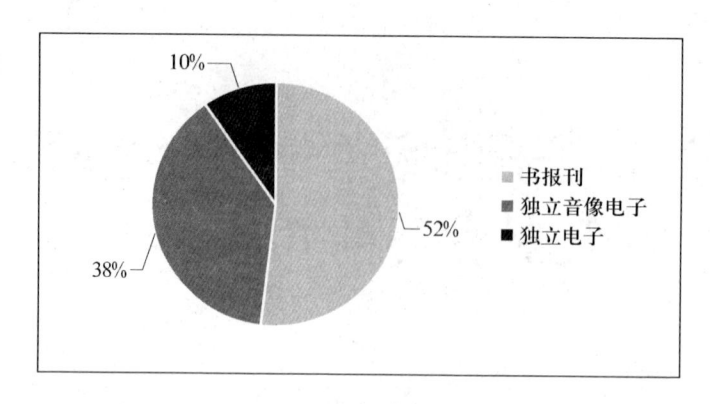

图1 电子出版单位依从关系

2. 电子出版单位隶属关系复杂，新闻出版系统单位数量最多

按照主办单位属性分类，隶属新闻出版系统的121家，其中隶属报业、发行和出版集团的75家，隶属报社、图书和音像出版社的46家；隶属教育系统（含大学）的72家；隶属广播影视系统的9家；隶属文化产业集团的5家；其他69家单位分别由机关事业单位，学会、协会、基金会以及各类公司主办（见图2）。

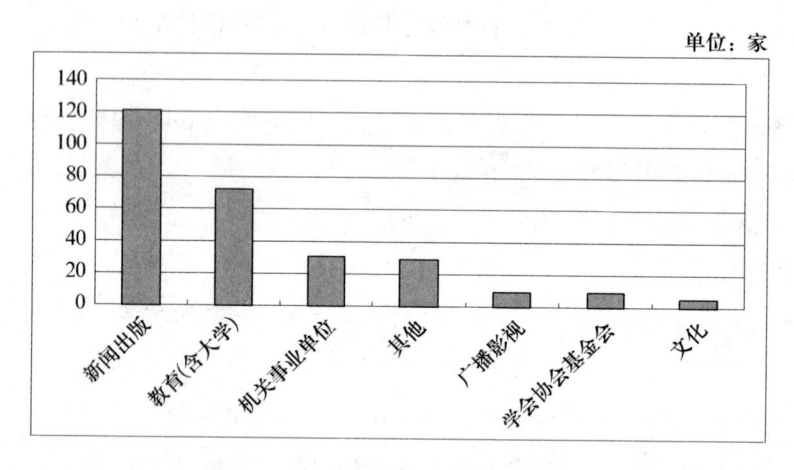

图2 电子出版单位隶属关系

3. 区域分布极不均衡

从所在地拥有的电子出版单位数量看，各省、自治区和直辖市分布数量由多到少排列，北京119家、上海21家、广东15家、辽宁12家；按大区划分，集中分布在华北和华东地区，占到总数的 2/3，具体分布是华北 127 家、华东 57 家、华南 20 家、西南 19 家、华中 16 家、东北 16 家、西北 13 家。

（二）电子出版物出版情况

2010 年、2011 年电子出版物出版品种总数为 22 724 种，平均每年每社出版 42 种，出版品种从一定程度上反映了出版单位电子出版物的生产、制作能力。

1. 按区域分析

出版品种两年累计，中央各部门各单位所属出版单位生产电子出版物共 11 021 种，占总数的 48%；500 种以上的有上海、山东、四川、重庆和辽宁等 5 个省市，占总数的 20%；500 种以下 200 种以上的有江苏、北京、广东、吉林、湖北、天津、山西、浙江、陕西和江西等 10 个省市，占总数的 16%；其他 14 个省份出版品种数占总数的 6%（见表 1）。

表 1　电子出版物品种数量排名前十名的地区

序号	地区	品种数量
1	中央	11 021
2	上海	961
3	山东	905
4	四川	732
5	重庆	657
6	辽宁	511
7	江苏	451
8	北京	393
9	广东	339
10	吉林	309

2. 按出版单位上报的出版情况表统计

独立音像电子社、独立电子社出版 9 983 种，占总数 44%；非独立电子出版单位出版 12 741 种，占 56%。从出版品种数量较多的前 20 名单位里可以看到，有11家为拥有电子出版权的图书出版单位（下表中带＊标注），有9家独立音像电子社跻身其中（见表2）。

表2 排名前20名的电子出版单位出版品种数量

序号	出版单位	品种数量
＊1	机械工业出版社	889
＊2	清华大学出版社有限公司	871
＊3	人民邮电出版社	854
＊4	北京华信电子出版社有限公司	697
＊5	四川师范大学电子出版社	563
＊6	外语教学与研究出版社有限责任公司	560
＊7	高等教育电子音像出版社有限公司	549
＊8	中国科技出版传媒股份有限公司	500
9	齐鲁电子音像出版社	433
＊10	中国铁道出版社	374
11	重庆中电电子音像出版有限责任公司	373
12	江苏凤凰电子音像出版社有限公司	354
13	北京科艺电子出版社	346
14	山西春秋电子音像出版社	285
15	中国科学文化音像出版社	254
＊16	教育科学出版社	233
17	三辰影库音像出版社	223
18	黄海数字出版社	215
19	吉林电子出版社	212
＊20	中国青年出版社	196

3. 按载体形式及出版方式分类

主要载体仍为只读光盘，计18 736种，占82.5%；按出版方式分类，自编18 105种，占79.7%，合作4 352种，占19.2%，引进222种，占1.1%；书配盘仍为电子出版物的主要形式，计10 094种，占44.4%。

4. 电子书出版

从全国 6 家电子书出版单位填写的《电子书出版情况调查表》中可以看到，3 家出版单位出版品种数量未达到年度核验基本条件，其中甘肃人民出版社和浙江出版集团数字传媒有限公司等 2 家单位出版品种为 0，上海人民出版社仅填写了 2010 年出版的《辞海阅读器》；人民出版社、河北冠林数字出版有限公司和中版集团数字传媒有限公司等 3 家在 2010~2011 年间出版品种分别达到 10 种、59 种和 62 种。从出版形式上看，自编原创电子书的比例差异较大，人民出版社 100%，中版集团 55%，河北冠林全部为合作项目。

（四）电子出版单位的运营情况

2010~2011 年，与传统书报刊等单位相比，电子出版单位资产总量仍然很小，电子出版物利润较低（见表 3）。

1. 从资产和销售总体情况统计看

2010~2011 年独立核算的音像电子出版单位资产总额为 35.58 亿元，两年合计销售收入 106.78 亿元，利润总额 18.23 亿元。

2. 从电子出版物的销售收入和利润数据分析看

销售收入中，非独立社是独立社的 1.5 倍，而利润达到 6 倍；按单个品种平均计算，非独立社每个产品平均可以创造 23 800 元利润，独立社只有 4 888 元。可见图书等传统媒体仍然是创造电子出版利润的主要来源。

表 3 电子出版单位运营情况

分类	单位销售收入（亿元）	单位利润总额（亿元）	电子出版物销售收入（亿元）	电子出版物销售利润（亿元）
独立音像电子社	106.78	18.23	10.01	0.88
非独立社	309.47	54.62	15.09	5.72

3. 从单位销售收入两年合计分段统计情况看

统计表显示，年销售收入在 1 000 万元以上的有 33 家，占 12%；在 500 万~1 000 万元之间的 20 家，占 7%；在 100 万~500 万元之间的 67 家，占 24%；在 100 万元以下的 157 家，占 57%（见表 4）。

表4　电子出版单位年销售收入分段统计

分类	1 000万元以上 数量（家）	比例	500万~1 000万元 数量（家）	比例	100万~500万元 数量（家）	比例	100万元以下 数量（家）	比例
独立社	18	14%	13	10%	39	30%	60	46%
非独立社	15	10%	7	5%	28	20%	97	65%
总体	33	12%	20	7%	67	24%	157	57%

4. 从两年销售利润排名看（见表5）。

表5　2010~2011年电子出版物销售利润两年合计排名

序号	独立音像电子社	非独立社
1	人民教育电子音像出版社有限公司	上海外语教育出版社有限公司
2	山东电子音像出版社有限公司	上海世纪出版股份有限公司教育电子声像出版社
3	河南教育电子音像出版社有限责任公司	外语教学与研究出版社有限责任公司
4	浙江电子音像出版社有限公司	人民卫生电子音像出版社
5	上海高教电子音像出版社有限公司	吉林科学技术出版社
6	中国石油大学音像电子出版社有限公司	人民法院电子音像出版社
7	山西春秋电子音像出版社	清华大学出版社有限公司
8	江苏凤凰电子音像出版社有限公司	二十一世纪音像电子出版社
9	深圳市书城电子出版物有限责任公司	浙江大学电子音像出版社
10	中国学术期刊（光盘版）电子杂志社	中国地图出版社

（五）人员情况

上报材料的276家电子出版单位工作人员共计24 375人，其中从事电子出版业务的4 473人，占总人数的18.4%。参加过新闻出版总署组织的岗位培训班并取得证书的出版社主要负责人（法人）有209人，培训覆盖率达到76%。出版单位主要领导基本上都有大学本（专）科以上学历、学位，大学本科（含专科）125 人，硕士研究生 106 人，博士研究生 39 人。

二、电子出版目前存在的问题

（一）电子出版业自身规模小，管理亟待规范

电子出版物虽然是当今数字出版物的主要形式，但因其更侧重于技术加工而处于内容资源的末端，大多数电子出版单位重内容轻技术，而与电子出版相关的制作单位，又只重技术轻内容。电子制作和电子出版界线不清晰，资质许可层次不一，依法依规管理需要加强。

（二）社会对电子出版物还缺乏统一认识

在一定程度上，由于网络传播的便利性降低了发表和创意的门槛，在读者眼中，电子出版物质量鱼龙混杂、良莠不齐。在出版单位眼中，电子出版物发展前景不明，编辑加工缺乏动力。另外，电子出版物标识发挥作用尚不明显，出版功能尚未挖掘，游离于出版物边缘，诸多因素限制发展。作为数字产品的一种重要形态，电子出版物制作成本相对较高，使得需要大量经费的制作环节缺乏支持。

（三）电子出版单位缺乏活力，发展战略方向不清、目标不明

自 2009 年以来，传统意义上的电子出版物年度品种维持在 1 万余种，没有明显上升趋势。除去网络影响，更多的是来自市场的反映和企业自身的表现。市场主体没有形成，专业服务的忠实用户群还未出现，加之转企改制后，人才流动过大、流失较多，原创能力越发显得不够，产品市场除个案外大多销量较少。

三、对电子出版发展的几点思考

在此提出一些有待深入研究及探讨的问题，供业内人士参考。有关电子出

版的概念,按照《电子出版物出版管理规定》,电子出版物是指以数字代码方式,将有知识性、思想性内容的信息编辑加工后存储在固定物理形态的磁、光、电等介质上,通过电子阅读、显示、播放设备读取使用的大众传播媒体。时至今日,这个定义并不过时。"新闻出版总署认定的其他媒体形态"仍然能够完全涵盖目前各类媒体形态,不仅包括有固定形态的磁、光、电等介质,也可包括网络。只要是通过一定设备读取并发挥传播媒体的作用,就可以认定为电子出版。随着网络以及数字技术的发展,传播媒体不仅包括传统载体也包括很多目前流行的其他媒体形态。在国外,从电子出版物诞生之日起,就一直把通过计算机或类似设备使用并公开出版发行的大众传播媒体统统视为电子出版物,把网络明确为电子出版物发行或承载方式。因此,对电子出版物的关注,重点不应仅在其内容的存储方式,更应重视其传播方式。2012年电子出版物中的典型形态,最受关注的是电子书,更多的都是通过电子计算机或专有设备读取并通过屏幕显示出来对信息进行传播的,还有成长趋势明显的数据库产品。从软盘期刊数据库、CD-ROM期刊数据库、联机期刊数据库发展到如今的基于互联网的电子期刊数据库,从传统载体已过渡到由网络发行渠道发行的电子出版物,数据库产品的更新换代更清晰地向众人演示了电子出版物的发展途径。

以前那种按照载体、网络(无线、有线)等思路来划分电子出版物发行渠道的方法,已越来越不合时宜。今天,几乎所有的阅读业务都已走向云端。为各种设备开发的软件(客户端),从最普及的PC屏幕,到苹果的iPhone和iPad,从Android手机、平板电脑到刚刚露脸的Windows Phone操作系统,已完全能够支持用户一次购买、多设备下载阅读的需求。网络时代正在使传播的可能无所不在。鉴于此,新闻出版总署领导对电子出版寄予厚望,指出"电子出版是出版的一个重要门类,坚持'整合与提高相结合,改革与发展相结合,扶持与管理相结合',促进全行业健康成长,更好地为人民文化生活服务"。电子出版单位一定要抓住时代机遇,进一步更新观念、创新理念、焕新面貌。

(一)要认识到电子出版自身特有的优势,拓展新兴业态

电子出版处于传统与现代出版的中间地带,既要面对数字阅读的群雄逐鹿,与硬件制造商、电信运营商、网络公司、移动互联网、电子商务巨头比

肩，更要在发展良机面前充分认识和发挥自身的优势。电子出版比书报刊等传统载体形式进入数字化的时间更早、比单纯技术加工有资质优势、在内容管理上有控制力、比内容提供商有技术优势。电子出版物载体的多样、渠道的多维、技术的多变，使得出版编辑加工功能无限拓展，集内容、技术、渠道等方方面面优势为一体。电子出版在数字出版时代应占据核心地位。与其他出版形式相比较，其更有优势与通信运营商、网络运营商及硬件制造商进行全方位合作，迅速拓宽业务；最有优势运用新媒体、新技术加速产业升级，拓展新业态。

电子出版单位还应在创新出精品上下功夫，在内容加工中完成历史赋予的出版使命和责任。中国传统出版业转型之路需要探索，传统出版必须尽快跟上科技的脚步，形成主导力量，电子出版应首当其冲。2012年年底传来利好消息，江苏凤凰出版传媒集团2012年年报显示，数字出版实现了一定的盈利，其中光盘《数字课堂》等配套学习软件销售1 500万套。这是存量内容资源数字化之后的一个重要突破，也是对电子出版优势力量的有声回应。

（二）要顺应潮流寻找适合自己的商业模式，向需求市场要产品

商业模式，包括能提供什么样的产品，给什么样的用户创造什么样的价值，在创造用户价值的过程中，用什么样的方法获得商业价值。电子出版完全可以以此来分析并探寻自己的商业模式。新媒体技术不断地为我们提供了越来越多的创造可能性，西方比我们成熟很多的商业模式为我们提供了大量可以参照的案例，我们更要学会用自己的办法解决好自己的问题。

励德·爱思唯尔集团中国区政府事务总监张玉国曾将国外出版单位的经验向国人作了介绍，对国内电子出版社应有启示性。他说，出版会从"农耕时代"过渡到"高档餐厅时代"，大众出版和教育出版都会走专业出版已经走过的路：从纸质书到电子化，再到提供解决方案。他说："纸质书时代如同'农耕时代'，出版商接过文章，组织评审、编辑之后发表，相当于一个农民，收了庄稼卖出就不管了。现在也有很多专业出版商进入了'超市时代'，把内容深度处理、包装，通过更广阔的数字渠道进行销售。而爱思唯尔已经一只脚踏进了'餐厅时代'，餐厅时代就是不光要收获内容，打包销售，而且还要根据用户的口味，做出适合他们的菜肴来，餐厅的利润比农场和超市都要高，尤其

是高档餐厅，这就是用户体验的价值。"每一个电子出版单位应结合本单位的实际情况，找出自己的商业模式，打造市场需求的服务性产品，从而创造商业价值。"

（三）要以内容生产为核心做好服务，为客户提供专而精的内容产品

2012年，江苏凤凰电子音像出版社配合相关教材出版社在电子教材出版方面做了有益的尝试。电子教材作为原纸质教材的延伸和补充，在文字和图片内容的基础上，加入了课文的标准语音（如英语、语文、音乐学科）、课文动画、名师讲解视频、实验（物理、化学学科）以及根据各学科特点开发的计算机辅助工具（如英语、语文、音乐学科的人机对话工具）、设计制作工具（信息技术、通用技术、美术学科）等等。2012年他们主要以光盘的形式在推广，以后将尝试更多终端形式。下一步该社将着重推广专门供教师备课、授课用的"凤凰优课数字化教学系统"，尝试推广电子教材的各种阅读终端版（除光盘版外，会增加PAD版、网络版、智能手机版、U盘版等），同时，配合"江苏E校园"工程，试点推广"凤凰云校园"（"凤凰云课堂"）系统。

（四）要以资源库（平台）建设为基础，打造精品出版实现出版功能

以承担"中国知网"内容建设的中国学术期刊（光盘版）电子杂志社为例。该社凭借优质的内容资源、领先的技术和专业的服务，通过"中国知网"这样的知识资源互联网传播扩散与增值服务平台，提供CNKI源数据库、外文类、工业类、农业类、医药卫生类、经济类和教育类多种数据库，主办39种连续型电子出版物。通过数字出版平台提供学科专业数字图书馆和行业图书馆、数字化学习平台等。通过深度开发利用平台，为社会提供文献数据评价以及检索等服务，实现了大规模集成整合知识信息资源，整体提高了资源的综合和增值利用价值。

又例如，中国少年儿童出版总社加强资源库建设，全媒体出版趋势显著。2012年，该社与《植物大战僵尸》系列图书同步出版的，包括各类音像制品、下载有声书玩具等各类终端设备等电子出版物，取得全年发行码洋过亿的骄人成绩。中少总社的数字出版工程规划包括四个步骤：一是建立数字资产管理库。即把1951年《中国少年报》创刊以来、1956年中国少年儿童出版社建社以来的所有报刊资源，还有4 000种图书，重新进行加工、整理、登记、录入，进行数据化加工编码，建立起中少总社自己的数字资产库，以后所有新出版的书报刊同时进入到这个库里；二是在建立数字资产库的基础上，推出中少数字图书馆；三是在完成数字资源建设的基础上，推出适合数字化传播的各种产品；四是在"十二五"期末建立协同编撰平台，实现多媒体协同出版。目前，该社从技术建设转向数字内容运营，将碎片化的内容重新组合，现已建设了快乐阅读平台、婴儿馆、幼儿馆等多个资源库，数字阅读加衍生产品收入过千万元。

（五）要以技术应用为突破点，借力完成出版人传播传承的出版使命

在人们越来越习惯数字阅读的今天，适合数字阅读的内容，需要传播渠道的畅通发布、技术的倾力支持和终端的完美呈现。智能手机和平板电脑的快速普及，以及用户使用量的迅速加大，催生了碎片化的数字媒体格局。典型的消费者现在已经将媒体消费时间分配到诸多类型的屏幕上。

安徽时代新媒体出版社紧追3D电视和智能电视的融合趋势，在坚持原创、自制优质的视频内容的基础上，与安徽省电信IPTV展开实质性合作，传统的出版内容实现了付费点播，随时观看。在视频技术上，着手研究拍摄和制作3D视频，全力打造首个出版领域的3D节目平台。针对智能手机处理速度快、屏幕大、色彩好、功能强、应用下载丰富等特点，该社提出应用出版概念，在手机与PC机融合、无线网络全覆盖、3G甚至4G快速普及、资费大大降低的前提下，全力打造"时代微观"平台，倡导"泛阅读"和"富媒体阅读"，为手机用户提供各类微视频。为在车载设备上达到用语音和手势替代各种手写输入和屏幕触摸，该社通过与技术商的合作，在录制数万分钟的儿童音频的基础上，利用交互式语音技术来实现人机互动。

（六）适应新技术的挑战，提高管理的科学化水平

在加强电子出版单位出版业务管理、进一步规范使用出版物标识（电子出

版物专用书号）的同时，要加快电子书、电子期刊、电子数据库等电子出版物典型形态有关标识、元数据等方面的标准建设，为促进电子出版业发展提供标准支撑。

在规范网络出版服务秩序的同时，要通过立法明确出版者法人主体对出版内容产品负责的相关原则，保证出版物在合法传播渠道中进行传播的利益。当然，还需要通过打击各种形式的侵权盗版和非法下载，鼓励创新，保护著作权人的合法利益。

总之，在数字化时代，机遇与挑战并存。相信电子出版业会为我国社会主义文化建设作出更大贡献。

（作者单位：国家新闻出版广电总局）

2012年数字出版产业发展报告

王　飚　李广宇　毛文思

2012年，数字出版发展更加务实、影响力日渐扩大。其主要表现为新媒体技术提供商对技术研发更加注重技术的创新，重视用户需求，满足个性化需要；传统出版单位由对技术崇拜与懵懂转为积极参与、应用；微博的广泛应用使营销方式得到新的拓展；众多项目的申报与启动使数字化转型路径进一步明晰；平台对内容的集成更加理性，方向性、目标性更强；阅读终端及软件应用的探索进一步深化等，这些都有力地推动了我国数字出版产业的快速发展。

一、数字出版发展现状

2012年，数字出版产业发展实现了较大的突破，相关政策得到进一步落实、传统出版产业转型日益深入、技术不断升级、移动阅读格局基本形成、基地建设步入正轨、平台建设掀起热潮，为产业进一步发展奠定了坚实的基础。

（一）产业政策贯彻实施，产业发展得到推动

2012年，为深入贯彻落实《文化产业振兴规划》，加快我国《数字出版"十二五"时期发展规划》的目标任务，相关管理部门进行了有力部署，出台了各项政策措施，推动产业快速稳定发展。

2012年2月27日，新闻出版总署发布了《关于加快出版传媒集团改革发展的指导意见》。《指导意见》提出，将支持出版传媒集团加强数字核心技术的

研发和应用；推动出版传媒集团加快实现存量出版资源数字化；鼓励开发构建开放式、综合性、多功能集成的流通信息平台；支持出版传媒集团实施数字化战略，加快发展有声阅读、电子书、电子书包、数字报、精品学术期刊数据库等；支持出版传媒集团发展以网络出版、手机出版、云出版等为代表的出版新业态，并指出支持多种形态的数字出版产品进入国际市场，加强出版产业"走出去"战略。该《指导意见》为我国出版传媒集团数字化转型与发展指明了发展方向和战略目标。

2012年2月28日，文化部发布《文化部"十二五"时期文化产业倍增计划》，《计划》明确了"十二五"时期发展文化产业的主要任务，提出"促进文化消费升级，大力开发适宜互联网、移动终端等载体的网络文化产品，促进动漫游戏、网络音乐娱乐等数字文化内容的消费"；"促进动漫、游戏、网络文化、数字文化服务等新兴文化业态加快发展，重点加强与新兴文化业态密切相关的数字技术、数字内容、网络技术等高新技术的研发"；"扩大网络音乐、网络动漫、网络艺术品、网络演出等在线和移动生产销售"，并将动漫业、游戏业、网络文化业、数字文化服务业等数字出版相关领域列为"十二五"时期重点发展行业。该《计划》的发布，表现出数字出版在文化产业中的地位日益提升。

2012年，国家版权局对《著作权法》（修改草案）进行了三次修订。虽然草案尚未正式出台，但在草案修订过程中，有关网络出版的版权保护问题，成为讨论的热点。其中关于信息网络传播、录音制品的适用等规定引起了广泛热议。互联网版权成为关注焦点，表明我国对于网络版权保护的重视程度日益加深。

此外，各地政府也纷纷出台发展数字出版产业的各项扶持政策，在数字出版的投入资金、项目开发、人才培养、产品研发等方面都给予一定的倾斜。

（二）传统出版产业转型日益深入，方向渐晰

近年来，随着对数字出版的认识不断深入，业界对自身发展数字出版的方向不断清晰，传统出版企业对于数字出版的态度不断发生着转变。由恐惧担忧、被动接受，演变为如今的主动参与，大家开始积极探求在数字出版领域的

发展之路。而新闻出版总署《关于加快出版传媒集团改革发展的指导意见》的出台,为传统出版单位数字化转型提供了政策保障和方向引领,进一步坚定了传统出版单位在数字出版道路上前进的动力,从而也进一步加快了传统出版企业数字化转型的步伐。

为了更顺利地实施数字出版战略布局,各家出版传媒集团纷纷成立数字传媒公司,或设立独立的数字出版部门,以更为灵活的机制运作数字出版业务。虽然各家出版集团成立数字传媒公司或数字出版部门的时间早晚不同,数字化进程的深入程度也有所差别,但可以明显看出,传统出版对数字出版的关注和重视程度均比以往有了进一步提高,在集团资源数据库建设、搭建数字内容投送平台、推出数字出版产品等方面发力。多家出版集团经过较长时间的摸索,最终寻求到了较为清晰的商业模式,在数字出版业务上获得可观收益。多家企业还制定了短期目标和中长期规划,形成较为清晰的数字出版战略实施方案。而规模较小的出版企业,也纷纷推出数字出版产品,积极探索适合自身发展的数字出版道路。[1]

此外,传统出版单位加强了与技术类企业的合作,加大了在数字出版项目上的资金投入力度,确立了数字出版人才培养和引入机制。

(三) 技术不断突破,产业升级得以带动

技术是引领和推动数字出版产业发展的强劲力量。过去一年来,我国数字出版在技术方面取得了重大突破。

云出版服务技术得到了广泛的推广与应用,极大地方便了数字出版资源的整合与储存。北大方正、同方知网等多家企业纷纷推出了云出版解决方案。中启创集团、方正阿帕比等企业建立了"云出版服务平台",为数字版权内容的传递提供了安全便捷的通道,并满足了用户个性化出版的需求。云技术让信息的交互沟通、服务的多元提供、海量数据储存管理变得轻而易举,让设备间的同步成为可能。随着云技术的发展,服务变得更为重要。

2012年,MPR(多媒体印刷读物)正式成为一项国家标准得以推广普及。同时,MPR正在申请成为国际标准,并已经获得立项。MPR技术的原理在于

---

[1] 毛文思:数字化转型之路——探索与困惑中前行,出版参考,2012.8。

"关联",其有效地衔接了纸媒与音频。在纸质印刷出版物中,印有近于隐形的与图文内容相对应的多媒体音视频文件的MPR码符号,通过MPR识读工具点触并识别后,将印存在其中的多媒体音视频文件播放出来,实现了视听同步。值得关注的是,MPR出版物并非完全意义上的数字出版产品,而是传统出版与数字出版之间的过渡。它保留了出版物原有的文档资源形态,使纸质出版物融入数字出版技术,从某种程度降低了技术研发的门槛,降低了传统出版数字化转型的成本,并提供了一种有效的版权保护手段。目前,MPR技术被广泛应用于少儿、教育、外文、旅游、盲文、古籍等多个领域的出版物,并已取得一定收益。

此外,跨平台阅读技术、结构化版式技术、内容结构加工技术等数字内容加工技术也取得突破性进展,推动了数字阅读终端产品不断升级,优化了终端产品的阅读体验。

(四)终端更新换代,移动阅读格局逐渐形成

截至2012年6月底,我国手机网民规模达到3.88亿,手机上网比例则增长至72.2%,而2012年上半年使用台式电脑上网的网民比例为70.7%,相比2011年下半年下降了2.7个百分点。[①] 手机超越台式电脑,成为我国网民的第一大上网终端。

手机阅读的广泛普及,极大地推动了智能手机这一终端的更新换代,使其功能日趋强大,应用不断出新,尤其是以微博、微信为代表的互联网社交型应用的兴起和发展,以及4G技术的逐步推广,进一步推动了手机作为移动终端的发展。2012年,各大厂商纷纷加入到智能手机的开发阵营中,竞争颇为激烈,而业内议论热点之一就是互联网企业进军智能手机领域。互联网手机的领军者是小米科技,先后推出了小米第一代、第二代小米手机;而后百度、360、阿里巴巴、盛大旗下的果壳电子等也推出了自己的智能手机[②]。互联网手机凭借较低的价格、较为丰富的应用及大力的网络营销,在我国智能手机市场中占得一席之地。

而在2012年,之前稍显沉寂的电子阅读器市场,仿佛有了一丝回暖的迹

[①] 第30次中国互联网络发展状况统计报告,中国互联网络信息中心(CNNIC),2012.7。
[②] 豆瑞星:2012年互联网五大趋势,互联网周刊.2012.24。

象。市场上涌现出不少电子阅读器的新产品，如易博士于2012年5月在深圳文博会上推出以OED电子纸技术为核心的赛伦纸电子阅读器；汉王科技在2012年6月举行的北京第四届中国国际版权博览会上，推出了其新一代电子阅读器"黄金屋"；盛大也推出了Bambook全键盘Ⅱ。这些新品在显示效果、轻薄程度、点触技术等方面都进行了进一步完善。然而据IDC（Internet Data Center，互联网数据中心）的研究报告显示，与2011年比较，2012年电子书阅读器的全年销量下降了28%[①]。因此，未来电子阅读器的发展走向尚属未知之数。

有业内人士将电子阅读器销量的下降归因于平板电脑的广泛普及。的确，2012年平板电脑市场的火爆局势不亚于智能手机的发展。如果说2012年智能手机是在保持原有的快速增长，平板电脑则在这一年得以迅速崛起，其丰富的阅读体验和良好的视觉效果，获得广大用户的青睐。多款应用的开发，令平板电脑成为继智能手机之后的移动阅读新宠。

移动阅读终端队伍的不断壮大，将深入改变人们的阅读方式与习惯。

（五）基地建设步入正轨，集群化效益初显

按照新闻出版总署的规划，到"十二五"末期，要在全国形成8~10家各具特色、年产值超百亿元的国家级数字出版基地或国家级数字出版产业园区。2012年，国家级数字出版产业基地布局的建设得到进一步巩固。目前已成立的9家基地，正稳步推进基础建设，积极探寻适合自己的发展道路，集群效益初步显现，差异化发展模式逐步形成。如上海张江的网络游戏和超算服务，天津和重庆的云计算技术服务，杭州的移动阅读和网游动漫，江苏扬州园区的数字教育（电子书包）和电子（纸）阅读器等，各家基地都充分集合自身的特色与优势。而第10家国家数字出版产业基地的名额，目前也为全国多个省市地区所积极争取。

伴随新闻出版总署《国家级出版产业基地（园区）管理办法》的出台，有关部门将对产业基地、产业园区、产业带的建设发展给予进一步指引和推动。

---

① 刘鼎编译：被平板挤压2012年电子书阅读器销量降28%，华龙网．2013.1.8。

（六）平台建设掀起热潮，产业融合加剧

随着数字出版的日益发展，产业融合程度不断加深，平台作为产业链各环节连结的桥梁得到了广泛重视。一方面，数字资源海量，需要进行有效管理；另一方面，数字出版提倡个性化、按需化，平台则恰恰可以根据不同用户的不同需求提供相应的服务；此外，平台建设也有利于对内容资源版权的管理和追踪。于是，各数字出版企业纷纷搭建平台，展开了基于内容、运营和服务的平台竞争。

根据新闻出版总署的"十二五"规划，到"十二五"期末，将建成5~8家集书报刊和音像电子出版物于一体的"海量数字内容投送平台"。2012年，在政策的引领和产业蓬勃发展下，大型出版传媒集团、电信运营商、技术提供商、电子商务提供商等企业纷纷投入数字内容投送平台建设，在数字内容集聚、商业模式、版权保护、收益结算等方面进行了有益的探索与实践，涌现了多家在资源规模和用户规模上具有领先优势，形成一定商业模式的有代表性的大型数字内容投送平台。

目前，我国数字内容平台数量众多，规模、类型各异。按照产业链环节分类，具有出版资质的企业以搭建出版、销售于一体的平台为主，电信运营商、电子商务网站等则主要打造数字出版物分销平台；按照服务人群分类，有的平台是针对机构的B2B模式，也有针对用户的B2C模式的平台；而按照内容进行分类，有数字期刊、电子图书、数字音乐等平台；从读者服务定位上，有专业数字出版、数字教育出版、大众综合性数字出版等平台。

可以看到，随着数字阅读日益普及，读者对数字内容的需求持续高涨；投送渠道日趋多样，尤其在手机、平板电脑等移动终端不断普及下，移动互联网渐成各大平台的业务重点；此外，各家平台也更加重视读者的个性化体验，重视交流、互动与分享，有明显的社区化趋势。

二、问题与对策

事物的发展就是不断产生问题与不断解决问题的过程。数字出版产业的发

展也是如此。业界在不断解决既有问题的过程中深化认识、不断创新，使市场秩序规范性、标准内容投送平台、人才队伍等建设和总体盈利模式的探索，得到逐渐规范，不断推动产业有序发展。

（一）加强市场秩序规范性建设，推动产业发展

产业发展的相关要素主要取决于两点：速度与质量。数字出版产业的发展速度已毋庸置疑，连续多年保持在30%以上的增长率。高速的发展速度有力地推动了数字出版各领域的发展，但同时数字出版产业链的各环节发展不均衡，尤其是市场秩序缺乏规范性，严重影响了数字出版产业的发展质量。这里的缺乏规范性，主要指的是各环节为了各自的利益，肆意向产业链的上下游渗透，企图全产业链发展；同时，数字出版物及服务的定价制度、折扣制度尚未形成，存在肆意定价、肆意折扣的行为，缺乏一定的可遵循的规范，内容提供商的利益得不到有效的保障；另外，侵权盗版盛行严重影响了内容提供商的积极性，妨碍了优质资源内容的创造与传播。

（二）强化数字出版标准建设，推动标准统一

数字出版标准化问题已经成为影响我国数字出版产业快速发展的瓶颈之一。互联网领域中文标准的严重缺失给数字出版的健康有序发展设置了诸多障碍，尤其是互联网基础性标准缺失。同时，我国数字出版的技术系统和装备系统缺乏行业的总体标准，缺乏统一的标准和文本格式，具体包括格式、载体、终端、投送平台、版权保护等不同范畴及领域。格式及标准的不兼容，不同终端的内容难以关联和复用、难以互联互通，导致了用户要借助不同阅读终端来进行阅读，增加了用户的阅读成本，而且也严重影响了用户的阅读体验，阻碍了内容的有序流通与传播，造成了数字阅读用户的不断流失。现亟需打破技术垄断和壁垒，促进产业的发展。

（三）大力搭建内容投送平台，实现产业公平

内容投送对于数字出版来说是至关重要的。这点等同于发行销售对于传统出版物的意义。数字出版物的传播，也包括内容生产与分发应用这两个主

要环节。从实现数字出版物的价值来说,只有顺利地实现了内容的投送分发,出版物的经济效益和社会效益才能释放,否则数字出版物的价值无从谈起。以往数字出版商内容投送渠道零散、杂乱的建设已经不能适应现在的发展需要。产业的发展,要求强大的、有影响力的、集大成的内容投送平台的出现。但是,目前我国数字出版物内容投送平台建设还不成熟,已有的平台都把控在移动运营商、电商手里,它们在产品销售分成比例方面握有主动权,内容生产商的利益受到严重侵害,积极性、主动性都受到影响;同时,由传统出版商(出版集团、出版社)搭建的内容投送平台又比较弱小,无法与移动运营商、电商等分庭抗礼,这对于产业的发展是不利的。如果在新闻出版总署的组织与引导下,骨干出版集团联合起来,共同培育内容投送公共平台,这一难题就有望破解。

(四)加强出版科技复合型人才队伍建设,满足产业发展需要

数字出版的核心竞争力是数字技术创新能力和管理能力。因此,数字出版对从业人员的要求很高,既要谙熟传统出版,对内容的判断与选择、出版的流程与把控要到位,又要懂技术,了解数字化时代的传播方式和心理习惯,还要具备很强的统筹、组织、管理能力。但目前的人才结构多是单一型的,主要表现在传统出版单位的人员不了解技术开发和数字出版的运营模式,技术提供商不了解传统出版流程,特别是在出版细节上的不了解。因此,我们需要加强出版科技专业人才队伍建设,特别是加大对促进出版与科技融合的创意人才、设计人才、研发人才、制作人才等的培养力度,以适应产业发展。

(五)探索数字出版产业总体赢利模式,打造发展路径

虽然按照目前的情况来说,有些企业已经摸索到了发展的路径,实现了盈利,如手机出版、网络游戏、原创网络文学网站等,但是无论是传统出版单位的数字化转型,还是其他新媒体出版单位,都在盈利模式上面临很大的困难。数字出版产业总体盈利模式尚未形成,或者说尚未找到,在整体经营上还处于投入大于产出阶段。这成为传统出版单位在数字出版面前顾虑重重的主要原因,也制约了数字出版产业规模化发展的速度与质量。解决这个问题,还需要

业界同仁，尤其是传统出版单位加强对数字出版本质的研究，找到盈利点，共同探索数字出版产业总体盈利模式。

三、发展趋势

数字出版是集技术、出版于一身的新兴产业，出版与科技的融合程度决定和影响着产业集群的形成与建立、传统出版数字化转型的速度与质量、阅读消费、应用便捷与体验。总之，二者的有效结合将不断推动数字出版产业向前发展。

（一）创新力度将加大，出版与科技的融合将加速

科技既是新闻出版服务的对象，又是新闻出版发展的重要支撑。实施创新驱动战略，将加快推进出版与科技融合。未来数字出版创新的重要着力点在于推进数字内容加工、存储、传输、阅读等新技术和装备的应用，推进印刷、复制领域的数字化改造，推进存量出版资源数字化；还在于大力发展以网络出版、手机出版、云出版等为代表的出版新业态，拓展数字化发行渠道，在大型综合性出版物投送平台建设等方面取得新突破。

党的十八大报告中明确提出，科技创新是提高社会生产力和综合国力的战略支撑，必须摆在国家发展全局的核心位置，企业要实施创新驱动发展战略。此外，在建设文化强国的篇章中，十八大报告也提出了要促进文化和科技融合，发展新型文化业态，提高文化产业规模化、集约化、专业化水平。

数字出版是我国新闻出版产业发展的战略重点和未来的发展方向。近几年，政府加大了对数字出版发展的扶持力度，各出版单位也积极进行数字化改革的尝试，因此，我国的数字出版产业取得了较大进展，传统出版对接数字出版已成为出版界的共识。出版界学习贯彻落实十八大精神的热潮，必将进一步推动全行业的数字化进程。

（二）国家数字出版产业基地的申报与建设将加快步伐

产业集群是产业发展适应经济全球化和竞争日益激烈的新趋势，是为创造竞争优势而形成的一种产业空间组织形式。在经济全球化的今天，产业集群式发展已成为全球性的经济发展潮流，产业集群构成了当今世界经济的基本空间框架。

在我国，随着数字出版产业的迅猛发展，各部委和地方政府批复成立了多种类型的与数字出版相关的产业基地，集群式发展已现端倪。从目前情况来看，由新闻出版总署批复建立的9家国家数字出版产业基地均加强了招商力度，引进了诸多业内龙头企业，已呈现出一定的产业规模，为产业的进一步发展奠定了坚实的基础，同时也在对未来的发展进行详细、科学的规划，确定基地发展方向、打造重点产品、明确基地定位，筹谋更大的发展。

基地的产业集聚效应和示范效应已经初显。一些省、区、市也正在抓紧时间，仔细研究区域优势、盘点地区出版及技术资源、总结地区发展的综合经验、选择合适区域，为国家数字出版产业基地的申报做前期的准备工作。还有一些省、区、市已经展开实际行动，进行了基地的申报工作，如四川、福建、深圳、广西等，结果令我们期待。

可以想见，在我国未来的版图上会形成多个国家数字出版产业基地、多个数字出版产业带，各基地与各产业带之间相互促进、相互竞争、产业聚集效应充分发挥，将有力地推动我国数字出版产业的发展。

（三）云出版将成为传统出版企业向数字出版转型的必然选择

积极推动传统出版企业向数字出版转型已成为中国出版业当下的核心任务之一。云出版的实施，构建了具备动态出版、知识服务等核心业务处理能力的"云出版与云数图平台"，进而合理优化产业链各方的利益分配模式，促进产业生态环境的良性发展和循环，为我国出版产业数字化转型，加快现代化进程，提升行业整体效率与服务水平提供有力的技术支撑。

云出版还可以有效提高出版单位的数字内容生产能力，推动其标准化、规模化的生产与经营，提高内容重用度，节约数字出版生产成本，提升出版物价值，进而优化产业链各方利益，提高行业整体效率与服务水平，提升出版行业的国际竞争力，促进中国文化"走出去"。

在用户端，云出版不需要用户去购买、安装硬件与软件，与一家一套的复合出版系统相比，它可以做到软件的快速装备（称为"快速供应"）、快速更新、快速升级。用户也无需关心计算资源、存储空间或带宽等问题，极大降低了用户使用系统的成本。

云出版平台集成了优先出版系统、集约化排版印刷系统、知识挖掘和知识管理系统、多渠道发布系统等，可大幅降低出版成本，节约出版资源，最大程度拓展了传播的广度和深度，实现绿色出版、低碳出版、科学出版。

（四）移动阅读将成为趋势

未来，电子书将以多种形式出现，未来移动电子书或手持阅读设备将会得到迅速发展。亚马逊 Kindle 的热销，带来了新一轮电子书硬件设备市场的激烈竞争；苹果 iPad 系列产品的不断推出，让人们再一次看到了前沿技术带给电子书移动阅读的舒适享受和时尚体验。电子书移动阅读将会进入快速发展期，内容、技术、渠道将在这一发展过程中扮演不可或缺的角色，移动数字阅读将成为趋势。

数字出版需要大网速传送的内容将会获得更好的用户体验，为数字内容的深化开发与推广，提供了支持。4G 时代，无线网络将会与有线互联网一样快捷，而手持、移动的便捷属性又使手机拥有 PC 终端所无法比拟的优势，传统的 PC 端商业模式将遭遇移动互联网带来的强大挑战，数字出版走向移动化将得到更多体现。

（五）3D 打印将推动数字出版进一步发展

3D 打印就是应用计算机软件设计或实物三维扫描，把获取的数据导入特定的快速成型设备（俗称 3D 打印机），通过添加式构造法逐层"打印"出产品。3D 打印技术目前应用领域非常广泛，包括文物复制、医疗器械、建筑、教育、文化创意等。目前，首家 3D 打印电子商务平台已在中国出现，提供在线 3D 打印、3 维数字模型的个性化定制、3 维扫描、检测、逆向建模、创意产品销售等服务。

3D 打印技术代表了未来制造业向信息化、智能化发展的方向，不仅是制造方式和手段的革命化创新，也为数字出版、文化创意的发展拓展了空间。未来如果打印材质和拼接技术进一步突破，3D打印技术将会为数字出版的发展带来新的动力与活力。

（王飚：中国新闻出版研究院数字出版研究所所长；李广宇：数字出版研究所主任助理；毛文思：数字出版研究所助理研究员）

2012~2013 年印刷业发展报告

李永林

2012 年以来，由于欧洲主权债务危机导致欧洲经济陷入二次衰退、美国经济复苏乏力和国内房地产调控的影响，我国经济增长延续减速态势，进入第四季度以后，经济才呈触底回升态势，企业去库存力度也明显减弱；但制造业投资和民间投资仍然疲弱，显示增长动能的提升尚不稳固。从一些经济指标看，全年 GDP 增长 7.8%，工业增加值增长 10%，固定资产投资增长 20.6%，社会消费品零售总额增长 14.3%。可以说我国经济已基本实现软着陆，最低谷的时期已经过去。

一、2012 年产业运行概况和主要特点

据新闻出版总署对 2011 年产业发展数据的统计，截至 2011 年 12 月底，全国共有各类印刷企业 102 484 家，从业人员 356.67 万人，印刷总产值 8 677.13 亿元，资产总额 9 256.66 亿元，利润总额 739.87 亿元，对外加工贸易额 680.09 亿元，外商投资总额 369.76 亿元。从企业分类看，出版物印刷企业 6 821 家，印刷总产值 1 313.94 亿元，同比增长 0.94%；包装装潢印刷企业 47 377 家，印刷总产值 6 318.77 亿元，同比增长 20.6%；其他印刷品印刷企业 44 868 家，印刷总产值 708.51 亿元，同比下降 15%；专项排版、制版、装订企业 2 676 家，印刷总产值 77.32 亿元；专营和兼营数字印刷企业 799 家，印刷总产值 39.74 亿元。

尽管 2012 年全年产业发展数据尚未完全统计出来，但从宏观现象看，与 2011 年相比，中国印刷业所处的市场环境没有明显改善。行业内部产能过剩、

劳动力成本上升和原材料涨价的压力依然存在。而所有这些不利因素也推动了中国印刷业产业升级和结构优化。

从初步掌握的统计数据看，2012年1~11月，中国印刷业规模以上企业的固定资产投资总额达979亿元，超过2011年全年的固定资产投资879亿元；同样，2012年1~11月中国印刷业规模以上企业工业增加值的各月份与2011年同期相比的增长率均超过8.3%。2012年1~11月印刷设备的进口为15.7亿美元，其中胶印机8.89亿美元（1 074台）。而从逐月数据可以看出，在经历了2012年上半年的低迷徘徊之后，下半年中国印刷设备的进口金额和数量已经恢复到2011年同期水平。据新闻出版总署初步统计，2012年中国印刷业年印刷产值首次超过1万亿元，增长速度在9%~12%之间。

2012年中国印刷产业运行主要呈现出以下几个特点。

（一）产业集约化、规模化水平有所提高，产业布局渐趋合理

近年来，在加大调整结构力度，促进产业转型升级的思想指导下，我国印刷业中规模以上企业的业绩已经凸显出来。2012年，全国规模以上印刷企业，即印刷产值5 000万元以上的企业超过2 500家，规模以上企业的印刷总产值占了全行业的半壁江山。这充分表明，规模以上企业已成为我国印刷产业发展的主力军，产业的集约化水平有所提高。

目前，全国各地建设各类印刷园区总计超过90个，园区印刷产业总产值远高于全国平均水平，园区的产业集群效应和引领作用显著，产业的规模化水平进一步提高。从分地区结构来看，东部沿海发达地区的印刷企业基于用足政策和降低经营成本等方面的考虑，有向内地和中西部地区扩张或转移的态势，东北和中西部地区梯次承接产业转移的格局还在动态发展中。

此外，我国印刷产业对外加工贸易开始由集中于珠三角，逐步向珠三角、长三角及其他沿海地区共同发展转变。这些发展特点都呈现出我国印刷产业布局正逐渐向规模化和区域协调的方向发展的良好迹象。

（二）产业结构调整步伐加快，数字、绿色印刷技术装备水平有所提升

经历了数字技术、网络技术和多媒体技术对传统印刷技术的渗透、融合和

改造，以及人们消费模式、阅读习惯、审美观念的改变，出版物印刷增速明显放缓，包装装潢印刷则连续提速，数字印刷崭露头角。行业数字化、绿色印刷技术装备水平的提高，传递出产业结构调整步伐加快的信号。

此外，实施绿色印刷也为产业结构调整提供了助力。目前全国已有60%的规模以上印刷企业采用了计算机直接制版（CTP）技术和数字工作流程，显著提升了印刷行业的数字化水平。CTP装机量和保有量连续3年保持100%以上的增长。与传统制版流程相比，采用CTP后，印刷企业用于环保的综合成本降低了约10%，制版效率提高了5倍，制版质量更加稳定。另外，全国中小学教科书首次较大规模地开始使用柔性版印刷，至2012年秋季学期已印刷了20个品种、100万册。目前，印刷企业通过改进工艺装备、降低环境噪声、减少粉尘排放，还使近百万名印刷从业人员的工作环境得到了改善。

（三）先进企业引领产业发展方式在悄然发生改变

主动摆脱被动加工服务模式，通过商业模式创新，制订和实施蓝海战略，打造特色服务或特色产品品牌，向创意经营业态转型，成为许多优秀印刷企业的优先选择。

雅昌企业（集团）创造了"传统印刷＋现代IT技术＋文化艺术"的商业模式，立志成为"全球卓越的艺术服务机构"；力嘉集团将旧厂房变身为创意文化产业园，用"创意之手"点活传统产业；东莞金杯印刷有限公司以环保4R法则作为核心理念，在生产、生活的各个细节上全面推行绿色措施，成为绿色转型的先行者；上海同昆数码印刷有限公司深耕建筑图纸、大幅面喷绘及文件输出服务细分市场，铸就服务建筑行业的核心竞争力；上海瑞时印刷有限公司通过制作纸质展架，实现从出版物印刷向创意印刷的转型；上海金汇通创意设计发展股份有限公司实现了从包装企业向创意集成服务商的转变。

绿色、创意的力量正悄然改变着产业发展的原有模式，由数量增长向质量提升、由粗放经营向效益增长、由依靠资源扩张向依靠科技进步转变。

（四）政策引导和重大项目实施推动产业技术创新

在新闻出版总署提出"发挥绿色印刷和数字印刷技术对整个印刷产业实施创新驱动、内生增长的引导作用"的政策导向影响，以及实施数字印刷与印刷数字化工程、绿色环保印刷体系建设工程重大项目的带动下，一批民族印刷技术装备生产制造企业不断推出创新技术成果。北大方正电子有限公司的数字喷墨技术水平实现了与欧美等国家同步，成为拥有喷墨系统完全自主知识产权的喷墨控制技术开发商和国际领先的喷墨数字印刷系统供应商，科技成果产业化水平也日益提升，已经在国内装机100多套，实现了良好的市场应用；深圳精密达机械有限公司通过和数字印刷技术领先的国外企业的合作，研发了中国首台专为数字化印刷全流程设备提供印后加工解决方案的系列产品，现已落户江苏凤凰出版传媒集团；杭州科雷机电工业有限公司研制出全新的VLF超大幅面CTP系统，填补了国内超大幅面制版设备的空白；乐凯华光印刷科技有限公司在CTP版材、柔性树脂版、紫激光CTP制版机生产的产业化方面也有迅猛发展，国产新型环保节能免化学处理版和免冲洗热敏CTP版（如华光TP-G）已经推向市场。此外，近两年我国环保型油墨，如大豆油墨、UV墨、水性墨的生产量增长迅速，国内全年印刷油墨消费总量中，水性油墨和无苯类的各种绿色环保型油墨已经占20%左右。

（五）实施绿色印刷带动生态文明建设、改善民生

环保烘箱、二次燃烧、节能照明、中央供气系统等一大批节能设备和降耗技术在印刷行业中得到推广应用，提升了产业发展运行的资源节约能力。根据对抽样企业的数据统计，每亿元产值节电约35.5万度，减少纸张消耗21.7吨，节约油墨约1吨。据此估算，我国整个印刷行业因实施节电、节水、节墨、节纸等环保措施，能耗及印刷材料损耗综合成本每年减少约5亿元。

开展绿色印刷认证前，全国绝大多数印刷企业基本采用未经认证的纸张、油墨等材料及传统的印刷工艺。随着环保型印刷材料、数字印刷、数字工作流程、计算机直接制版（CTP）技术、中央供墨系统、循环利用等技术与工艺的不断优化，有效降低了"三废"的排放，提高了产业的循环发展、低碳发展水平。目前，绿色认证印刷企业所用纸张60%以上通过森林管理委员会（FSC）认证，环保型油墨的使用量达到80%，环保型洗车水、润版液等辅助材料的使用量占80%左右，大多数还采用了预涂膜、环保光油、环保型胶等印后辅助材料。尚未获得绿色认证的企业环保型油墨的使用量也近20%。据此估算，我国印刷行业实施绿色印刷后，挥发性有机化合物（VOC）的排放每年约减少排放

总量的 1.5%。

根据 23 个省（区、市）的统计，2012 年中小学秋季教材书共 1 000 多种、2 亿册采用了绿色印刷。据此估算，全国一半以上中小学（超过 9 600 万人）至少人手一本绿色印刷教科书。2012 年 7~10 月，新闻出版总署出版产品质量监督检测中心对全国 24 个省（区、市）95 种绿色印刷中小学教科书实施了环保质量抽样检测。结果显示，挥发性有机化合物和可迁移元素含量均符合绿色印刷标准要求，合格率为 100%。目前，印刷企业通过改进工艺装备、降低环境噪音、减少粉尘排放，还使近百万名印刷从业人员的工作环境得到了改善，绿色印刷在惠及民生方面取得了较好的效益。

二、产业发展存在的主要问题及启示

尽管 2012 年我国印刷产业发展保持了较好的发展势头，但仍然存在一些问题。

第一，转型升级速度较慢。随着我国人口红利的逐渐消失，劳动力成本还将不断上涨，利润率已经很低的印刷行业需要加快提高劳动生产率，实现转型升级，确保盈利性增长的质量和效益。

第二，自主创新投入不足，素质潜力有待提高。目前，大多数印刷及设备器材生产企业在市场中过分依赖成本优势和低价竞争策略，在技术和管理创新上投入不足，致使国产印刷设备与国际知名品牌产品相比，在科技含量、质量稳定性等方面有明显差距。同时，印刷企业普遍缺乏高素质技术工人和管理人员；职业技能培训以及资质认证体系有待完善；企业在内部管理、资本运营、国际贸易等方面与国际知名企业相比仍存在较大差距。

第三，企业的生产、经营、管理模式亟需变革、创新。在全媒体数字平台下，传统印刷生产模式的数字化重构、印刷工业的 IT 化及其产品化组织、印刷产品的内容资源化及其增值服务、面向产品的内容印刷与功能印刷整合，成为印刷企业存续和发展的必由之路。全媒体数字平台建立及其应用简单化，使更多的人能够用全媒体这种更简单方式和更廉价的手段来传播与应用图文信息。印刷企业要适应这种新环境，成为图文信息创意者、印刷产品生产者、全媒体产品拓展者、印刷产品服务者和增值服务创新者,以发展模式变革来实现与电子媒体、网络媒体之间的互动。在这一方面,除少数先进企业外,多数企业都还停留在观望和维持状态。

第四,实施绿色印刷的措施有待改进。尽管有些印刷企业意识到绿色印刷是我国印刷产业未来的发展方向,但由于缺乏经验与相关人才,在探索印刷环保过程中走了不少弯路,其效果也并不理想。印刷环保工程前期需要投入资金,改进原辅材料、设备、管理等,当投入资金数额较大时,看似增加了印刷过程成本,且企业并不知道如何核算环保带来的收益,从而挫伤了企业实施印刷环保的积极性,因此需要有相关的机构引导企业合理实施印刷环保工程。

三、2013年及今后一段时期产业发展的基本预期

2013年中国经济将是一个企稳复苏的过程。随着一系列扩内需、稳外需政策措施逐步落实到位并发挥成效,中国经济将保持平稳增长态势。IMF(国际货币基金组织)等机构普遍预计2013年中国经济增长将快于2012年。但经济企稳的基础还不稳固,国内需求增长受到一些体制、机制因素的制约,行业产能过剩、企业生产经营仍面临较多困难的局面在短期内改观是不现实的。2013年美欧等发达国家私人与公共部门去杠杆化的过程中,必然伴随其贸易逆差的纠正。相应地,中国和其他新兴工业国贸易顺差将随之减少。我国出口竞争力有所减弱,以大宗商品进口为主的一般贸易逆差将持续扩大,总体顺差将呈收窄趋势,贸易顺差占GDP的比例将进一步下行。

结合对宏观经济形势的研判和产业发展现状的分析,在此,我们对2013年印刷产业的发展有如下预期:一是产业结构调整和转型升级仍是年内产业发展的主线。包装印刷、商业印刷仍将保持旺盛的增长需求,而出版物印刷增速可能继续放缓;提高自动化、智能化水平,减少人工、缩短辅助时间及多功能的印刷装备将更受市场青睐;为满足短板印刷、个性化需求以及出版业转型升级需要,数字化、绿色环保的印刷技术将会有较快的发展;以互联网为平台,以服务为中心的新型印刷经营模式将会获得发展;印刷业服务领域将向印刷电子、功能材料印刷领域扩展(如快速成型的3D打印、RFID自动识别、柔性显

示器、光伏电池以及物联网智能感知电路的制造等）。二是产业发展速度受宏观社会经济环境的影响可能略有提升。随着中国政府平稳完成换届，新领导人下决心"继续摸着石头过河"，将改革作为最大的红利，将城镇化作为推动经济增长的抓手，将拉动内需作为刺激经济增长的措施之一，国民经济增长速度有望进一步企稳回升；印刷产业的投资增速可能适度加快；但出口印刷加工贸易受困于外部因素，2013年可能依旧难有大的起色。

四、对产业发展对策的思考及建议

结合当前产业发展出现的主要矛盾和问题以及产业发展出现的新趋势，在此就如何在发展中化解产业发展矛盾、顺应发展趋势，提出以下建议。

（一）加快绿色印刷实施，大力调整结构

充分发挥政府在实施绿色印刷方面的主导作用，积极扩大绿色印刷实施范围，利用市场的调节机制，促使企业在有形和无形力量的引导下，主动加大绿色环保技术的投入，提高技术水平，改善生产环境，向绿色印刷企业转变，从而促进印刷业淘汰落后产能，实现产业结构调整。

（二）培育优势骨干企业，增强竞争能力

为规模以上重点印刷企业创造良好的发展环境，应加大资金、政策扶持力度，加快培育具有引领辐射作用的国家印刷示范企业；加强对印刷产业园区的规划和建设，引导各地根据自身特点，结合区域优势，打造有特色、有潜力的印刷产业园区。

（三）加大创新改造投入，促进转型升级

加大对创新方面的投入，重点抓好"数字印刷和印刷数字化重大工程"和"绿色环保印刷体系建设工程"的组织实施工作，以重大项目带动印刷装备、技术的研发和改造，提升行业整体技术水平，促进印刷业转型升级。

（四）完善行业监督管理，创造健康环境

政府主管部门需要进一步强化政策调节和市场监管，完善有关法律法规，严格落实市场准入和退出政策，综合运用法律、行政、经济、科技等手段提高管理效能，为印刷业创造公平有序的竞争环境。

（作者为中国印刷技术协会副秘书长）

2012 年出版物发行业报告

方 菲

了解中国出版业准确情况,最好的依据是全国年度统计数据。但是新闻出版总署一年一度的统计数据最早要到第二年的七八月才能出炉。也就是说,只有到了 2013 年的七八月才能确切掌握 2012 年全国发行业的基本情况。所以在一般的文献里,要在权威数据没有发布之前了解上一年基本情况,通常有两个参考系。一是参照政府发布的上一年的统计数据。许多年来的经验表明,发行业与出版业一样,临近年份从来没有大起大落的变化,只是在每年之间循序渐进地略有起伏。二是参照近年发展起来的非政府机构统计数据。在有关统计中,非政府机构的统计无法做到"全数据统计",只能是通过"抽样调查"来推论全局,因此难免出现误差,好的地方是快,及时。

一、年度数据彰显发行业发展趋势

(一)新闻出版总署数据

根据新闻出版总署 2012 年出版物发行单位年度核验数据以及新闻出版总署年度统计中发行业的数据,截至 2011 年年底,全国共有各类发行单位 122 251 家,同比增加 8.7%;从业人员 94.1 万人,同比增加 15.3%;全行业实现销售总额 2 928 亿元,同比增加 8.9%。在 122 251 家发行单位中,总发行企业 101 家,同比增加 7.5%;全国性出版物连锁经营单位 25 家,同比增加 13.6%;批发单位 8 886 家,同比增加 4%;零售单位 112 768 家,同比增加 9.1%;区域性出版物连锁经营单位 131 家,同比减少 11.5%;外商投资出版物分销企业 96 家,同比增加 62.7%;网上书店 210 家,同比增加 33.8%;读者俱乐部34家,同比减少63%。全国5 000平方米以上的物流中心共计80个。1 000平方米以上书城共计619个,5 000平方米以上大型书城共计94个。

按照省份划分,发行单位数量前十名依次为:广东12 893家、江苏12 053家、四川9 230家、浙江8 928家、北京6 605家、河南6 435家、山东5 983家、辽宁5 648家、河北5 117家、安徽4 667家。

年度数据折射出2012年出版物市场的新特点和新趋势。

1. 产业结构调整效果初显,印刷、发行、数字出版位列全行业前三名

选取营业收入、增加值、总产出和利润总额4个经济规模指标,采用主成分分析法对图书出版、期刊出版、报纸出版、音像制品出版、电子出版物出版、数字出版、印刷复制、出版物发行和出版物进出口共9个新闻出版产业类别的总体经济规模进行综合评价。其中,印刷复制、出版物发行和数字出版分居前三位,三者合计占全行业营业收入的88.2%、增加值的82.2%、总产出的88.2%和利润总额的80.4%,印刷复制和出版物发行两个类别合计占全行业营业收入的78.7%、增加值的72.6%、总产出的79.0%和利润总额的70.9%。

印刷复制:营业收入9 305.4亿元,占全行业63.9%,位居第一;增加值2 324.9亿元,占57.8%,位居第一;总产出占63.9%,位居第一;利润总额614.6亿元,占54.5%,位居第一。

出版物发行:营业收入2 162.9亿元,占全行业14.9%,位居第二;增加值593.3亿元,占14.8%,位居第二;总产出占15.1%,位居第二;利润总额185.1亿元,占16.4%;位居第二。

数字出版:营业收入、增加值、利润总额均位居第三。(略)

2. 出版物市场继续保持稳步增长

从企业数量和销售总额来看,我国出版物市场规模有所扩大。发行单位数量达122 251家,较上年增加了9 799家,增长约8.7%,这是自2008年、2009年连续两年下降后的连续两年上升。2011年全行业实现出版物销售总额2 928亿元,增长8.9%。2011年,全国新华书店系统和出版社自办发行单位实现出版物总销售额1 953.5亿元,较2010年增长11.4%;全国共有出版物发行网点16.9万处,增长0.4%。出版物发行实现营业收入2 162.9亿元,增长13.9%;增加值593.3亿元,增长26.0%;利润总额185.1亿元,降低10.5%。

印刷复制业直接就业人数351.9万人，增长0.7%；出版物发行业72.4万人，增长0.1%。

这些数据表明，尽管受到数字出版和新媒体发展的影响，纸质出版物零售有所下滑，但在全民阅读活动、农家书屋工程和中小学图书馆建设等重大项目的带动下，传统出版物市场依然实现了稳步增长。

3. 新华书店依然保持了市场主力军的地位

全国新华书店出版物销售总额累计799亿元，增长12.3%，超过全行业平均增长速度。在全国101家总发行和25家全国连锁企业中，山东新华书店位居出版物销售第一，江苏凤凰出版传媒位居资产总额第一，北京市邮政公司位居利润总额第一。按照销售总额排名，前十名依次为：山东新华书店集团有限公司、湖南省新华书店有限责任公司、安徽新华传媒股份有限公司、江西新华发行集团有限公司、江苏凤凰出版传媒股份有限公司、山西新华书店集团有限公司、浙江省新华书店集团有限公司、新华文轩出版传媒股份有限公司、重庆新华书店集团公司、福建新华发行（集团）有限责任公司。

4. 民营发行企业发展方向呈现分化趋势

一方面纸质图书业务重新受到关注，另一方面以电子书为主营业务的发行企业在经历2009年、2010年的辉煌后，呈现降温态势。位居民营企业销售前五名的均为纸质图书发行企业，它们是湖南学海文化传播有限责任公司、北京时代天华文化传播有限公司、山东世纪金榜书业有限公司、江西金太阳教育研究有限公司、武汉三新书业有限公司。

5. 网上书店继续保持强劲的发展势头

截至2011年年底，网上书店的数量为210家，增长33.8%；出版物销售总额60亿元，增长50%，约占全国零售单位销售总额的14%。卓越亚马逊、当当网、京东商城依然保持全国领先地位，位居网上书店出版物销售前三名。

6. 外商投资出版物分销企业销售业绩下滑

截至2011年年底，外资企业总数96家，较上年增加37家，增加的企业主要来自北京、天津、上海和福建等地外资超市和商场。但外资企业出版物销售状况不理想，销售总额大幅下降，占全国零售单位销售总额的比例不到5%。外资企业数量的增加和销售额的下降表明，中美出版物世贸准入案后，我国统一内外资企业资格条件，降低了外资企业准入门槛，对市场具有一定的刺激作用。但在我国出版物市场激烈的竞争下，外资企业经营没有显示出特别优势，进入门槛也没有出现"狼来了"的蜂拥现象。

（二）开卷数据

在 2013 年 1 月举办的北京图书订货会上，北京开卷信息技术有限公司发布了一年一度的开卷数据。开卷公司分析认为，我国近年图书零售市场逐渐进入平稳阶段，多品种、大规模、低增速成为主要特征。多年来，图书零售市场年年增长，这个趋势没有变，但是增长率出现降低趋势。2012 年，由于受到渠道分流的影响，在零售实体店的表现尤其明显。地面零售渠道增速偏低，并不完全是图书零售需求不足，正处于快速扩张期的网络销售渠道，已经在一定成度上形成对地面书店销售的分流。

开卷数据显示：

1. 地面店图书零售首次出现负增长

截至 2013 年 1 月，开卷图书零售观测覆盖了 2 083 家地面书店，25 家网上书店和 11 家馆配商，地面书店是其年度报告的重点。2012 年全年开卷整体监测码洋达到 108 亿元，其中地面书店零售 82.2 亿元，网店 19.8 亿元，馆配 6 亿元；监测地面店动销品种总数达到 125 万种。依据开卷数据推测，2012 年中国图书零售码洋规模为 460 亿元，其中网络渠道 130 亿元左右。纸本书销售额推测 2012 年增长率为 8%～10%，与 2011 年相比，地面书店零售总额首次出现负增长（同比增长 -1.05%），这在该机构观测中国图书市场的 10 多年中属于首次。

2. 地面店仍是大多数出版单位发行主渠道

在不考虑系统发行的情况下，超过 87% 的出版单位，地面店对于本版图书发行的贡献超过 50%，更有 32.2% 的书店这一贡献率达到 70% 以上。被调查的各家出版单位 2012 年普遍在网店渠道取得增长，有些出版单位网店渠道和地面店渠道份额持平，个别出版单位网店销售实现 10 倍以上的增长速度。在被开卷 2012 年年底专题调查的 100 家出版单位中，66 家出版单位涉及馆配和政府采购对出版社码洋的贡献，这个贡献率一般在 5%～10% 之间。

3. 总体图书零售市场依然保持增长趋势

开卷数据显示，地面店受到网店冲击是不可避免的趋势，但不同地区地面店所受网店分流影响有所差异。冲击最大的是发达地区的书店，如北上广和深圳。这些地区的地面书店在 2012 年销售额出现了 6% 左右的下滑。而其他直辖市、省会城市和地级城市的中心店，在 2012 年的销售额都保持上涨态势。另外，民营书店销售额在 2012 年也出现了负增长。上述北上广地面店、其他省会城市和地级城市中心店以及民营店，图书销售有长有落，平均起来，2012 年总体图书零售市场依然保持增长趋势。

4. 2012 年，民营书商对市场的带动作用不容忽视

2012 年在业绩突出的民营文化公司中，前 5 名与 2011 年一样，分别是北京磨铁、中南博集天卷、天津中智博文、新经典文化和海豚传媒。这些文化出版机构成功的原因在于立足不同细分市场，通过细分市场的精耕细作，各自打造出自身的优势品种。

二、年度行业热点问题聚焦

（一）电商大战带给出版业一则喜一则忧

2012 年虽然已经过去，但这一年连续几场眼花缭乱的电商大战，今天回想起来依然让人感慨不已。6 月 1 日，京东商城首先掀起其自称史上最大力度的促销活动——诺曼底大惠战。"0 利上架"、"10 亿让利礼券与消费者分享"等口号让消费者大呼过瘾，也让业界惊呼"狼来了"。这场不告而战的大战，立即刺激起苏宁易购、当当网、卓越亚马逊、1 号店等电商网站的胃口，纷纷披挂上阵，购书满 300 减返 100、满 200 减返 100 等优惠措施频频出招以迎战。几大阵营互相角力、毫不退让，成为 2012 年电商图书大战的"主旋律"。

8 月 14 日，京东商城 CEO 刘强东连发三条微博，承诺京东商城未来三年大家电类产品"零毛利"，同时宣称所有大家电将比国美、苏宁的同类型产品至少便宜 10%。随后，苏宁和国美先后回应并承诺其价格必低于京东商城。三大电商价格战虽然主要战场在家电类产品，不过图书产品仍被波及。

"双十一"即俗称"光棍节"，历来是电商促销节点。2012 年的"双十一"则被进一步打造成"网购狂欢节"。天猫商城主打上一年的口号"全场五折"，参加活动的商家达到万余家；苏宁易购打出"三天三夜零元购计划"；国美库

巴网推出"库巴 style"。电商图书大战达到最高潮。

"双十二"是 2012 年电商最后一场图书大战。与"双十一"相比,"双十二"显得"小气"了不少。电商们不再拿价格说事,开始讲究营销手法的互动性与趣味性。例如淘宝网不再硬性要求折扣率,京东商城主打美女快递员送货牌,易迅网则强调"一日三送",优惠券、赠品积分、会员折扣、返利红包等"隐形优惠"成为电商的促销妙招。没有了低价吸引,各商家的销售业绩肯定"打折扣",不过有业内人士愿意把其看作电商渐趋冷静的信号。

目不暇接的电商大战让不少业内人士怀疑其"醉翁之意不在酒",而是以图书做支点,撬动其他高附加值产品的全面销售。不过电商销售图书的全面开花,带给出版业的是一则喜一则忧。

喜的是让出版人充分领略到了网销渠道的美好前景。尽管个别电商的"被送礼"令一些出版单位"咬牙切齿",但最终是为图书销售渠道打开另一扇窗。2012 年仅京东商城图书销售额就超过 15 亿元。图书种类包括中文图书 120 万种,英文原版图书、港台书籍 12 万种,音像制品 8 万种。图书音像制品单日最高销售额达到 4 000 万元,有超过 1 000 万元的独立用户在京东商城购买了图书音像制品。电子书用户已达 400 万人。这组数字是带给出版单位的真金白银。

忧的是电商"撬"了地面店的"行"。如果没有电商,上述数字都应该进入地面店的账,而有了电商,结果就是开卷数据显示的——地面店销售首次出现负增长。地面店大呼"狼来啦",正由于此。

实际上,电商具备的优势在某种程度上是在提示图书行业的窘困。比如大型电商的平台均面向全国市场,而这恰恰是书业地域垄断的软肋。中国出版业建设全国大中盘已经喊过几年,但至今还没有实际进展,这正是电商们长驱直入出版业的机会。

开卷公司总经理孙庆国认为,渠道改变虽然正在发生,但网店受到物流成本上升等因素限制,不会永远"野蛮生长"下去,而是会与地面店渠道达成一种平衡。无论如何,传统的销售模式已经改变,图书渠道的变化已不可逆转。出版者必须学会驾驭所有渠道,在所有渠道中建立起自己得心应手的网络。

(二)实体书店需要扶持,更需要起身自救

承接 2011 年的颓势,2012 年仍有一批地标性实体书店相继倒下。挽救实体店生存发展愈益成为书业内外的公共话题。

2月22日,杭州市出台了《关于扶持民营书店健康发展的暂行办法》,决定每年拿出300万元对民营书业进行扶持。扶持办法分为资助、贴息和奖励三块。资助的最高补贴额度为30万元;贴息是指民营书店如在当年向银行贷款用于举办各类公益性活动,可申请补贴利息的50%~100%;奖励是指给对杭州文化事业有特别贡献的书店再进行资金奖励。

2月28日,上海市发布了《上海市出版物发行网点建设扶持资金管理办法》,决定从新闻出版专项资金中划拨1 500万元支持出版物发行网点建设,其中500万元用于定向支持各类实体书店,尤其是形成专业定位和品牌影响的民营实体书店。《办法》明确了包括大型书城与综合性书店、民营专业书店与特色书店、连锁书店、农家书屋与农村发行网点、网上书店与数字发行平台、出版物交易市场、全民阅读示范书店和区县品牌书店等八大类重点扶持领域和项目。这是国内首次出台的综合配套扶持实体书店发展的地方政府规范性文件。5月下旬,上海市新闻出版局首批500万元出版物发行网点建设扶持资金通过银行汇入35家实体书店。

2012年3月全国"两会"期间,全国政协委员、国务院参事、著名作家张抗抗向大会提交的《建议政府对实体书店的生存与发展加大政策性支持的提案》中,建议政府考虑对实体书店进行大幅度减税。面对网络书店的书价恶意竞争,政府可以参照其他国家的做法,制定相应的政策法规,对网络书店以及其他任何类型书店的图书销售进行限价。

面对舆论呼吁,新闻出版总署署长柳斌杰在2012年两会期间接受记者采访时表示,实体书店扶持计划有望年底出台,民营书店将获得一定减免税,还将在房租方面获得补助。此外,今后还要将国有书店的建设纳入城市规划建设,所有城市的繁华街道必须给书店预留位置,社区新建的地方要留出书店经营的位置。新闻出版总署将会同相关部门下发文件纳入规划保障实施。

杭州、上海所给予的资助或许都是杯水车薪,但政府支持实体书店的做法无疑让各类实体店看见了一线光明。在获得资金资助时,上海钟书书店正着手在淮海中路上筹建一家特色书店,在世博园筹建一家儿童书坊。这家店表示,政府资助虽然钱不多,但足以鼓舞我们为了这个城市再开几扇书窗。上海市新闻出版局副局长阚宁辉表示,扶持发展有文化特色的、包括民营书店在内的各类实体书店刻不容缓，需要政府、业界和社会各个方面共同努力、共同推进。政府通过政策引导、资金扶持，为实体书店，尤其是中小微专精特的民营实体书店"雪中送炭"，支持它们走品质化、特色化发展之路，以求在激烈的市场竞争中生存壮大。

张抗抗所言减免税赋，也是业内外共同议论的话题。目前13%的出版物增值税税率对于微利的书业来说，负担沉重。而英国、加拿大、澳大利亚、韩国、新加坡等国家对书店实行零税率政策，法国、德国、美国等国家的税率也不超过7%，这些都值得我国借鉴。

政府资助是外力，企业自救是内力。竞争是绝对的，资助是相对的。实体店生存发展终究取决于自己的经营之道。正如上海图书公司总经理朱旗所说，政府资金的支持类似"输血"效应。摆脱困境，关键还在于书店经营者积极进行结构调整，创新思路，找到适应市场发展和适合各家自身特点的经营方式。

有书店业资深人士认为，专业化经营是实体书店的基本出路。北京地区民营书店鼎盛时期达到6 000多家，目前仅剩三分之一，出局的多是大而全、无特色的综合店。由于专业书店的品牌性和读者的定向性，较之综合书店，很少有大起大落，具有相对的稳定性和抗风险能力。在多元经营上也有别于综合店的大而全，而是从专业图书延伸角度开发品牌商品。如教育书店经营文化用品，考古书店代销古玩玉器，体育书店经营运动器械，美术书店开设画廊，音乐书店兼营中西乐器等。北京什刹海专营书法碑帖、美术画册的东方书店，开拓一站式服务，增添了文房四宝、笔墨纸砚、美术用品和艺术篆刻、字画装裱，以及名家现场写书作画等配套活动和一条龙服务项目，很容易获得了广大读者的外延消费。这个店坚持20年之久的邮购业务，目前已经拥有十几万人次的基本读者及几千名俱乐部会员。

如果实体书店都走专业化之路，都经营专业延伸产品，大家又如何？此时人们更相信"细节决定成败"的道理。商业模式上细节的差异往往决定企业的命运。南京先锋书店的差异化在于把静态的图书陈列与动态的文化活动相结合，不定期举办沙龙、画展，组织诗歌节、电影节，同时成立专门机构开发"先锋设计"文化创意产品，处处显示个性化书店的特色。在很多成功走在专业化特色之路的实体店中，值得提及的还有时尚廊书店的外文期刊、轻食餐厅，万圣书园扎根经营多年的人文社科图书，单向街书店"书+主题活动"的交流俱乐部，字里行间书店在自媒体书店上的创新与突破以及采取横向扩张与纵向深挖相结合的"井字形"商业模式的慧源书城，中盘商书店取胜差异化的明轩书店，做书吧主角的阅开心书店，先定义品质再定义书店的方所书店等，在专业化、差异化、特色化、细节化等方面的努力，都给人留下深刻印象。当下正在为生计发愁的实体店，不妨从这些成功的案例中汲取有益的经验。

（三）新华派的多元拓展曙光初现

各地新华发行集团的年度工作会议数据显示，2012年绝大部分单位全年业绩都有较大幅度提升。虽然教材教辅的支撑作用一直未变，但让人耳目一新的是多元收入迅猛增长成为2012年新华派博弈市场的重头戏。

多元化经营如果放在早几年谈论还莫衷一是，但现在已经没有异议了。至少在业内已经达成共识。原因很清楚：微薄利润与图书的单品种低定价与生俱来；有限的书架与越来越多的图书品种构成的矛盾愈演愈烈；早些年的畅销书时代似乎一去不复返，被专家们言之凿凿的"二八定律"大打折扣。特别是网络店商价格战的无情冲击，让老派的新华人也不得不反躬自省：单一图书卖场究竟还能挺到几时？东方网的一个调查数据表明：42.01%的人认为实体书店比免费的电子书价格昂贵；17.64%的人认为实体书店服务内容过于单一；15.96%的人认为书重，买回去背着沉；13.44%的人认为搜索麻烦，很难在短时间找到需要的书籍；还有10.92%的人认为实体书店离家较远，给买书增加了困难。总之，种种原因导致读者心理逐渐倒向购买电子书和向电商购书，实体书店遭遇冷落之痛。

如此这般，改变单一图书卖场结构，通过多元经营弥补图书销售不足，纯粹是形势使然，或者说是被形势逼出的结果。如今，在上海、吉林、江苏、湖南、浙江、四川、辽宁、山东、安徽、广东等一些省市的中心城市均开设有代表自身文化品位的"文化MALL"大型书城，并各自采取招商或联营的方式对店内的多种经营商户进行统一管理。

2012年新年伊始，吉林省新华书店集团长春市有限责任公司发布了拟对下属重庆路图书音像大厦、红旗街书店二三楼部分场地对外招商的公告，经营项目包括数码电子产品、小家电、保健用品、工艺礼品等。公告一出，旋即在社会引发热烈关注。

2月3日，由福建新华发行集团和福建源昌茶业有限公司联合组建的福建新华茗茶文化发展有限公司召开首次股东会，标志着福建新华开始打造海峡新华品牌产品集群工程。该工程充分挖掘福建茶文化、瓷文化、红色文化、生态文化、海洋文化、和谐文化等文化资源，开发与文化相结合的"新华茗茶"、"新华玉瓷"、"新华幼儿教育"、"新华红木"、"新华文具"、"新华数码"、"新华百货"等一批具有核心竞争力和美誉度的自主文化品牌，形成在"新华"品牌下具有优势突出、特色鲜明、结构合理，既有行业特色又有地域特色的文化产品集群和文化产业体系。

6月16日，沉寂了两年的上海新华书店高调回归静安区中心商业区，通过业态多元建设，实现书店"转身"。新华书店此次概念店建设的一大特色是专业书店的整合嵌入。其中，艺术书店与上海著名的《申江服务导报》旗下的申活馆相结合，艺术图书和创意产品混搭，营造艺术生活气息；原宋庆龄题词的少年儿童书店在静安店三楼涅槃重生，在经营业态上增加了少儿互动的迪斯尼少儿影像馆、游戏天地、少儿早教中心和快餐简餐，让小读者在此从吃、喝、玩、乐、看、学中增长知识，寓教于乐。

2012年，江西新华发行集团与湖北电影总公司合作，进军电影放映行业，拓展电影院线业务；依托渠道、品牌、资金优势，进入电子商务、文化资产开发、手机连锁销售等新领域，努力培育新的增长点。投资2亿多元打造的江西省首家一站式文化综合体——红角洲"新华文化城"的相关工作顺利展开。江西省最大的电影城、图书城、儿童职业体验馆、艺术品展示交易中心已确定入驻，即将开业。山东新华书店集团先后与山东省邮政公司和泰山体育产业集团进行了全面战略合作，与泰山体育集团合作的爱动产品，已销售近1 000套，码洋近200万。山西新华书店集团在改造、规范各级股份制公司经营的同时，与中央教育科学研究所音像出版社等多家机构联合出资成立了山西新华现代传媒股份有限公司，以电子数码产品、文体用品等经营类别为主体开展多元经营。湖北省新华书店集团一期将在宜昌市、襄阳市建设文化MALL。该项目拟建成集书城、影城、青少年活动城、文化娱乐休闲城、运动城、特色文化主题于一体的大型文化MALL，目前已完成公司注册登记。湖南省新华书店有限责任公司文化用品板块以团购业务为突破口，充分利用"新华书店"品牌效应，全面介入拓展政府单位、学校招投标项目；同时将电子数码产品作为重点方向,计划年内使文化用品实现新的突破。

说到新华派的多元经营,其滥觞者也许应该追溯到河北新华发行集团。早在 2006 年,该集团开展多元化市场调研,从近 50 个项目中确定了通讯器材、眼镜、医药、非机动车等八大行业、四大重点项目为集团公司多元化经营的发展方向。至今,其中有的项目也许已经"壮烈牺牲",但是他们敢于吃螃蟹的精神将永远让新华人称道。2012 年,这个公司全面实施了"文化大卖场"经营战略,致力将全省新华书店门店打造成为集图书、音像、数码产品、电教产品、文化用品、高档礼品、收藏品、艺术品等多元文化产品于一身,为广大消费者提供文化阅读、文化休闲、文化体验、文化互动等多功能一站式服务的文化消费企业。

新华派多元经营的质疑声逐渐消歇,但是探索之路还相当长远。在市场化条件下,新华书店不再是简单的买书卖书交易场地,更应是文化交流和文化传播之所。随着国家对实体书店的扶持与重视,新华书店遵循人无我有、人有我优的多元发展战略前行,或许能为中国老派新华书店闯荡出一条新路。

三、值得思考的话题

(一) 畅销书对 2012 年图书市场的贡献不容忽视

"畅销"是个相对概念。《哈利·波特》那样的畅销书时代结束以后,相对畅销的图书仍然对市场有着重要的拉动作用。2012 年图书市场最值得关注的"畅销"事件就是诺贝尔文学奖带来的"莫言热"。开卷、商报·东方数据等公布的销售榜数据显示,莫言作品在获奖后的销售非常集中,全年销量共 88.7 万册,其中 10~12 月,销量为 86.61 万册。也就是说,超过 95% 的销售都是在莫言获奖后发生。11 月,各类图书榜单 30 个畅销品种中,莫言的作品占据 25 席,这是从未出现过的情况。

开卷的数据显示,获得诺奖引发的销售热潮,也使得莫言在图书零售市场的码洋占有率为 0.46%,成为 2012 年仅次于杨红樱(0.53%)的最具市场价值作家之一。而在 2011 年,杨红樱作品的码洋占有率是 0.50%,莫言是 0.01%。这些数据显示出畅销热点对读者购买力的引爆能力。

除了杨红樱和莫言，郭敬明在所有作者中市场占有率排名第三，其后是伍美珍、沈石溪、雷欧幻像、南派三叔、黄晓阳、托马斯·布热齐纳、沃尔特·艾萨克森。

莫言的作品为2012年文学书市场贡献了4.2%的码洋，"莫言热"也带动了文学图书在图书市场中码洋占比的提升。而莫言的156个动销品种来自于40多家出版社，其中上海文艺出版社、作家出版社、长江文艺出版社、四川文艺出版社和花城出版社出版的品种最多。2012年全年，莫言在上海文艺出版社的内部贡献率达到70%，作家出版社达到30%，四川文艺出版社为33%。

以上数据表明，把握好市场热点能让出版社的市场占有率出现翻天覆地的变化。

（二）载体改变，渠道改变，读者的阅读需求没有变

毫无疑问，传统出版正在经受数字出版的巨大冲击。在中国图书市场上，传统出版处境艰难表现在以下几个方面：第一，网络书店的降价冲动已经颠覆了图书的价格体系，也正在改变和危及书业原有的生态链。一大批书店经营困难甚至倒闭，读者通过手机比价系统，看书却不买书，使地面书店处于不公平的竞争地位。网店也已经开始绑架出版社。第二，阅读载体在发生改变。互联网的内容过剩使人们对网络的依赖超过传统媒体，互联网上盛行的免费商业模式使所有提供收费数字内容的公司都很难获得成功。第三，互联网的互动功能引发了亿万读者的参与，使共享成为巨大的非功利热情源。维基百科的一条词语可以在无数人的贡献下逐步完善，这让传统出版业最终定稿的权威性变得非常脆弱。互动和共享对出版行业原有的商业模式已经构成巨大挑战。第四，信息爆炸导致人们注意力缺失，浅阅读成为普遍的阅读取向。

虽然这四个现实看似都是不利因素，但依据开卷公司总经理孙庆国的观点，中国纸本书销售额在2012年仍取得了8%~10%的增长。"也就是说，载体改变，渠道改变，但读者依然存在。这就是当下出版业的基本形势，虽然有一些地面店遇到了困难，但读者没有消失。"孙庆国说："在几次电商折扣高潮的时候，网店的图书销量并没有像其他商品被'疯抢'那样大

爆发,说明图书在目前的中国确实是一种'特殊商品',不读书的人,不管书多么便宜都不会去买,这是我们必须认清的一点,图书的消费是有门槛的。"

(作者为《中国图书商报》总编室主任)

2012年出版科研十大热点聚焦

冯建辉　袁赛男　乔 迈

2012年是全面贯彻落实党的十七届六中全会精神、迎接党的十八大胜利召开的重要一年，同时也是我国新闻出版改革发展的重要一年。一年来，出版科研立足出版业改革发展的伟大实践，深入探讨出版业改革发展的重大现实问题，充分发挥了应有的智力支持作用。本文以出版界七类专业期刊发表的研究论文为主要考察对象[①]，少量涉及其他报刊，如《中国新闻出版报》、《情报科学》等，对2012年度出版科研的十大热点作一番概要性的梳理，以期展现出版科研的最新成果，进而明确出版科研的发展方向。

一、出版产业研究持续升温

2012年是我国文化产业蓬勃发展的一年，也是出版产业迅猛前进的一年，因此关于出版产业的研究很多。研究者从多个角度对发展出版产业进行了深入探讨。

武汉大学黄先蓉、田常清以产业经济学为切入点，结合"钻石模型"着重探讨出版产业国际竞争力的现实状况，以期找到有效的提升途径。她们认为，我国出版产业国际竞争力虽有一定的提高，但在产业资源、产业组织、产业布局以及产业政策等方面仍存在问题，而这与中国出版产业自身在生产资源、市场需求、企业因素、产业集群以及政府行为等各要素所凸显的劣势直接相关。[②]

[①] 主要包括《出版发行研究》、《中国出版》、《中国编辑》、《出版科学》、《科技与出版》、《编辑之友》、《出版广角》。

[②] 黄先蓉、田常清：我国出版产业国际竞争力要素探析，武汉大学学报（人文社科版），2012.6。

北京印刷学院周红、陈丹通过对数字出版产业创新、区域创新和国家创新等三个创新体系进行分析，从宏观、中观和微观三个不同视角探讨目前数字出版的几种创新模式。① 北京师范大学及上海理工大学付国乐、李桂福、施勇勤探析了出版业产学研结合模式问题，认为教育机构、科研院所和出版企业的力量应该整合到一起，形成合力共同破解数字出版转型时期的难题，最好是组成联合课题组，分项承担不同的任务，通过科研项目带动产学研共同思考和研究出版实践中的现象，从根本上解决相关问题。②

安徽出版集团党委书记、总裁，时代出版传媒公司董事长王亚非对2012出版产业的发展做如是畅想：文化体制改革将引爆产业爆发力；产业融合将做大做强经济贡献度和社会影响力；产业创新将创造经济增长的文化模式；资本和企业"走出去"将拓展文化"走出去"新格局。③ 时代出版传媒股份有限公司韩进提出"经典出版"是出版产业的永恒主题，认为出版经典是出版人自然、自觉以及现实的选择，但面对经典出版过程中出现的读者、市场、版权陷阱，应当启动国家级经典保护工程，以立法的形式保护经典，同时加快经典数字化进程，开展经典的大众化传播和国际交流，真正使经典发扬光大。④

二、出版史研究有新的突破

中国出版史是跨学科的研究领域，涉及了文学、历史学、哲学、政治学、经济学等诸多学科。2012年，研究者继承了出版史研究多学科交融的传统，对出版史上的很多具体问题进行了深入剖析。西南大学张武军从鲁迅的《几个重要问题》一文在2005年编写《鲁迅全集》时被遗漏出发，研究了《几个重要问题》的来龙去脉和社会影响，以及后来一些著名的鲁迅研究专家唐弢、严家炎等的态度，认为应该把这篇文章编入《鲁迅全集》，其不仅是对《鲁迅全集》出版工作的补充和完善，更重要的是，可以从中更好地理解鲁迅对于左联

---

① 周红、陈丹：数字出版产业创新体系及创新模式浅析，出版发行研究，2012.1。
② 付国乐、李桂福、施勇勤：打造出版产业链的粘合剂——出版业产学研结合模式探析，出版广角，2012.4。
③ 王亚非：踏着春的节拍奏响激昂乐章——2012出版产业畅想，中国新闻出版报，2012.2.13。
④ 韩进：经典出版——出版产业的永恒主题，出版广角，2012.2。

解散和"两个口号"之争的态度。① 四川理工学院代晓冬则指出,五四启蒙思想家们以《新青年》为核心阵地,树起"科学"和"民主"的大旗,以"科学"解决道德信仰危机,以"民主"解决社会政治危机,掀起了现代中国的启蒙运动,企图重建现代中国的认同镜像。这种重建民族认同镜像的努力,因其所内含的矛盾,没有解决中国所面临的双重危机,但深刻规约了现代中国的重建现代国家的历史实践,在中国出版史上具有极其重要的历史意义。② 安徽大学刘洪权在读《民国出版史》时,颇有感触,总结了民国出版业的五大特点,分别为多元中有主线、商业中有操守、运作中有规范、乱象中有自律,打压中有抗争,对于我们今人也有启示意义。③ 兰州大学王亚丽以敦煌医籍写本为例,探讨了出版史上抄写复印时期抄写书卷的形制、版本及文字方面的特点。研究发现,抄写书卷因为条件所限质量不能保证,规范性不强,给这些书籍的阅读和传播都造成了一定的困难。④ 苏州大学余同元认为章宏伟的《十六—十九世纪中国出版研究》一书以 16—19 世纪中国出版业为研究对象,以丰富的史实和细致严密的论证,提出了明清出版史系列问题的新认识,突出明清出版史专题与个案研究,所论皆属开拓与创新问题。⑤

三、数字出版研究呈现新亮点

随着科技的发展,数字出版日益显得重要,人们对数字出版的认识也在逐渐深化,学界对其关注度也一直很热烈。新闻出版总署署长柳斌杰在 2012 年 8 月 28 日北京国际出版论坛上指出,数字出版作为新兴产业,代表着出版业未来发展的方向和潮流。传统出版企业要高度重视、积极参与、抓住机遇、加快转型,不断研发新技术、推出新产品、拓展新业态、实现新发展,成功探索出一条中国出版业的数字化之路。⑥

---

① 张武军:《鲁迅全集》编辑出版史中的《几个重要问题》,出版发行研究,2012.10.
② 代晓冬:"民族镜像"的认同之舞:试论《新青年》的出版史意义,编辑之友,2012.7.
③ 刘洪权:《民国出版史》给我们的五点启示,出版发行研究,2012.6.
④ 王亚丽:出版史上抄写书卷特点探赜——以敦煌医籍写本为例,中国出版,2012.2.
⑤ 余同元:中国出版史研究的开拓和创新——评章宏伟《十六—十九世纪中国出版研究》,编辑之友,2012.10.
⑥ 柳斌杰:中国出版业的数字化转型之路,中国出版,2012.17.

四川大学刘肖、董子铭指出,我国数字出版产业的盈利模式、内容资源整合与产业结构等需要进一步完善和提升;加快构建内容平台"双主导"产业发展新格局,实现"三链"整合创新产业发展模式,是我国数字出版产业协同发展、实现新跨越的重要路径。① 浙江大学李文海指出,我国数字出版发展在取得巨大成绩的同时,存在着竞争无序、质量不高、标准混乱、侵权频发等问题。问题背后的制度原因是制约数字出版前进的最大障碍。在提高数字出版规制效能、促进产业繁荣与成熟的基本目标下,要进行具有针对性的制度完善,包括理顺监管体制、改进规制措施、完善法律规范。② 中央财经大学莫林虎从商业模式创新角度来看出版企业的数字化,指出商业模式的创新要紧紧围绕客户价值满足,梳理整合企业自身资源与能力,创造出企业价值,使企业得以在市场竞争中脱颖而出。我国数字出版产业正处于高速发展的阶段,参与竞争的企业应当根据数字出版的产业格局与发展趋势,抓住产业发展的机遇,将企业的资源加以梳理整合,在此基础上创新商业模式,以获得发展的空间。③

云出版是数字出版最新的重要形态,也是当前研究者密切关注的重要问题。中共黑龙江省委党校苗地认为,随着高新技术的进步,数字出版产业飞速发展,数据庞大。云计算的出现,使数字出版产业链中的各个环节发生了变革,依托于云计算技术的数字出版模式进入了一个全新的时代。④ 中国学术期刊(光盘版)杂志社汪新红也认为云出版是数字出版发展的新阶段,是对整个数字出版行业各种问题的一个整体解决方案。新形势下出版行业主要存在期刊出版社不能自主管理数字出版流程、不能面向市场经营、国际化期刊经营水平低、规模效益低、数字内容媒体化不明显等问题。"云出版"是解决这些问题的必由之路。⑤ 上海理工大学张博、庄子匀、陈敬良也在总结我国数字出版发展状况的基础上,提出了制约产业发展的若干问题,分析了问题产生的背景和原因,提出基于云出版的解决对策,并通过分析和示例说明云出版对我国数字出版产业的促进和推动作用。⑥

---

① 刘肖、董子铭:我国数字出版产业协同发展路径分析,出版发行研究,2012.2。
② 李文海:我国数字出版的政府规制研究,中国出版,2012.10。
③ 莫林虎:从商业模式创新角度看我国数字出版企业的市场竞争,中国出版,2012.16。
④ 苗地:基于云计算技术的数字出版模式研究,出版发行研究,2012.6。
⑤ 汪新红:"云出版"是期刊社自主数字出版的全新模式,中国出版,2012.1。
⑥ 张博、庄子匀、陈敬良:云出版是解决数字出版面临问题的根本出路,出版发行研究,2012.2。

四、版权研究逐步深入

版权代理、版权保护关乎出版事业的健康发展，也必然会引起业界的共同关注。新闻出版总署署长柳斌杰在为《中国版权事业二十年》所作的序言中，指出版权注定要创造历史。他认为中国版权之路虽然破局维艰，但发展迅速；中国版权事业大有可为，前景广阔；中国版权工作亟待加强，任重道远。[①] 正是因为版权对于出版业发展具有如此重要意义，由中国新闻出版研究院承担的"中国版权相关产业发展的成就、问题与对策研究"课题经专家评审，也正式被列为2012年度国家社会科学基金重点项目。

西安理工大学的康建辉、赵萌认为，与传统出版不同，我国的数字出版产业并没有完善的法律支撑，数字出版作品面临着权利主体认定模糊、创新性不足和盗版侵权等问题。发展数字出版产业应当完善立法，保护相关权利主体的合法权益、激励创新、打击盗版，以推动数字出版产业更好地发展。[②] 复旦大学王智源在探讨网络信息传播特征的基础上，分析了网络信息传播中的版权侵权现象，以及网络信息传播中版权问题的主要原因。针对这些版权问题，提出要采取以持续的技术创新构建版权保护和信息保障的平衡机制，以完善我国版权法律体系等措施，积极解决网络信息传播中的版权问题。[③] 西安工程大学图书馆谷秀洁和西安外国语大学图书馆王颖洁指出，版权问题一直是制约开放获取（OA）的瓶颈之一。为了更有效地了解和推动 OA 期刊版权研究，他们对国外期刊著作权让渡的六种模式进行详细分析，选取世界五大科技医药期刊出版商，观察它们的 OA 出版政策，并从期刊的声望和质量、版面费、作品使用、职业发展四方面对影响作者选择出版者的主要因素进行分析。最后，从"长尾"格局和利益相关者的较量两方面对国外期刊版权模式现状进行总结。[④] 中国传媒大学王颖聪、姚林青则指出，常态化版权交易平台建设是我国促进版权交易、推动文化创意产品走向市场的创新性举措。目前各项交易功能已经基本

[①] 柳斌杰：版权注定要创造历史，中国出版，2012.8。
[②] 康建辉、赵萌：我国数字出版产业发展中的版权保护问题研究，情报理论与实践，2012.1。
[③] 王智源：网络信息传播过程中的版权问题及对策研究，知识产权，2012.2。
[④] 谷秀洁、王颖洁：支持 OA 的国外期刊版权模式研究，图书与情报，2012.4。

具备，但要进一步促进版权交易的活跃，使交易平台的价格发现功能、资源配置功能、激励创新功能和综合提升功能得以发挥，就要有科学的版权内在价值评估方法。版权合理定价是加强版权保护、扩大版权投融资、促进版权交易和推动我国常态化版权交易平台建设的关键。①

五、出版集团研究取得新进展

2012是出版上市公司不断涌现的一年，是出版业集团化快速发展的一年。研究者对出版集团的思考也随之深入。

不少学者也以出版发行上市公司为研究对象。吉林大学许天骆在研究中，面对国家将推进出版集团整体上市作为现阶段我国出版集团改革和发展的主要任务，将我国现有出版集团上市模式进行了归类和梳理，以期为未上市出版集团提供一些参考依据。② 中国科学技术大学张瑞稳则通过介绍安徽出版集团借壳科大创新上市案例三年来所产生的绩效进行分析，认为目前优质文化企业的上市越来越受到政策支持，借壳上市作为利用资本市场并购重组制度实现上市的一种方式，为文化企业更多利用资本市场实现战略目标提供了借鉴。③

中国新闻出版研究院"出版传媒集团资本运营研究"课题组也呈现了一些成果。他们对2011年出版传媒集团创新发展的八大主题进行了概括和阐释。④ 他们总结了出版传媒集团资本运营的成绩，认为上市出版传媒集团的产业集群即将形成，在资本运作方面进行了可贵的探索，品牌影响进一步扩大。同时他们也指出了问题，业绩增长不够引人注目，缺乏给人丰富想象空间的概念题材和故事，募集到的资金如何花是个问题。最后，他们提出了很好的建议，努力把利好用好用足，资本运营围绕打造标志性品牌展开，加大兼并重组力度，努

---

① 王颖聪、姚林青：我国常态化版权交易平台建设研究，现代出版，2012.1。
② 许天骆：我国出版集团上市模式博弈分析，编辑之友，2012.6。
③ 张瑞稳：安徽出版集团借壳科大创新重组上市绩效分析，中小企业管理与科技（上旬刊），2012.3。
④ 中国新闻出版研究院课题组：2011年出版传媒集团创新发展的八大主题，出版发行研究，2012.1。

力在三网融合中占有较大的市场份额,加快进行股权激励步伐等。[1] 他们还倾听了来自上市出版传媒集团老总的声音,对出版传媒集团资本运营如何更上一层楼进行了探讨,指出出版资源的流动性受到制约是导致出版传媒集团在资本市场表现不是很好的最根本原因,所以应该政府企业联合,用大规模的资本运作,凸显文化资本的力量。[2]

中国新闻出版研究院魏玉山撰文从出版集团与上市公司的关系、与出版社等出版发行企业的关系、与新闻行政管理机关的关系、与国有资产管理部门的关系这四个角度对出版集团改革中可能出现或已经浮现的若干问题进行了深入探讨。[3] 河南大学姚荣杰认为出版集团应该加强公司治理结构建设。这既是其建立现代企业制度的重要内容,也是其正确处理母子公司关系的根本保证。但目前我国出版集团的公司治理结构建设还存在产权不明、组织变革滞后等不少问题。因此,必须采取相应对策,以体制创新实现有效公司治理结构的建立,进而推进我国出版业集团化的健康发展。[4] 北京印刷学院马凌珊、张俊研究的是我国出版集团的数字化转型战略。他们从数字化、产品化和平台化三个阶段,对我国出版集团数字出版进行观察,提出围绕内容生产推进集约化发展的相关建议。[5] 读者传媒出版股份有限公司唐克关注的是集团化视野下的少儿出版产业,认为经过黄金发展期的中国少儿出版要想实现持续快速的发展,必须以文化创意产业的思维进行规划。中国出版以产业发展为导向的集团发展模式为少儿出版的发展提供了新机遇。[6]

六、编辑主体研究方兴未艾

现代科技的进步和网络的发展给编辑工作不仅带来了新机遇,也提出了新

---

[1] 中国新闻出版研究院课题组:出版传媒集团资本运营:成绩、问题、建议,出版发行研究,2012.1。
[2] 中国新闻出版研究院课题组:出版传媒集团资本运营如何更上层楼——来自上市出版传媒集团老总的声音,出版发行研究,2012.2。
[3] 魏玉山:出版集团改革的若干问题研究,编辑学刊,2012.3。
[4] 姚荣杰:我国出版集团公司治理结构建设的思考,中国出版,2012.14。
[5] 马凌珊、张俊:我国出版集团的数字出版实践探索,北京印刷学院学报,2012.1。
[6] 唐克:集团化视野下的少儿出版产业,中国出版,2012.16。

挑战。如何抓住机遇、化解挑战，提高编辑主体的素质能力，需要研究者予以认真思考。

南京大学巢乃鹏认为，数字出版业态中的编辑实践活动体现出强烈的互动性，形成了以作品为中心，编辑主体（编辑人员）与编辑客体（作者、读者），编辑客体之间（作者与读者）强烈互动的三角锥模式。数字出版业态对编辑主体提出了更高的角色要求，带来了编辑主体作用的进一步凸现。编辑主体与编辑客体中的读者元素之间的互动关系，编辑客体中作者与读者之间的互动关系增强，这成为数字出版业态中的编辑实践活动的特点所在。[①]

浙江工商大学学报编辑部陶舒亚认为，编辑主体权益伴随其创造性劳动而产生，我国著作权法对该领域的保护目前尚属空白，甚至有的条款给予消极规定。应当遵循利益平衡的原则，将编辑主体权益纳入著作权法保护范畴，设定具有可操作性的编辑创造性劳动的量化标准，以确保编著双方著作权合理、合情、合法的分配。[②]

渤海大学学报编辑部单丽娟认为网络环境下期刊竞争日趋激烈。如何适应知识经济及网络化的发展要求，完善学术期刊编辑主体的能力结构，争创精品期刊，是当前我国期刊出版界面临的重大课题。只有强化学术期刊编辑的主体意识，充分发挥其主体作用，才能提高学术期刊的竞争力，从而使期刊在激烈的出版国际化竞争中立于不败之地，促进我国学术期刊的繁荣、健康发展。[③]

东北财经大学兰桂杰指出，编辑主体的现代化是在信息技术革命背景下依托科学发展、学术繁荣的社会文化基础，以编辑主体思想和理念现代化为先行导向，以编辑出版手段现代化为核心内容，用不断变换的新技术取代旧的编辑出版工作系统，使传统的编辑出版微机化、网络化、标准化。[④]

郑州日报社马艺波探讨了数字出版环境中的编辑思维，认为数字出版环境中编辑活动出现了四个变化：一是编辑媒体建模交互化，二是编辑手段技术化，三是编辑流程立体化，四是编、读、作关系协同化。在此基础上，他认为，编辑主体要适应数字出版需要，就要重构自己的编辑思维，确立开放思

---

① 巢乃鹏：浅谈不同出版业态中的编辑主体、客体及其关系，中国编辑，2012.4。
② 陶舒亚：利益平衡视域中的编辑主体权益，编辑之友，2012.4。
③ 单丽娟：基于网络环境视角下的学术期刊编辑主体意识研究，渤海大学学报（哲学社会科学版），2012.3。
④ 兰桂杰：论编辑主体的现代化，东北财经大学学报，2012.4。

维、立体思维、整合思维、创新思维。①

七、民营书业研究呈现多角度

近些年来,民营书业已成为影响出版业发展的一支重要力量。2012年4月7日,由中国新闻出版研究院、辽宁省新闻出版局主办的第九届中国民营书业发展高峰论坛在辽宁沈阳召开。新闻出版总署办公厅主任范卫平、中国新闻出版研究院院长郝振省出席论坛并作主题演讲。本届论坛实现了官产学研的全面结合。来自政府、产业、学界的与会者从不同角度解读民营书业的发展现状与未来前景。中国新闻出版研究院院长郝振省的演讲既肯定了民营书业的发展成就,又指出了发展中存在的一些问题,并在政府层面和民营书业自身层面均提出了极具针对性的建议。②

南京大学王泳波和江苏少年儿童出版社张志强认为,由于国家出版管理体制和相关政策的制约,民营书业实质上并无合法的图书出版权,这使得民营出版必须依托国有出版社而存在。在与国有出版社的种种合作中,民营书业既展现了它在内容选题、市场渠道以及经营管理上的优势,也暴露出诸多不足。③

浙江工商大学江翠平指出,我国民营书业企业在快速发展的过程中遇到的融资问题尤为突出。造成我国民营书业企业融资难的原因,主要在于自身缺乏良好的信誉和银行缺少担保机制,专门为民营企业融资的金融机构稀少等。政府应加大对民营书业的贷款、投资力度,民营企业自身也应提高企业信用度,增强企业赢利能力,在破解融资难问题的基础上促进企业自身的持续健康发展。④

山东金榜苑文化传媒有限公司崔传高提出"打造和提升民营书业核心竞争力"的主张,在如何提升民营书业研发力问题上,建议首先要有过硬的研发队

---

① 马艺波:数字出版环境中的编辑思维,出版广角,2012.8。
② 抓机遇,多元创新促发展——第九届中国民营书业发展高峰论坛发言辑要,出版参考·中国民营书业,2012.4(下)。
③ 王泳波、张志强:民营书业的状况及其利弊分析,淮阴师范学院学报(哲学社会科学版),2012.2。
④ 江翠平:从融资视角分析中国民营书业发展,中国出版,2012.8。

伍，其次要专注于重要的研究领域，最后要严格编校程序。①

陕西师范大学刘蒙之对中国民营书业发展的多维历史情境进行了分析，认为中国民营书业能够迅速发展成为我国图书出版业名副其实的"半壁江山"和"重要组成部分"，原因在于：1. 出版政策调整是前提；2. 阅读市场需求是主导性动力；3. 文化教育是直接影响因素；4. 科技进步是重要物质基础。②

八、期刊发展广受关注

期刊是出版的重要组成部分。学者们对期刊研究也很重视，进行了全方位的深入探析。2012年关于OA期刊的研究比较多。福建师范大学孟雪梅、于海洋、陈美家以科学知识图谱为信息研究呈现方式，通过对ISI检索的有关OAJ的全部学术论文从研究力量区域分布、学科发展、期刊共引及引文共现等方面进行可视化分析，探究了国际OAJ研究的动态演进历程、研究现状及热点等情况。③ 无锡商业职业技术学院王静君通过对OA期刊的概述和特点分析，指出OA期刊对图书馆期刊资源建设的影响和利用OA期刊进行期刊资源建设的原则，并提出利用OA期刊调整图书馆期刊订购工作等。④ 中国科学院陈静、孙继林通过对八个OAJ平台资源建设和用户服务现状考察发现，OAJ平台在资源纳入和剔除标准、评价体系、高级检索功能、交互式服务、相关知识链接、互操作性上还存在不足；与检索性平台相比，OAJ全文平台在增值服务上具有明显的比较优势。未来OAJ平台应不断完善平台资源组织、资源评价的制度和方法，注意规避知识产权风险。⑤

还有很多学者对期刊的评价方法与内容进行了研究。河南师范大学图书馆许新军提出基于下载量的期刊h_d指数，并以CNKI为数据源，选取哲学核心期刊为研究对象，实证研究了h_d指数用于评价期刊网络传播力的科学性和合理

---

① 崔传高：打造和提升民营书业核心竞争力，出版参考·中国民营书业，2012.6（下）。
② 刘蒙之：中国民营书业发展的多维历史情境分析，现代出版，2012.5。
③ 孟雪梅、于海洋、陈美家：国际开放存取期刊研究的可视化分析，图书馆，2012.3。
④ 王静君：利用OA期刊促进图书馆期刊资源建设探析，大学图书情报学刊，2012.1。
⑤ 陈静、孙继林：开放获取期刊平台发展现况评析，图书馆杂志，2012.4。

性，探讨影响期刊 h_d 指数的个性影响因素。① 暨南大学张素娟、樊锁海、王景周指出，特征因子是汤姆森路透科技集团在2009年发布的《期刊引用报告》增强版中推出的期刊评价新指标，包括特征因子值和论文影响值。他们介绍了特征因子的思想、基本原理和计算方法，阐述了特征因子与其他期刊评价指标比较所具有的优势和不足，综述了特征因子的研究进展，并对其研究前景进行了展望。②《工程设计学报》编辑部陈波基于我国期刊发展的不平衡性、动态性及循序渐进的发展特性，提出在期刊质量评价与管理体系中应该引入过程评价。指出注重过程评价有助于补充和完善期刊质量评价机制，并结合实例进行了进一步的阐述论证。③

同时，学者们还关注了学术期刊的研究。长安大学王磊、赵文义以国外学术期刊《Nature》的成功案例，探讨了品牌对学术期刊盈利的重要性和价值，最后结合学术期刊品牌价值的构成和影响因素，提出品牌延伸的学术期刊的盈利模式。④ 商丘师范学院陈立新通过对国内外学术期刊的定量研究现状的对比描述，对期刊定量研究的起源、发展历程以及国内外最新研究动态进行了考察和研究。⑤

《中南财经政法大学学报》编辑部胡浩志、华中师范大学出版社崔毅然研究了学术腐败问题。认为通过提升编辑的业务素质和专业素质，实现编辑学者化、专家化，增强责任感和职业荣誉感，规范稿件的初审程序，严格执行审稿制度，加强编辑部制度管理，在建立一套奖惩机制的基础上提高编辑人员的待遇，学术期刊则可以起到防范和治理学术腐败的作用。⑥ 湖南大学期刊社胡勤也探讨了学术不端对于学术期刊文责的影响，指出规避学术不端行为，还学术研究一片净土，作者和学术期刊编辑不能互相推卸文责，两者的文责应该是相互交织、相互影响和相互促进的。⑦ 中共四川省委党校李翔认为版面交易现象的迅速蔓延导致了学术期刊功能的异化，为学术不端行为大开方便之门。因此，学术期刊应当规范自身行为，坚守学术道德底线，拒绝外来利益诱惑，切

---

① 许新军：期刊评价的新指标——h_d指数，情报理论与实践，2012.1。
② 张素娟、樊锁海、王景周：期刊评价新指标特征因子及其研究进展，江西科学，2012.2。
③ 陈波：试论过程评价在期刊质量评价与管理体系中的作用，中国出版，2012.12。
④ 王磊、赵文义：学术期刊的品牌和盈利模式分析，编辑之友，2012.2。
⑤ 陈立新：学术期刊定量研究评述，情报科学，2012.6。
⑥ 胡浩志、崔毅然：学术期刊如何"反腐"，出版科学，2012.4。
⑦ 胡勤：从学术不端现象谈学术期刊中的文责问题，科技与出版，2012.3。

实承担抵制学术不端的社会责任。①

九、农家书屋研究开拓新视角

农家书屋建设是我国新农村文化建设的重要载体，是惠及我国九亿农民的民生文化工程，也是建设新型社会公共文化服务体系中的重要组成部分。

江西农业大学刘步英、刘苏强根据农村公共文化产品和服务的特征，探讨农家书屋建设的三个基本原则，提出构建农村公共图书馆服务体系的基本思路及政策建议。② 重庆大学学术期刊社王仕勇从农家书屋与传统书屋的比较优势出发，在梳理国内外农家书屋数字化建设经验的基础上，提出了抓好农家书屋数字资源内容建设，推进农家书屋数字出版人才队伍、农家书屋管理队伍、新型农民队伍建设，推动电视阅读和手机阅读等对策。③ 重庆文理学院图书馆于慧探讨了农家书屋与独守老人的互动机制，认为随着社会的变迁，农村留守老人的精神文化生活问题日益凸显。农家书屋建设作为农村公共文化服务体系建设的重要组成部分，在丰富留守老人精神文化生活方面有很大的改进空间。④ 湖北民族学院图书馆周劲结合城乡一体化建设的时代背景，以恩施州民族乡的农家书屋为例，针对散杂居民族的生活现状，提出高校图书馆为散杂居民族服务，促进城乡一体化建设的措施。⑤ 安康学院图书馆李强通过对农家书屋国家政策的解读，并就安康市农家书屋建设中存在的问题进行分析，提出了农家书屋的可持续发展建议。⑥ 湖南出版投资控股集团张天明对公共服务和农家书屋背景下的基层发行网络构建进行了思考，指出农家书屋建设成果显著，是对基层网点建设的重大突破，农家书屋建设成熟的运营模式是长葆活力的关键。以农家书屋为起点，深化基层出版公共服务，必将使公共文化服务体系建设取得

---

① 李翔：学术不端视阈下学术期刊的社会责任，中共四川省委省级机关党校学报，2012.6。
② 刘步英、刘苏强：农家书屋可持续发展的建设原则及思路研究，江西农业大学学报（社会科学版），2012.2。
③ 王仕勇：推进农家书屋数字化建设的思考，重庆工商大学学报（社会科学版），2012.8。
④ 于慧：农家书屋与留守老人精神文化生活互动机制探讨，出版广角，2012.8。
⑤ 周劲：城乡一体化模式下高校图书馆面向散杂居民族的信息服务研究——以恩施州民族乡的农家书屋为例，中国管理信息化，2012.10。
⑥ 李强：农家书屋工程与农村图书馆事业发展问题的思考，图书馆学刊，2012.7。

新进展。①

十、出版改革研究更具全球视野

党中央十分重视深化文化体制改革，提出要推动社会主义文化大繁荣大发展，为此制订了《国家"十二五"时期文化改革发展规划纲要》。新闻出版业作为文化产业的主力军，必将成为文化体制改革方面的领跑者，所以出版改革研究很受重视。新闻出版总署署长柳斌杰在文化体制改革会议上讲到，新闻出版行业要抓住三大机遇，取得六大突破，要围绕两大重点，推进九项工作，要落实四个要求，实现四个目标，以高度的文化自觉、清醒的文化自信、坚定的文化自强意识，落实党的十七届六中全会确定的各项任务，走上建设社会主义文化强国的新征程，用文化改革发展的新成果迎接党的十八大胜利召开。②

凤凰出版传媒集团董事长陈海燕指出，出版业正在经历着全球性的深刻变革，中国出版业也在转型，从文化出版时代走入商业出版时代，从字符出版时代走入图文出版时代，从纸质出版时代走入数字出版时代。中国想成为出版大国和出版强国，就必须顺应现代出版发展的大趋势，改革出版体制，创新出版机制。③

武汉理工大学赵旖、张麦青认为，借鉴国外发达国家的非营利性出版机制，实施公益性出版单位的非营利组织化改革，可以推动公益性出版事业单位内部运行机制范式的转变。公益性出版单位作为非营利机构，政府给予免税等优惠，可以采用市场经营手段获得盈利，但所得收益应主要用于回报社会和发展新闻出版事业。④ 美国麻州大学阿美斯特分校龚元以定量和定性研究相结合的方法，对中国大陆某出版集团用工制度的具体实践进行个案研究，检视中国出版产业改革的现状，弥补当前出版研究中关于编辑雇用议题的盲点。⑤ 中央财经大学熊超对战略投资者及其参与改革的现状及所起的作用进行分析，并对

---

① 张天明：公共服务和农家书屋背景下基层发行网络构建思考，中国出版，2012.1。
② 柳斌杰：努力开创新闻出版改革发展奋发进取的新局面，中国出版，2012.5。
③ 陈海燕：出版的革命时代，中国图书商报，2012.1.6 (34)。
④ 赵旖、张麦青：公益性出版单位的机制改革和服务体系重构，重庆社会科学，2012.5。
⑤ 龚元：出版产业改革进程中的新型用工制度研究——以中国大陆某出版集团为例，当代传播，2012.2。

金股制度进行了详细的阐述,认为采用金股制度,引进战略投资者,可以促使我国出版业向管理规范、效益提升、竞争力增强这一方向迈进。[1] 安阳师范学院张世海认为我国新闻出版体制改革将对我国市场经济体系的完善和良好运行产生深远的影响。包括新闻出版业在内的传媒业在市场经济的运行中扮演着信息枢纽的角色。它在宏观经济中所占的份额以及影响力将越来越大;在微观企业的经营中,传媒业的监督作用也是其他机构无法取代的。[2]

(冯建辉:中国新闻出版研究院出版研究所助理研究员;袁赛男:农民日报社评论部编辑;乔迈:中共中央党校哲学教研部研究生)

---

[1] 熊超:基于出版集团产权改革中引进战略投资者研究,中国出版,2012.10。
[2] 张世海:论我国新闻出版体制改革的经济意义,中国出版,2012.6。

年度重点专题报告

2011 年全国[①]图书出版统计分析

赵彦华

一、新闻出版业最新的发展概况

据 2013 年 7 月 9 日国家新闻出版广电总局发布的《2012 年新闻出版产业分析报告》，2012 年全国出版、印刷和发行服务实现营业收入 16 635.3 亿元，较 2011 年增加 2 066.7 亿元，增长 14.2%；增加值 4 617.0 亿元，较 2011 年增加 595.3 亿元，增长 14.8%。

二、新闻出版统计及《文化及相关产业分类（2012）》修订的大致情况

目前，我国的新闻出版统计大致包括图书出版、报纸出版、期刊出版、音像电子出版物出版、出版物发行、出版物印刷、出版物进出口、版权管理及贸易、财务状况与经营成果等。

与新闻出版统计密切相关的，是 2012 年 7 月国家统计局发布的《文化及相关产业分类（2012）》。这是对 2004 年发布的《文化及相关产业分类》的修订。第一次发布的《文化及相关产业分类》明确了我国文化产业的统计范围、层次、内涵和外延，为开展文化产业统计工作奠定了根基，满足了文化建设和

---

① 不包括香港、澳门特区及台湾地区，下同。

文化体制改革的要求，建立了科学可行的文化产业统计内容，规范了文化及相关产业的统计范围。就文化产业统计工作本身而言，文化及相关产业分类是整个文化产业统计工作的前提和基础。

2012年新修订的《文化及相关产业分类（2012）》对旧分类中文化产业三个层次（文化产业核心层、文化产业外围层、相关文化产业层）的划分不再保留，取而代之的是文化产业的四方面：即文化产品的生产活动、文化产品生产的辅助生产活动、文化用品的生产活动和文化专用设备的生产活动。其中文化产品的生产活动构成主体，其他三个方面是补充。

此外，新的修订在2004年制定的《文化及相关产业分类》基础上进行，延续原有的分类原则和方法，调整了类别结构。将第一层的"文化服务"和"相关文化服务"两部分调整为"文化产品的生产"和"文化相关产品的生产"两部分。第二层的大类由原来的9个调整为10个。第一部分中的第一层文化产品的生产中的核心内容中"出版服务业"（包括图书出版、报纸出版、期刊出版、音像制品出版、电子出版物出版和其他出版）。

新的分类进一步规范了文化及相关产业的口径与范围，合并原大类"新闻服务"和"出版发行和版权服务"为"新闻出版发行服务"一个大类，包含内容略有调整，将"版权服务"调整到第二部分文化相关产品的生产中。

这些修订中的调整，都是今后新闻出版统计中需要注意和遵循的。

三、2011年全国图书出版总体状况分析

目前，图书还是最有代表性的出版物类型。在此，本文选择《文化及相关产业分类（2012）》第一层中的第一部分——文化产品的生产中的核心内容——出版服务业中的图书出版业的各项统计指标进行分析，作为反映出版业发展状况的突出代表。因2012年的统计数字尚未公布，这里以2011年的统计数据进行分析。

（一）全国出版社总体数量不变，中央社约占1/3

根据《2012年中国新闻出版统计资料汇编》（新闻出版总署出版产业发展

司编，中国书籍出版社2012年10月）的统计数据，截至2011年年底，全国共有出版社580家（包括副牌社33家，在出版社中的比重为5.69%），其中中央级出版社220家，所占比重为37.93%（包括副牌13家，在出版社中的比重为2.24%），地方出版社360家，所占比重为62.07%（包括副牌20家，在出版社中的比重为3.45%）（见表1、图1）。

表1 2011年全国图书出版社数量

	出版社		其中：副牌社	
	数量（家）	比重（%）	数量（家）	在出版社中的比重（%）
全国	580	100.00	33	5.69
中央	220	37.93	13	2.24
地方	360	62.07	20	3.45

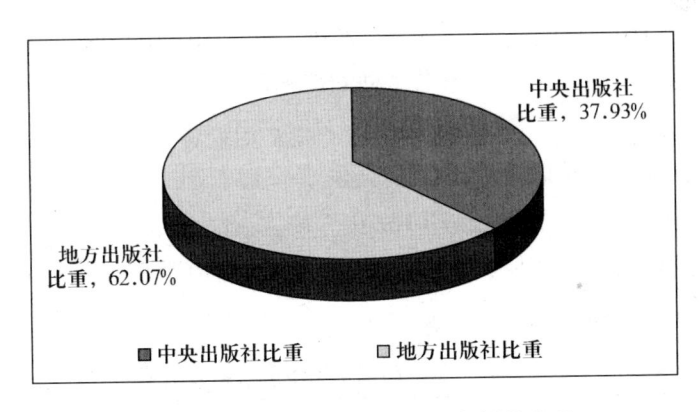

图1 2011年全国中央与地方出版社比重

（二）图书出版总量继续保持上升趋势

2011年，全国图书出版无论是品种数、总印数，还是定价总金额，都呈现总体上升趋势，且各项指标都呈增长趋势。全国共出版图书369 523种（初版207 506种，重版、重印162 017种），总印数77.05亿册（张），总印张634.51亿印张，折合用纸量149.11万吨，定价总金额1 063.06亿元。与2010年相比，图书品种增长了12.53%（初版增长9.62%，重版、重印增长16.48%），总印数增长7.46%，总印张增长4.65%，定价总金额增长13.57%（见表2）。

表2 2011年全国图书出版总量与增长速度

	单位	数量	比2010年增长（%）
全国图书出版品种数	种	369 523	12.53
初版	种	207 506	9.62
重版、重印	种	162 017	16.48
总印数	亿册（张）	77.05	7.46
总印张	亿印张	634.51	4.65
折合用纸量	万吨	149.11	4.65
定价总金额	亿元	1 063.06	13.57

（三）图书出版品种达到历史最高水平

2011年，全国共出版图书369 523种，较2010年增加4.1万种，增长12.5%，达到历史最高水平。图书品种的快速增长，说明出版单位的生产能力进一步提高。

但具体分析图书出版品种的结构会发现，初版图书207 506种，占图书出版品种数的56.16%，重版、重印162 017种，占品种数的43.84%，能够有较大利润空间的重版、重印所占比重小于新出图书，说明每种图书的平均印数下降和成本上升，从而导致图书出版利润下降（见表3）。

表3 2011年全国图书出版品种数分析表

	图书出版品种数（种）			比2010年增长（%）		
	品种	初版	重版、重印	品种	初版	重版、重印
全国	369 523	207 506	162 017	12.53	9.62	16.48
书籍	290 359	180 884	109 475	11.90	9.79	15.57
课本	78 281	25 944	52 337	14.87	8.38	18.39
图片	883	678	205	15.42	11.70	29.75

（四）图书出版结构变动不大，课本的比重略有上升

在全部图书出版中，书籍、课本、图片所占比重分别为78.58%、

21.18%、0.24%，其中课本比上年比重20.75%略有上升。具体的出版数量与增长情况如下（见表4、图2）：

1. 书籍290 359种（初版180 884种，重版、重印109 475种），总印数42.19亿册（张），总印张359.94亿印张，折合用纸量84.58万吨，定价总金额726.41亿元。与上年相比，品种数增长11.90%（初版增长9.79%，重版、重印增长15.57%），总印数增长11.88%，总印张增长7.73%，定价总金额增长18.54%。

2. 课本78 281种（初版25 944种，重版、重印52 337种），总印数34.40亿册（张），总印张272.94亿印张，折合用纸量64.14万吨，定价总金额330.17亿元。与上年相比，种数增长14.87%（初版增长8.38%，重版、重印增长18.39%），总印数增长2.55%，总印张增长0.95%，定价总金额增长4.20%。

3. 图片883种（初版678种，重版、重印205种），总印数0.10亿册（张），总印张0.26亿印张，折合用纸量0.10万吨，定价总金额1.19亿元。与上年相比，种数增长15.42%（初版增长11.70%，重版、重印增长29.75%），总印数下降1.02%，总印张增长11.58%，定价总金额下降3.75%。

4. 附录0.36亿册（张），总印张1.37亿印张，折合用纸量0.32万吨，定价总金额5.29亿元。

表4　2011年全国各类图书出版数量与增长速度

	图书出版数量			比2010年增长（%）		
	总印数（亿册、亿张）	总印张（亿印张）	定价总金额（亿元）	总印数（%）	总印张（%）	定价总金额（%）
全国	77.05	634.51	1 063.06	7.46	4.65	13.57
书籍	42.19	359.94	726.41	11.88	7.73	18.54
课本	34.40	272.94	330.17	2.55	0.95	4.20
图片	0.10	0.26	1.19	-1.02	11.58	-3.75
附录	0.36	1.37	5.29	—	—	—

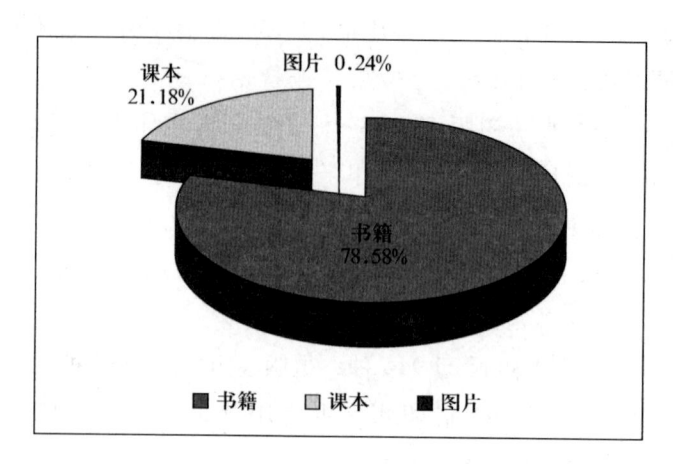

图 2　2011 年全国各类图书出版品种数比重图

（五）全国少年儿童读物出版成效显著，数量和质量都有了很大提升，出现了快速发展的繁荣局面

2011 年全国共出版少年儿童读物 22 059 种（初版 14 077 种）、37 800 万册（张）、2 138 117 千印张、总定价 603 373 万元。与上年相比，种数增长 11.44%（初版增长 11.37%），总印数增长 5.64%，总印张增长 13.92%，总定价增长 27.62%。从统计数字上可以看出，我国少儿读物的出版品种逐年增加，总量持续增长，总印数和定价总金额快速增长，国内少儿读物出版成效显著（见表5）。

表 5　2011 年全国少年儿童读物出版数量与增长情况

	单位	数量	比上年增长（%）
品种数	种	22 059	11.44
其中：初版	种	14 077	11.37
总印数	万册（张）	37 800	5.64
总印张	千印张	2 138 117	13.92
定价总金额	万元	603 373	27.62

四、2011 年全国各类图书出版情况分析

（一）文化、科学、教育、体育类图书的出版品种最多

2011 年，在使用《中国标准书号》的 22 类图书中，G 文化、科学、教育、

体育图书的出版品种数最多,为133 054种,占总品种36.01%。

图书出版种类第2至第10类图书出版品种最多的依次是:T工业技术类44 539种,占总品种12.05%,I文学类为32 317种,占总品种8.75%,F经济类为30 253种,占总品种8.19%,J艺术类为19 825种,占总品种5.37%,H语言、文字类为19 550种,占总品种5.29%,R医药、卫生类为15 711种,占总品种4.25%,D政治、法律类为15 669种,占总品种4.24%,K历史、地理类为14 511种,占总品种3.93%,B哲学类为8 600种,占总品种2.33%。图书出版种类最少的为航空、航天类,为338种,占总品种0.09%。

(二)综合类图书的总印数增长最快

在使用《中国标准书号》的22类图书中,综合性图书总印数与上年相比增长最快,增长速度为38.3%。在总印数前10名增长中,其他依次为艺术类增长了24.91%,哲学类增长了20.32%,文学类增长了18.52%,农业科学类增长了15.73%,军事类增长了14.76%,航空、航天类增长了13.85%,政治、法律类增长了9.23%,语言、文字类增长了8.46%,文化、科学、教育、体育类增长了8.05%。

(三)航空、航天类图书的平均定价最高

航空、航天类图书的平均定价为39.17元。在平均定价较高的前10类图书中,其他依次为历史、地理类为35.21元,经济类为35.21元,工业技术类为35.14元,综合性图书类为34.01元,交通运输类为33.02元,医药、卫生类为32.76元,军事类为31.82元,哲学类为30.57元,生物科学类为29.50元。平均定价最低的是文化、科学、教育、体育类,为9.02元,其次为农业科学类,平均价格为15.18元。

五、2011年全国各类课本出版情况分析

目前,我国各类课本分为7种,分别是1.大专及大专以上课本;2.中专、技校课本;3.中学课本;4.小学课本;5.业余教育课本;6.扫盲课本;7.教

学用书。

2011年，全国课本合计出版78 281种，总印数343 991万册，总印张27 294 304千印张，定价总金额3 301 730万元。

（一）大专及大专以上课本出版种数最多

大专及大专以上课本出版48 126种，与上年相比，种数增长22.12%。其他依次为中学课本6 307种，种数增长22.12%；业余教育课本6 288种，种数增长66.26%；中专、技校课本6 151种，种数增长22.12%；教学用书6 134种，种数下降19.19%；小学课本5 267种，种数增长30.21%；扫盲课本8种。

（二）中学课本的出版总印数最多

2011年，全国中学课本出版168 160万册（张）。其他依次为小学课本121 815万册（张），大专及大专以上课本33 207万册（张），教学用书9 119万册（张），中专、技校课本7 456万册（张），业余教育课本4 228万册（张），扫盲课本6万册（张）。

（三）业余教育课本的总印数增长最快，教学用书的总印数下降最多

2011年，全国业余教育课本总印数增长31.43%；中学课本与上年相比，总印数增长22.12%，小学课本总印数增长16.97%，中专、技校课本总印数增长10.82%。

教学用书的总印数下降24.94%。其次为大专及大专以上课本，其总印数下降5.69%。

（四）小学课本的定价总金额最多，业余教育课本总定价增长速度最快

2011年，全国小学课本的定价总金额为1 247 800万元，与上年相比，总定价增长20.32%；大专及大专以上课本972 202万元，总定价增长0.16%；教学用书651 738万元，总定价下降29.68%；中学课本152 064万元，总定价

增长 0.05%；中专、技校课本 144 168 万元，总定价增长 15.77%；业余教育课本 49 万元，总定价增长 64.80。

六、2011 年全国各地区图书出版情况分析

（一）品种数

2011 年全国图书出版品种最多的是北京（含中央和北京市属），共有 167 942 种（其中中央 161 243 种，北京市属 6 699 种），其他依次排序在前十名的是：上海 21 744 种、江苏 17 951 种、吉林 15 963 种、湖北 11 122 种、湖南 10 162 种、辽宁 9 885 种、山东 9 638 种、浙江 9 492 种、四川 8 081 种（见图 3）。

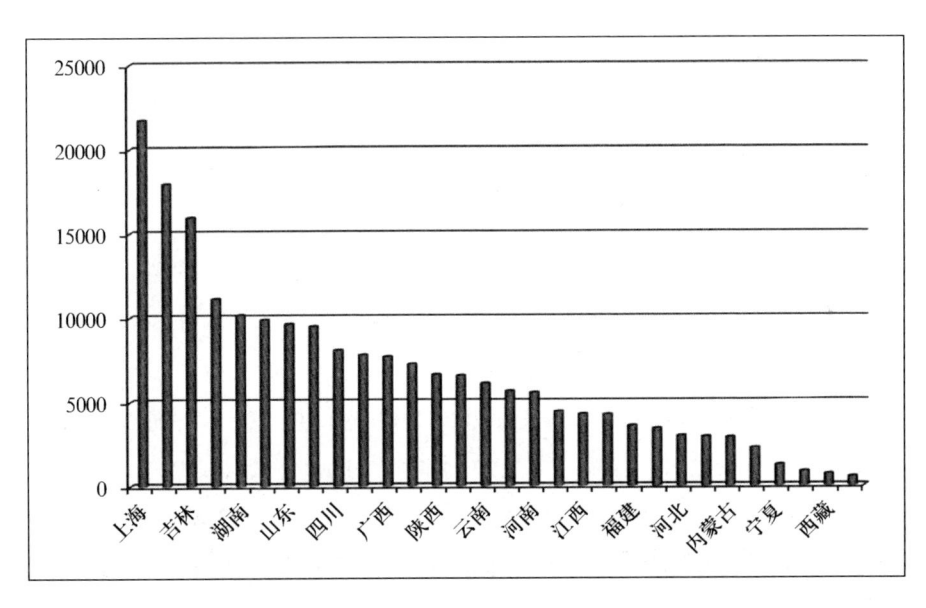

图 3　2011 年全国各地区图书出版品种数（单位：种）
（注：图内未包括大北京地区）

（二）总印数

2011 年全国图书出版总印数最多的也是北京（含中央和北京市属），共有 225 969 万册（其中中央 215 393 万册，北京市属 10 576 万册）。其他依次排序在前十名的是：江苏 56 818 万册、山东 39 203 万册、湖南 34 723 万册、浙江

32 608 万册、上海 29 552 万册、广西 26 820 万册、湖北 26 087 万册、安徽 25 185 万册、四川 24 787 万册（见图 4）。

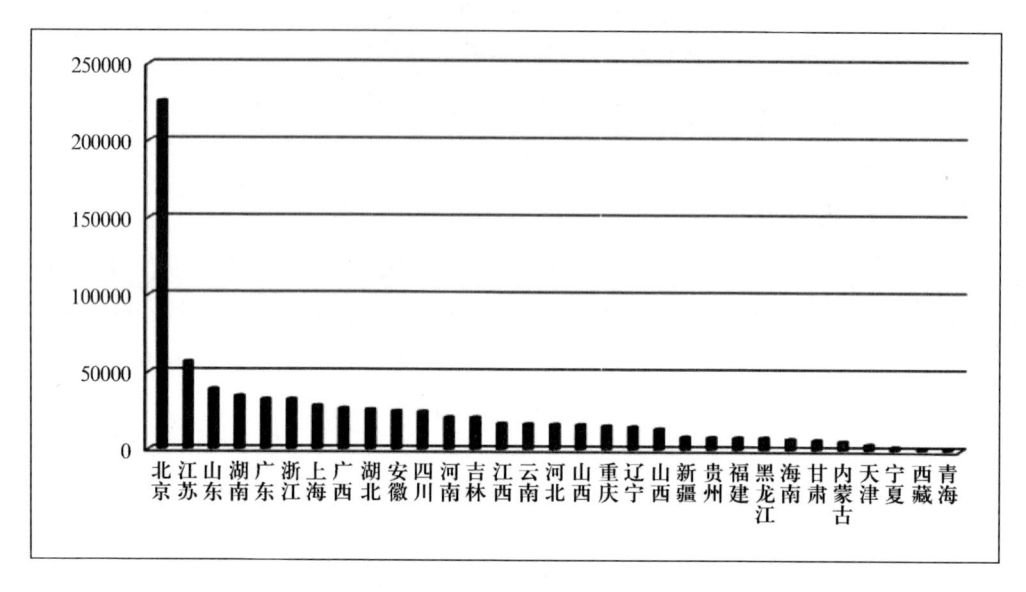

图 4　2011 年全国各地区图书出版总印数（单位：万册）

（三）总印张

2011 年全国图书出版总印张数最多的也是北京（含中央和北京市属），共有 86 720 834 千印张（其中中央 23 269 545 千印张，北京市属 1 035 727 千印张），其他依次排序在前十名的是：江苏 3 757 934 千印张、上海 2 712 188 千印张、山东 2 558 202 千印张、广东 2 354 474 千印张、湖南 2 242 620 千印张、浙江 2 106 467 千印张、湖北 1 965 882 千印张、吉林 1 863 846 千印张、安徽 1 863 056 千印张、四川 1 794 896 千印张（见图 5）。

（四）定价总金额

2011 年全国图书出版总金额最多的也是北京（含中央和北京市属），共有 4 611 082 万元（其中中央 4 412 703 万元，北京市属 198 379 万元，其他依次排序在前十名的是：江苏 599 350 万元、上海 562 261 万元、湖南 371 345 万元、山东 353 351 万元、吉林 341 284 万元、浙江 323 218 万元、湖北 310 567 万元、广东 303 353 万元、安徽 273 467 万元、广西 239 665 万元（见图 6）。

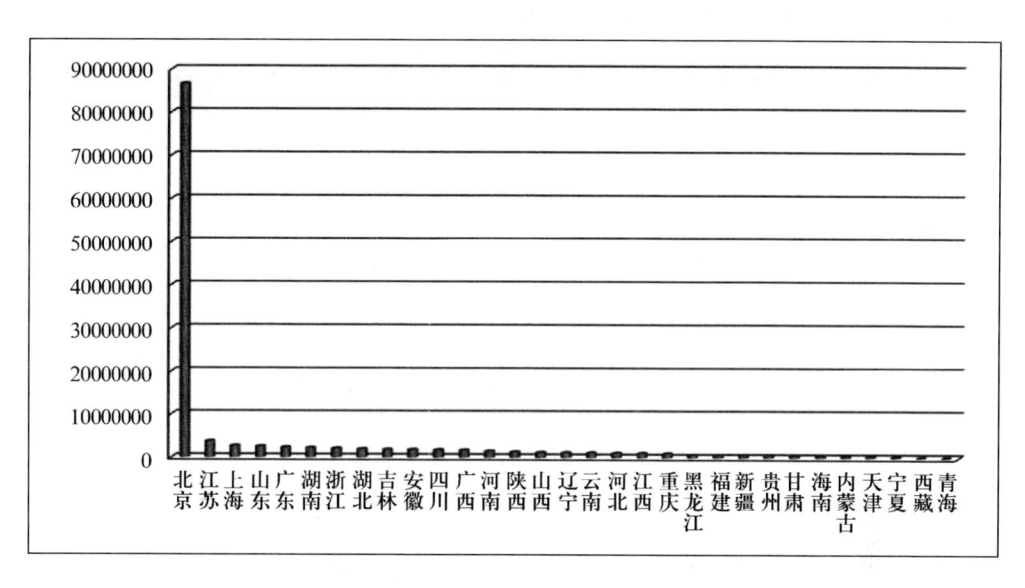

图5 2011年全国各地区图书出版总印张数（单位：千印张）

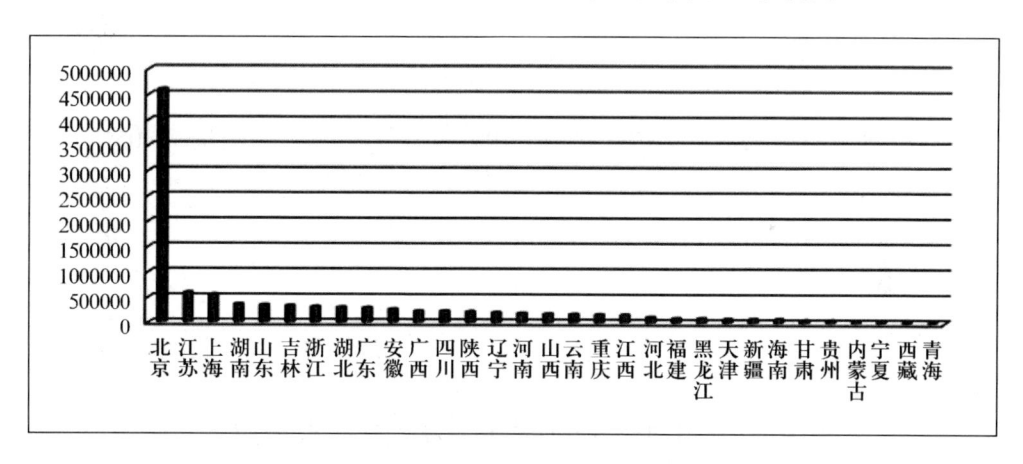

图6 2011年全国各地区图书出版定价总金额（单位：万元）

七、2011年全国各类出版物中图书零售情况分析

2011年，全国新华书店系统、出版社自办发行单位出版物总销售178.17亿册（张、份、盒）、1953.49亿元；全国新华书店系统、出版社自办发行单位纯销售65.78亿册（张、份、盒）、653.59亿元；与上年相比，数量增长

1.80%，金额增长 8.95%。

2011 年，全国新华书店系统、出版社自办发行单位各类图书的零售数量和金额、所占零售总量的比重如下：

1. 哲学、社会科学类图书 2.18 亿册、36.86 亿元，占销售数量 3.67%、销售金额 6.33%。

2. 文化、教育类（含教辅读物）图书 22.49 亿册、215.38 亿元，占销售数量 37.78%、销售金额 36.98%。

3. 文学、艺术类图书 2.01 亿册、28.78 亿元，占销售数量 3.38%、销售金额 4.94%。

4. 自然科学、技术类图书 1.50 亿册、28.34 亿元，占销售数量 2.52%、销售金额 4.87%。

5. 少年儿童读物图书 1.51 亿册、17.86 亿元，占销售数量 2.54%、销售金额 3.07%。

6. 大中专教材、业余教育及教参 0.97 亿册、17.11 亿元，占销售数量 1.62%、销售金额 2.94%。

7. 中小学课本及教参 26.23 亿册、199.27 亿元，占销售数量 44.05%、销售金额 34.22%。

8. 其他类图书 1.36 亿册、15.21 亿元，占销售数量 2.29%、销售金额 2.61%。

八、2011 年全国图书出版进出口分析

2011 年，全国图书进出口贸易活跃，无论是进口还是出口，都呈现增长的趋势（见表6）。

全国图书出口 878 174 种次、855.76 万册、3 276.61 万美元；与上年相比，种次下降 3.85%，数量增长 21.00%，金额增长 1.38%。

全国图书进口 1 042 288 种次、754.85 万册、11 666.91 万美元；与上年相比，种次增长 29.30%，数量增长 32.76%，金额增长 24.09%。

表6 2011年全国图书进出口情况

	出口			进口		
	种数（种次）	数量（万册、份）	金额（万美元）	种数（种次）	数量（万册、份）	金额（万美元）
图书合计	878 174	855.76	3 276.61	1 042 288	754.85	11 666.91
哲学、社会科学	201 653	101.52	752.50	276 618	117.99	2 476.69
文化、教育	181 888	158.08	571.18	165 089	180.25	2 037.88
文学、艺术	208 855	144.66	650.66	168 122	138.23	1 690.11
自然、科学技术	89 654	57.99	345.88	252 027	134.63	3 414.30
少儿读物	64 657	205.23	280.61	63 665	78.66	629.25
综合性图书	131 467	188.27	675.77	116 767	105.09	1 418.68

九、2011年全国图书出版经济总量分析

2011年，全国图书出版实现营业收入644.4亿元，较2010年增长19.8%；增加值225.3亿元，增长4.8%；利润总额94.2亿元，增长22.2%（见表7）。

表7 2011年全国图书出版总量及变化情况

总量指标	数量（亿元）	较2010年增减（%）
营业收入	644.40	19.80
增加值	225.28	4.76
总产出	669.14	19.08
利润总额	94.24	22.15

（作者为中国新闻出版研究院调查统计中心副主任）

2012年农家书屋工程全面竣工农村新闻出版公共服务体系基本建成

陈含章

农家书屋工程是党中央、国务院确定的,由新闻出版总署组织实施的国家重点文化惠民工程。2012年8月,全国最后一批农家书屋建设完成,农家书屋工程全面竣工,建成农家书屋60多万家,提前三年完成了"农家书屋村村有"的建设目标,基本解决了农民"读书难、看报难"的问题。李长春同志作出重要批示,指出农家书屋工程建设开创了社会主义新农村文化建设的新局面,其竣工标志着覆盖全国农村的新闻出版公共服务体系基本建成。

一、工程建设概况

农家书屋工程自2005年年底开始试点,经过几年的紧张建设,到2012年竣工,覆盖了全国具有基本条件的行政村。全国各级财政共投入资金120多亿元(其中,中央财政专项资金58.56亿元),社会投入资金60多亿元,共建成农家书屋600 449家,配送图书9.4亿册、报刊5.4亿份、音像制品和电子出版物1.2亿张、影视放映设备和阅读设施60多万套[1]。按照不同时期的建设特点,大致可以将农家书屋工程建设分为以下四个阶段。

(一)试点建设阶段(2005~2006)

从2005年年底开始,甘肃、北京、贵州等省市开始对农家书屋进行试点

---

[1] 柳斌杰:开创农家书屋工程建设新局面,中国新闻出版报,2012.9.28。

建设。2005年12月17日，甘肃省首批15家农家书屋在兰州、定西、天水等地正式挂牌启用，标志着农家书屋工程建设试点工作正式启动，农家书屋实现了零的突破。2006年2月，刘云山同志对甘肃省实施农家书屋工程情况做了批示："农家书屋可作为'十一五'文化建设的一项工程"。7月，新闻出版总署在甘肃省兰州市召开"全国新闻出版服务社会主义新农村建设工作座谈会"，强调要以农家书屋工程建设为契机，建立和完善服务"三农"出版物出版发行工作平台。9月，中央办公厅、国务院办公厅印发了《国家"十一五"时期文化发展规划纲要》，提出要按照"政府资助建设，鼓励社会捐助，农民自我管理，市场运作发展"的要求，支持农民群众开办农家书屋。

这一阶段，全国共建成农家书屋2 550家。其中2005年建设225家，2006年建设2 325家。

（二）全面推开阶段（2007~2008）

2007至2008年，中央财政正式下达资金，新闻出版总署开始在全国组织兴建农家书屋，工程建设全面推开。2007年3月，农家书屋工程首次写入《政府工作报告》。新闻出版总署、中央文明办、国家发展和改革委员会、科技部、民政部、财政部、农业部、国家人口和计划生育委员会联合下发《关于印发〈"农家书屋"工程实施意见〉的通知》，要求在全国开展农家书屋工程建设，标志着工程全面推开。8月，中共中央办公厅、国务院办公厅印发《关于加强公共文化服务体系建设的若干意见》，将农家书屋工程列入国家重点实施的五项重大公共文化服务工程，要求到2010年建成农家书屋20万家，2015年基本覆盖全国所有行政村。

这一阶段，中央财政共投入农家书屋专项资金6.23亿元，其中2007年下达中西部补助资金1 000万元；2008年下达中西部补助资金6亿元，安排东部奖励资金1 280万元。全国共建成农家书屋56 157家。其中，2007年建设18 830家，2008年建设34 777家。

（三）全面提速阶段（2009~2011）

2009年2月，新闻出版总署向李长春、刘云山、刘延东等中央领导同志呈报《关于加快进度、提前完成农家书屋工程建设的请示》。李长春、刘云山同志分别做出重要批示,明确要求农家书屋工程建设"加大力度、加快进度",推动了农家书屋工程建设全面提速。12月,新闻出版总署召开全国农家书屋工程建设中西部地区经验交流会,新闻出版总署柳斌杰署长强调必须站在新的历史起点上,充分认识加快农家书屋工程建设的重要性和紧迫性,打好农家书屋工程建设的攻坚战。财政部副部长张少春明确将加大财政投入,以确保提前完成农家书屋工程"十一五"规划。2010年上半年,农家书屋工程"十一五"规划提前完成。5月,新闻出版总署、财政部下发《关于提前启动"十二五"时期农家书屋工程建设的通知》,明确要求从2010年起提前启动"十二五"时期农家书屋工程建设工作,到2012年年底基本实现农家书屋覆盖全国所有行政村的目标。

这一阶段,中央财政共投入农家书屋专项资金40.69亿元,其中2009年下达中西部补助资金7.27亿元;2010年下达中西部补助资金20.61亿元,东部奖励资金5 130万元;2011年下达中西部补助资金10.78亿元,安排东部奖励资金1.51亿元。全国共建成农家书屋504 406家,覆盖了80%的行政村。其中,2009年建设77 117家,2010年建设137 675家,2011年建设233 457家。北京、天津、辽宁、吉林、上海、江苏、广东、重庆、宁夏等9个省(区、市)实现了全覆盖。

(四)全面竣工阶段(2012)

2012年是农家书屋工程竣工之年,工程建设进入最后攻坚和收尾阶段。1月,柳斌杰署长在全国新闻出版工作会议上提出要"高标准完成农家书屋工程建设任务"。5月,新闻出版总署下发《关于开展农家书屋复查确保农家书屋工程圆满竣工的通知》,要求各地全面复查,完善农家书屋建设,确保所有农家书屋出版物配备达标,全部投入使用,确保圆满竣工。8月,农家书屋工程全面竣工,提前三年完成建设任务。9月,全国农家书屋工程建设总结大会在天津成功举行,柳斌杰署长发表了题为《开创农家书屋工程建设新局面》的报告,74家全国农家书屋工程建设突出贡献单位、531个全国示范农家书屋、521名农家书屋管理员受到表彰。自此,农家书屋工程建设工作全部完成。

这一阶段,全国共建成农家书屋96 043家,农家书屋工程全面竣工,总共建成农家书屋600 449家(见图1)。

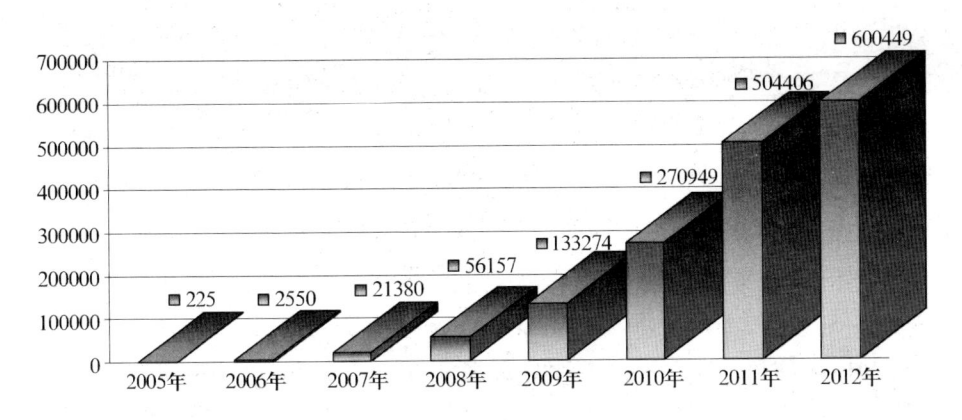

图 1　农家书屋工程建设形势图（单位：家）

农家书屋工程建设先后 16 次被写入中央文件和政府工作报告，2008 至 2010 年连续三年被写入"中央一号文件"。胡锦涛、温家宝、李长春、习近平、回良玉、刘云山、刘延东、李源潮等中央领导同志多次视察农家书屋，给予具体指导。从新闻出版总署到地方各新闻出版局，从出版行业到社会各界，几年来参与建设者投入无数心血，保质保量完成，终于填补了新闻出版公共文化服务在农村的空白。农家书屋工程是当之无愧的"民心工程"、"德政工程"。

二、书屋的管理、使用与效果

农家工程建设完成，并迅速投入使用，丰富了农村文化资源，保障了农民基本文化权益，培养造就了一批新型农民，对实现公共文化服务均等化、促进社会主义新农村建设、推进全民阅读发挥着重要的作用。2012 年农家书屋竣工之际，中国新闻出版研究院"农家书屋跟踪研究"课题组在新闻出版总署农家书屋办公室的协助下，开展了农家书屋建设评估工作，形成了评估报告。其中，通过调查研究，对书屋的管理、使用和效果做了客观反映和评价。

（一）书屋的管理

调查显示，各地农家书屋管理有方、运转有序。书屋出版物上架陈列，对出版物进行了分类、编号、登记造册，按要求悬挂了标牌，《农家书屋管理规定》、《出版物借阅制度》、《管理员岗位职责》等各类管理制度齐全。

大部分书屋管理员都经过县级及以上新闻出版部门的培训，能够做到主动管理和服务，组织开展多种读书活动。农家书屋管理员的培训工作，组织主体以各省新闻出版局为主，各地、市、县文体局具体组织。培训时间主要是利用农闲期间，分期分批进行，采取灵活的培训方式，以提高业务技能与服务水平为宗旨。据不完全统计，截至工程竣工，全国31个省（区、市）累计组织召开管理员培训活动8 072次，培训管理员515 419人次。

农家书屋管理员的身份构成大致包括村干部、退休教师、村民、大学生村官、残疾人、退休返乡干部、退伍军人等类型，主要为兼职，没有报酬。其中，以村干部兼任为主，这一类型管理员占到了73%（见图2）。而由大学生村官来担任管理员，农家书屋的管理水平比其他人担任管理员的要高。管理员的学历从小学到硕士研究生都有，高中毕业的最多，约占1/3。

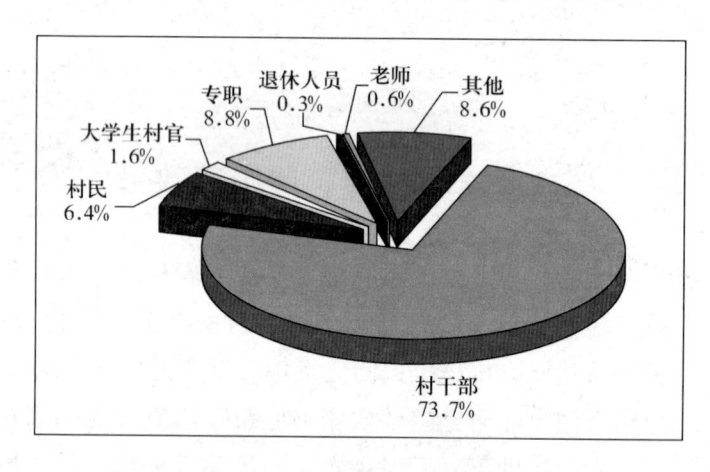

图2　农家书屋管理员结构图

大多数农家书屋管理员为义务奉献，没有报酬。只有少数的农家书屋管理员能获得一些补贴，如山东、浙江等经济条件较好的地区，由村集体为农家书屋管理员发放补贴。江西省选聘具有一定能力的残疾人担任书屋管理员，采取政府购买公益性岗位的方式解决管理员报酬。这种普遍没有报酬的情况在一定程度上影响了管理员的投入时间和工作积极性，有待进一步解决。

（二）书屋的使用

综合中国新闻出版研究院的抽样调查及新闻出版总署的统计数据，农家书屋有固定开放时间的占71.8%，无固定开放时间的占6.4%，农闲时有固定开放时间、农忙时随叫随开的占21.8%。农家书屋固定开放时间保证的比较好，平均每周开放时间30.77小时，平均每天开放1~3小时的占23.7%，3~5小时的占28.8%，5小时以上的占47.5%。开放5小时以上的差不多占到了一半，有接近50%的书屋可以保证农民有比较充足的阅读时间。

农家书屋阅读主体71%为中年、青年人，10%为老年人，19%为少年儿童。书屋平均每天来借阅的人次1~5人的占44.2%、6~10人的占37.8%、10人以上的占18%。陕西省对已经建成的部分农家书屋阅读情况的调查回访显示，大多数农家书屋自建成以来图书借阅次数都在1 000人次以上，占所在村人口的50%。2007年在已建成农家书屋的地区，人均6.7次/年的使用频率，与城镇公共文化设施中公共图书馆6.5次/年、社区阅览室6.9次/年的人均使用频率基本相当。农家书屋让很多农民和城镇居民一样，逐渐养成了读书的习惯。2011年在已建的农家书屋行政村，46.5%的村民表示使用过农家书屋。从使用频次来看，24.6%的村民表示每月至少使用一次农家书屋。平均来看，人均每年使用农家书屋10.35次，比2007年的使用频率提高了54.5%。

在开展读书、培训活动方面，截至工程竣工，全国以及地方共举办了各类读书推广、培训活动32 746次，受益人数达25 621.2万人次。

总体上，农家书屋基本上能保证开放时间，书屋使用率较高，能够较好地满足农民群众的阅读需求。大部分书屋组织过各种培训和读书活动，较好地发挥了农家书屋的功能。也有个别书屋存在"重建轻管"的现象，不重视农家书屋的宣传和使用，造成书屋利用率低，有待进一步加强管理。

（三）书屋的效果

农家书屋工程实施以前，农村新闻出版公共服务基本一片空白，广大农民群众长期处于"买书难、借书难、看书难"的困境之中。据统计，在工程实施以前，农村家庭人均有用图书数量，如果不包括儿童教材，人均拥有只有0.1册。许多地方的农民，尤其是偏远山区的农民，读书条件、文化知识来源极其匮乏，足可用"文化荒漠"来形容，有近十年没有买过一本书的家庭不计其数。有些农民家庭为了给孩子购买课外读物、辅导用书，不得不翻山涉水赶几十里路，到附近的县城去购买。农家书屋工程实施以后，农家书屋在全国60万个行政村扎下文化之根，填补了农村新闻出版公共服务空白，保障了农民读书看报的基本文化权益，农民人均拥有图书数量达到1.13册，增长了10倍以上。更重要的是，这些农家书屋建在农民群众家门口，交通便利，因此深受农民读者的欢迎。

"农家书屋跟踪研究"课题组选取东、中、西部地区有代表性的省市，向当地村民发放调查问卷，调查农民对农家书屋的使用情况和满意度。结果显示，当前农家书屋是农村普及度高、农民最多、最常去的公共文化场所，农家书屋良好的阅读环境和不断完善的服务，较好地满足了农民群众的精神需求，读书、看报正逐渐成为农民的日常文化活动。在已建成农家书屋的行政村，村民对农家书屋的满意度达66.01%，其中21.41%的村民表示非常满意。

农家书屋的核心是要通过完善农村公共文化体系、培育公共文化空间，帮助广大农民树立文化自觉，推进新的乡村文化形态的形成。农家书屋建成以后，农民读书、看报的机会增多了，文化科技素质也在潜移默化中得到增长，一些有理想有追求的农村有志青年，如获得"我的书屋，我的家"——2010年全国农家书屋阅读讲演活动特等奖的青岛新市民书屋管理员陈明钰，宁夏永宁县胜利乡陆坊村农家书屋管理员、残疾女作家陆梦蝶，借助农家书屋的平台，实现和提升了自身的价值。文化的浸润有一个缓慢的过程，农家书屋对乡村风尚、对民族道德的整体提升也将是必然而然的。

三、未来发展

农家书屋覆盖地域广泛、影响人数众多、意义影响深远。如何在完成其建设任务以后管理好、使用好、维护好，并与时俱进实现可持续发展，是社会各界一直关心的问题。农家书屋建设部门且建且思考。经过几年的探索，农家书屋可持续发展思路基本形成。对于施政部门，可以重点从以下三个方面努力。

（一）建立农家书屋出版物更新淘汰机制，保证财政持续投入

农家书屋与"村村通"、文化信息资源共享工程等公共文化服务项目"一次投入、长期使用"的特点不同，农家书屋作为以实体出版物为主的文化服务平台，需要不断有新书补充，才能具有持久的吸引力并发挥作用。图书的使用寿命一般是3～5年。因此对内容过于陈旧、污损严重、借阅率较低的出版物，应给予淘汰，同时补充更新。这是各地呼吁最多、希望切实解决的问题。建议有关部门对图书进行20%的更新，报、刊进行100%的更新，适当补充音像电子出版物，以确保已建农家书屋有效发挥基层公共文化服务的作用。

目前，中央财政"十二五"期间安排了农村文化建设专项资金，每个农家书屋每年可以获得2 000元的补充。这为农家书屋的长效发展提供了保障。然而这些资金用于出版物的更新是不够的，况且目前农家书屋1 500册图书的配置标准并不高。因此，还需要鼓励有经济条件的省（市、区）支持农家书屋出版物更新，逐步形成多元投入机制。也可通过差异化配书等措施，形成书屋之间、书屋与图书馆之间定期交换图书，资源互通共享的机制，充分发挥财政资金的最大价值。用于图书轮转所产生的管理费用，地方财政部门应给予考虑。

（二）适当补贴管理员，建立稳定、高效的农家书屋管理员队伍

在后续资金保障的基础上，建立农家书屋长效机制，最重要的就是要解决好"人"的问题，以及和人相关的报酬问题。这是事关长远的根本问题。"人"的问题解决不好，再好的安排和设计到基层都难以得到落实。因此必须实现书屋管理员相对"专职"化，并在编制、工资待遇等方面出台政策，予以保证。唯有如此，才能稳定管理员队伍，才能调动管理员的工作积极性，书屋管理、使用等多项任务才能真正落到实处。

在推动解决"人"和报酬的问题上，应推动地方制定加强农家书屋管理员队伍建设的政策文件，明确管理员的录用、职责、培训和待遇等。当前，可借助中央加强创新社会管理、十七届六中全会和十八大召开的有利契机，将书屋管理员纳入村级组织建设中，设立文化专管员一职，综合负责村里的文教事业，管理包括农家书屋在内的文体设施，明确待遇标准，定岗定责。建议有关

部门按照农村放映员的补贴标准，给每个书屋管理员500元/月补贴，具体由各地因地制宜解决。

（三）建设数字农家书屋，构建农村数字阅读体系

近年来，数字出版技术日趋成熟，人们的阅读形式也随着发生了巨大的变化，手机、掌上电脑等新型多媒体阅读终端层出不穷，人们对数字读物的接触率逐步提高。许多青年农民的阅读方式也正经历着和城市居民一样的变化，数字阅读已经成为阅读方式转变发展的潮流与趋势。要使农民共享新闻出版业发展的最新成果，就要进行数字农家书屋的建设。与传统出版物相比，数字出版物具有传播便利迅速、不受地域和时间的限制、出版成本低、占用空间小、信息量丰富、节约印刷耗材、媒介形态多样等优点。这些优点正好可以用来解决农家书屋出版物数量有限、不能及时更新，以及边远地区报刊投递速度过慢等问题。数字农家书屋可以弥补实体农家书屋的不足，与实体农家书屋共生共存，共同构建农村数字与传统两大阅读体系，占领农村数字文化高地。

近两年，贵州、湖北、陕西、江苏、云南等多个省市利用卫星、互联网、有线电视网络等技术进行数字农家书屋试点建设。然而，目前这些数字农家书屋拥有的数字内容有限、接受的方式单一、覆盖的范围较小，难以真正吸引农民进行数字化阅读，尚未完全发挥数字传播的优势。数字农家书屋应是一个全国性的、公益性的，集书报刊、影视、视频、动漫、资讯为一体的农民阅读大平台。这是一项浩大的工程，非单个企事业单位所能及，需要政府主导。因此，建议有关部门如农家书屋工程一样，将数字农家书屋工程列入国家重点文化建设工程，科学设计，积极推进。

作者为中国新闻出版研究院市场（发行）研究所副编审

2012年政府资助出版物的概况及趋势

刘兰肖

在党的十七届六中全会提出努力建设社会主义文化强国的基础上，党的十八大又对扎实推进社会主义文化强国建设作出了重要部署。建设社会主义文化强国，实现中华民族伟大复兴，需要一批引领全球思想创新、科技创新的具有世界影响力的出版精品作为强力支撑。近年来，我国政府对于精品出版物的支持力度不断加大，范围逐步拓展，方式更加多样。这不仅有利于贯彻党和国家在文化方面的战略意图，又能够通过经济手段，发挥政策导向作用，深化新闻出版体制改革，促进产业发展和事业繁荣。这里，笔者仅据有限材料，对2012年政府资助出版物的情况做一概要回顾和梳理，以期加深对这一领域发展趋势的了解和认识。

一、政府资助出版物的总体情况

目前，我国中央财政面向新闻出版的专项资金共有十个。其中有六个专项资金是涉及对出版物的资助。一是支持中国出版"走出去"的"经典中国国际出版工程"；二是支持少数民族出版物的"民文出版专项资金"；三是支持文化积累传承的"古籍整理出版专项经费"；四是支持动漫出版物的"原动力中国原创动漫扶持计划"；五是以支持产业发展为目标的新闻出版改革发展项目库；六是以扶持出版精品为目标的国家出版基金。另外四个专项资金分别是：少数民族新闻出版"东风工程"、农家书屋工程、新闻出版重大科技工程、新闻出版行业领军人才工程。

从资助方式来看，除了国家出版基金采用基金资助的方式外，其他五个均属于政府直接资助。从资金来源来看，这些专项资金均由中央财政按年度拨付，其中有所不同是新闻出版改革发展项目库，它仅具有项目储备功能，入库项目是否给予资助以及资助额度，由国家发改委、财政部等有关方面审批确定。从资助力度来看，上述六个专项资金的投入都在逐步增加。截至2012年年底，"经典中国国际出版工程"累计资助金额超过了6 000万元，年度资助金额从每年2 000万元增加到4 000万元；国家出版基金累计资助金额达到了12亿元，年度资助金额从每年2亿元增加到3亿元。

从资助对象来看，这些专项资金的资助方向都各有定位。其中，国家出版基金目前主要资助的是图书，也包括少量多媒体出版物；中国原创动漫出版扶持计划则主要是针对动漫出版物的资助。除了国家出版基金资助项目的选题范围覆盖相对全面以外，其他几个专项资金资助项目的选题都有所侧重。例如，"经典中国国际出版工程"面向的是"走出去"项目；"民文出版专项资金"面向的是少数民族文字出版物；"古籍整理出版专项经费"面向的是古籍整理项目。

从2012年各个专项资金的资助情况来看，8家出版社的92个项目获得2012年度古籍整理专项经费资助，总资助金额达到1 780万元；"经典中国国际出版工程"新增资助项目91个，累计已资助了347个项目、949种外向型图书；新闻出版改革发展项目新入库项目437个，累计入库项目达到979项；2012年民文出版专项资金共支持了83个民文出版项目和2个"走出去"项目；原动力中国原创动漫出版扶持计划从622个申报项目中遴选了80个项目进行扶持。

从立项和管理情况来看，上述六个专项资金均采用专家评审方式遴选和确定资助项目，并加强了对项目实施情况的监督检查和质量管理。其中，"经典中国国际出版工程"成立了专门的评审专家委员会；新闻出版改革发展项目库建成了集网络申报、专家评审、后台检索、数据分析、实时更新为一体的综合性数字化平台，实现了对重大项目的动态跟踪和常态管理；民文出版专项资金起草了《民文出版专项资金资助项目评审暂行办法》，制定了《2012年民文出版专项资金资助项目评审方案》，规范了项目申报和评审程序；古籍整理专项经费和资助项目的管理也逐步加强，2012年分期分批对获资助项目进行了质量检查。另外，为确保立项质量和项目成果质量，各个专项资金都注重顶层设计,通过与国家有关规划的有机衔接,达到"优中选精"的目标。例如,国家出版基金项目资助在继续与新闻出版总署"十二五"重点图书选题规划相衔接的同时,2012年实现了与新闻出版改革发展项目库的衔接,以期推出一批重点工程,做出一批有国家水平的图书;古籍整理出版专项经费与《2011~2020年国家古籍整理出版规划》实现了全面衔接;新闻出版改革发展项目库与《国家"十二五"时期文化改革发展规划纲要》和《新闻出版业"十二五"时期发展规划》相结合,初步建立了项目统一评审入库、分类监督指导、多方共同支持、信息互联互通的工作机制。实践证明,这种做法能够实现"优中选精",既保证了立项质量,也较好地体现了政府的政策导向。

二、2007~2012年基金资助的实践探索

在一些发达国家,由政府成立基金会,以基金资助的方式对精品出版物予以扶持,已经形成了一整套完善的运行机制。在我国,基金资助的实践探索才刚刚开始。2007年,为适应我国文化体制改革的新形势,加强公共文化服务体系建设,繁荣发展公益性出版事业,借鉴发达国家和我国科学领域基金制管理的成功经验,以中央财政预算拨款为主,设立了国家出版基金,对国家重大出版工程项目、马列专著、党和国家重要文献、少数民族文字出版物、盲文出版物、"三农"读物、少儿科普读物等体现国家意志、传承中华文明、弘扬时代精神,真正能够造福当代、惠及后世的精品出版物给予支持。国家出版基金正式运行五年来,在国家出版基金管理委员会和新闻出版总署的领导下,推出了一批具有重大学术价值、文化价值、社会价值的文化精品,有了一定的社会认知度和影响力,引领方向、促进发展的作用逐步显现出来。

(一) 基金管理体制和运行机制日趋规范

与一般财政专项资金不同的是,出版基金具有稳定性强、结余留用、专设机构、管理严格规范等特点,有助于建立政府对出版业投入的长效机制。从管理体制来说,新闻出版总署、财政部等部门联合成立的国家出版基金管理委员会(以下简称"基金委"),负责审定国家出版基金管理规章制度、资助项目

及资助金额,决定与国家出版基金管理有关的其他重大事项等;经中央编制办公室批准成立的国家出版基金规划管理办公室(以下简称"基金办"),负责基金管理日常工作;省部级主管部门负责对所属出版社的基金项目申报和实施情况进行监督管理,从而形成了从基金委、基金办、省部级主管部门一直到项目承担单位的管理体制,初步实现了对国家出版基金的规范管理。从运行机制来说,国家出版基金自设立以来不断加强制度建设,出台了《国家出版基金资助项目管理办法》、《国家出版基金财务管理办法》、《国家出版基金项目评审暂行办法》、《国家出版基金评审专家管理暂行办法》、《国家出版基金资助项目绩效管理暂行办法》等一系列制度性文件,逐步建立起客观公正的专家评审机制、严格规范的项目监管机制、奖罚分明的绩效考评机制和合理明晰的经费使用机制,在一定程度上保证了所有资助项目按照规定的程序运作。

1. 评审程序公开透明,确保项目遴选客观公正

国家出版基金实行自愿申请、公平竞争、专家评审、基金委审批的立项制度,经过五年探索完善,已经逐步形成了一套比较完备、规范的评审程序。这套程序包括主管部门初核、基金办复核、专家评审,评审后公示、公告,基金委最终审定等环节,每一个环节都按规定的程序公开透明地运行,评审过程还接受财政部、审计署和中纪委监察部驻总署纪检组监察局的全程监督。在工作程序上,基金改变了"当年立项、当年拨款"的方式,实行"上年评审立项、当年及时拨款";在评审方式上,在坚持按照初评、复评、终评三个阶段实行专家评审的基础上,采取申报单位和评审专家"双向匿名"和重大项目现场答辩的操作办法;在专家管理上,在不断加强评审专家库建设的同时,严格执行专家随机抽取分组、回避、保密以及诚信档案管理制度,保证了评审程序公平、评审结果客观公正。实践证明,这样的程序比较严谨规范,能够较好地保证立项质量和水平,得到了有关方面的高度认可。

2. 实施全程绩效管理,确保项目进度和成果质量

为了确保项目顺利实施、打造出版精品,国家出版基金率先引入了现代绩效管理理念,于2012年4月出台了《国家出版基金资助项目绩效管理暂行办法》,初步建立起贯穿项目立项、年检、结项和成果使用全过程的绩效管理,对所有资助项目逐项进行绩效考评。根据《绩效管理暂行办法》,对考评结果为"优秀"的项目给予通报表扬,给予相关项目单位增加下年度申报项目名额

的奖励；对考评结果为"不合格"的项目，取消项目单位申报下年度国家出版基金的资格。这种奖罚分明的激励约束机制，有助于加强项目单位在强化项目进度管理、成果质量管理和经费管理等方面的积极性和主动性，切实提高项目质量。

3. 积极参加国内外大型活动及书展，逐步扩大使用效益和社会影响

在成果管理方面，基金办与《光明日报》、《中国新闻出版报》等媒体合作，定期推出国家出版基金专版，形成了常态化的成果推介机制。特别是2012年深圳第八届文博会开设的"国家出版基金成果展"专区，集中展示了国家出版基金资助的108个项目3 000册图书，李长春、刘云山等中央领导同志视察后给予了充分肯定。在同年7月举办的香港国际书展上，国家出版基金成果展也取得了较好成效，特别是通过举行座谈会以及把参展图书全部赠送给香港公共图书馆和香港大学图书馆等活动，使更多华人了解国家出版基金所代表的国家文化形象，扩大了基金的社会影响。

（二）资助项目立项和成果质量逐步提升

截至2012年年底，国家出版基金共组织了五次年度专家评审，遴选资助了903个项目，已有400多个项目推出了成果。这些项目大体有四个特点：

1. 资助数量逐年递增，规模结构趋于合理

从各年资助项目看，资助数量连年递增，2012年正常评审资助205项，基金规模也从2008年的每年2亿元增加到3亿元。从903个已资助项目看，资助金额在300万元以上的111个，占12.3%；100万~300万元的项目179个，占20%；100万元以下的项目613个，占67.7%，这个比例每年在逐步上升，体现了适度控制规模，鼓励支持中小型原创项目导向的落实。为了提高立项质量和水平，基金资助工作与"十二五"国家重点图书出版规划进行了很好的衔接。在2011年和2012年资助的390个项目中，列入"十二五"国家重点图书出版规划的就有209项，占53.6%。

2. 选题方向逐步清晰，载体形式趋向多样

从资助项目选题来看，国家出版基金坚持职能定位，突出国家意志，逐步形成了"马克思主义理论研究和建设、宣传和普及"、"社会主义核心价值体系研究和建设"、"经济社会发展"、"中华文化建设"、"哲学社会科学"、"自然

科学与工程技术"、"对外交流"七大重点资助方向，为更好地遴选精品、促进基金健康发展打下了良好基础。从资助项目形式看，在重点支持纸质图书出版的同时，为鼓励出版题材、出版形式和传播载体等方面的创新，基金还资助了音像制品、电子出版物和多媒体出版项目61个，占资助总数的6.7%。

3. 区域覆盖面不断扩展，对西部地区的资助力度不断加大

从获得资助项目的分布情况看，中央各主管部门组织申报的共396项，占43.9%；地方主管部门组织申报的共507项，占56.1%，覆盖了全国30个省级新闻出版行政部门所属的近400家出版社。特别是西部地区有115个项目获得资助，占总数的12.7%，资助总额累计达到1.65亿元。

4. 项目成果不断推出，基金社会效益日渐突显

从已经推出的400多个项目成果看，无论图书内容、体裁，还是装帧、印刷质量，总体可称优秀，相关社会影响也在不断扩大。比如，《历史的轨迹：中国共产党为什么能？》首版销量突破20万册，并被翻译成英、法、德、韩、西等文字，受到国内外读者普遍欢迎；《星火燎原全集》、《费孝通全集》等十个项目，获得了我国新闻出版领域的最高奖——中国出版政府奖；《无障碍电影》、《托起明天的太阳·青少年素质教育译丛》等一批面向民族地区、基层农村及特殊群体的项目成果，通过单位免费赠送、全民阅读活动以及农家书屋等形式入校园、入社区、入农村、入牧区，充分体现了国家出版基金的公益性质，产生了很好的社会反响。

三、拓展基金资助的有关建议及努力方向

由于成立时间较短，国家出版基金的运行机制仍然处于不断探索、完善的过程中，需要在今后的实践中不断拓展。

1. 拓展资助方式，提高选题质量

从申报和立项方式来看，国家出版基金目前只面向出版单位，实行的是自下而上申报项目的方式，即由各出版单位"自愿申请、公平竞争"。从这几年的申报评审情况来看，受申报项目数量的限制和利益驱动的影响，出版单位往往倾向于申报一些出版规模较大的项目，具有创新价值、但市场前景不很理想

的中小型精品项目还不够多。从学术发展本身的规律来看，高水平原创性作品大多是由个人独立完成的，更容易在中小型项目中产生，因此应严格控制大型项目，鼓励、提倡中小型项目，尤其对原创性单册著作加大资助力度。2012年的申报指南对出版单位申报中小型精品项目给予了引导，资助额度在500万元以上的大型项目的比例逐渐减小，100万元以下的中小型项目的比例逐渐提高，特别是资助额度在20万元以下的原创性精品项目数量逐渐增多。但从申报项目总体情况和基金长远发展来看，在目前比较单一的申报方式之下，要改变这种现象，还需进一步拓宽精品项目渠道。一方面，对于一些关系党和国家大局、关系经济社会全局的重大选题，可以从国家层面进行顶层设计，再通过招投标确定出版单位的办法予以实施；另一方面，对于一些原创价值较高、已有成稿的项目，可以由作者提出申请，经专家评审立项后，招标确定出版单位。这样，就把自下而上的申报与自上而下的总体策划结合起来，不仅可以使国家出版基金走上可持续发展的道路，也更有利于国家出版基金体现国家意志、服务国家大局的职能定位。

2. 拓展资助范围，推进体制改革

期刊作为出版物，也属于国家出版基金的资助范围。根据《国家出版基金管理办法》的规定，那些公益性较强、市场盈利能力较弱的学术期刊，也应当作为基金资助主要对象。但目前的实际情况是，出版基金对5000种学术期刊的出版环节资助，一直处于职能缺位状态。在目前已有其他财政专项资金对学术期刊进行资助的情况下，国家出版基金还有必要扶持期刊出版。因为随着出版改革的深化，有关期刊单位将与原管理部门脱钩，自然会失去上级主管部门的一些专项资助。而国家出版基金面向所有学术期刊出版单位，正可形成一个必要的补充和相对稳定的财力支撑。因此，应把基金对期刊出版扶持与进一步深化出版管理体制改革结合起来，与期刊经营的市场化、专业化、规模化、集约化紧密结合起来，建立学术期刊扶持长效机制。

3. 扩大成果使用，提高基金社会效益

新闻出版总署柳斌杰署长在基金委两次全体会议上强调：国家出版基金是中央财政资金，是新闻出版公共服务的重要组成部分，必须取之于民，用之于民，扩大效益，服务社会。五年来，国家出版基金始终坚持公益性原则，在成果使用方面不断探索，将项目成果管理纳入绩效管理之中，要求出版单位对出版基金资助项目成果实行低价入市，每个基金项目要拿出 300 套用于免费赠送。参加香港国际书展期间，基金办还把参展图书全部无偿赠送给香港公共图书馆和香港大学图书馆。但从实际成效来看，由于没有形成规范的运行体制和约束机制，低价入市原则没能得到较好贯彻，免费赠送的方式也还没有常态化开展。为此，亟需研究出台一个项目成果管理的办法，对项目成果低价入市提出具体制度规定，明确供社会公众免费使用的范围和途径，以期最大限度发挥项目成果的社会效益，使国家出版基金真正惠及国家、惠及全民，在促进社会主义文化大繁荣大发展中发挥更大的作用。

（作者为国家出版基金规划管理办公室综合处处长）

2012年新闻出版人才队伍建设发展状况报告

刘晶晶　刘拥军

人才是我国经济社会发展的第一资源。新闻出版行业丰富的高智力内涵，决定了人才在新闻出版业发展过程中的特殊地位和重要作用。随着新闻出版业的不断发展，新闻出版人才队伍规模不断壮大、总体素质不断提高。党的十八大报告中提出扎实推进社会主义文化强国，推动社会主义文化大发展大繁荣，兴起社会主义文化新高潮。文化强国建设人才队伍是关键。在新的时期，新闻出版人才队伍建设面临着新机遇，同时也面临着新挑战。认真把握新机遇和新挑战，开创新闻出版人才工作新局面，是新闻出版强国建设的重要一环。

一、新闻出版人才队伍的总体现状

2012年，新闻出版总署召开了全国新闻出版（版权）人才工作会议。在总署人才工作领导小组的领导下，新闻出版（版权）人才队伍建设工作取得了较大进展，当前的新闻出版人才队伍在总量、结构、素质等方面对新闻出版业的改革和发展发挥了不可或缺的重要作用。特别是近几年来，人才队伍呈现出年轻化、高素质化、综合型的良好趋势。

根据新闻出版总署产业发展司发布的《2011年新闻出版产业分析报告》，目前全国新闻出版行业直接就业人数为467.4万人（不包含数字出版、版权贸易与服务、行业服务与其他新闻出版业务单位就业人员），加上数字出版、版权贸易与服务、行业服务与其他新闻出版业务单位就业人员，总就业人数超过510万人，较2010年增长1.02%，其中男性246.2万人，女性221.2人，分别占全行业直接就业人数的52.7%和47.3%，男女比例基本平衡。2010年和2011年各产业人才数据如下：

1. 图书出版：2011年全国图书出版业就业人数为6.72万人，2010年全国图书出版业就业人数为6.39万人，环比增长5.16%，占总就业人数比重为1.44%。

2. 期刊出版：2011年全国期刊出版业就业人数为10.61万人，2010年全国期刊出版业就业人数为8.72万，环比增长21.67%，占总就业人数比重为2.27%。

3. 报纸出版：2011年全国报纸出版业就业人数为24.75万人，2010年全国报纸出版业就业人数为23.44万人，环比增长5.59%，占总就业人数比重为5.30%。

4. 音像制品出版：2011年全国音像制品出版业就业人数为0.51万人，2010年全国音像制品出版业就业人数为0.50万人，环比增长2.00%，占总就业人数比重为0.11%。

5. 电子出版物出版：2011年全国电子出版物出版业就业人数为0.19万人，2010年全国电子出版物出版业就业人数为0.22万人，环比增长-13.64%，占总就业人数比重为0.04%。

6. 印刷复制：2011年全国印刷复制业就业人数为351.85万人，2010年全国印刷复制业就业人数为349.40万人，环比增长0.70%，占总就业人数比重为75.28%。

7. 出版物发行：2011年全国出版物发行业就业人数为72.44万人，2010年全国出版物发行业就业人数为72.98万人，环比增长0.08%，占总就业人数比重为15.50%。

8. 出版物进出口：2011年全国出版物进出口业就业人数为0.33万人，2010年全国出版物进出口业就业人数为0.32万人，环比增长3.13%，占总就业人数比重为0.07%。

通过上述数据分析可以得知，在整个新闻出版人才队伍中，印刷复制队伍最大，其次是发行队伍，再次是编辑出版、新闻等内容加工队伍。由于新闻出版业具有智力密集型的特点，在整个新闻出版人才队伍中，编辑人才、经营管理人才以及复合型人才是最核心的人才，全国编辑、出版、新闻人才也已经具有相当的规模。

二、新闻出版人才队伍建设的特点

(一) 人才队伍规模不断扩大

新闻出版行业人才队伍规模总体增长。新闻出版总署出版产业发展司发布的《2011年新闻出版产业分析报告》数据显示增长率为1.4%左右，尤其是核心人才的数量不断提高。深入分析，主要有几方面原因。

1. 出版体制改革的不断深化培养了一批专业化的出版管理人才。随着全国出版体制改革的不断深化，出版单位全面进入转制时代，步入了加速发展的快车道，原有的传统出版人才已不能满足产业升级和企业发展的要求。在这一新形势下，迅速催生了一批具备市场观念、企业意识和运营能力的出版管理人才。他们不仅熟悉现代出版规律，同时具有数字化出版技术、资本运作等专业能力。

2. 新闻出版业集团化带来人才资源整合。新闻出版业的集团化始于20世纪80年代。《2011年新闻出版产业分析报告》显示，截至2011年，经国务院、新闻出版总署或省级新闻出版行政部门批准的中央、各省、自治区、直辖市和副省级以上城市的集团共有119家，其中报业集团47家、出版集团33家、发行集团27家、印刷集团12家，新闻出版集团的市场控制能力不断加强，集团正在成为真正的市场主体。以往人才资源作为单独的个体引进后往往分散在各个单位，管理分散、联系不强，所起到的作用和效果不十分明显。集团化之后，这种情况有了改变，智力资源集中优化，优势互补，创造出"1+1>2"的效益。这种良好的氛围有助于人才队伍的进一步发展壮大。

3. 传统出版业向数字化转变造就了一批复合型人才。数字化出版是大势所趋。在近年出版社转企改制以及数字出版迅猛发展的大背景下，出版业的人才需求也在向着懂出版、懂市场又懂数字技术的复合型方向转变。在这样的形势下，不少传统出版人才或IT从业者纷纷转型，同时很多高校也在积极培养符合数字化出版需要的复合型人才，这为数字化出版市场提供了人才保障。

（二）新闻出版业人才队伍素质和能力不断提高

随着学历教育和行业培训水平的提高、内部培养机制和用人机制日益完善，人才流动机制日趋优化，人才培养的制度化、规范化的不断推进，新闻出版人才队伍特别是新闻出版系统骨干和中坚力量的综合素质和能力不断提高。

一是人才队伍知识层次有了明显的提高。这主要表现在学历层次的提高和具备专业职称的人员增多。"四化"（集团化、数字化、专业化、市场化）的趋势，对人才队伍的要求提高，尤其是对编辑人才和出版管理人才等核心人才的要求提高。

二是随着新闻出版业从业资格制度的逐步确立和完善，获得职业资格证书的从业人员比例渐渐上升，持证上岗已经成为新闻出版行业准入的重要门槛。据出版专业职业资格考试办公室统计，自2002年9月首次全国出版专业技术人员职业资格考试至今，全国共有12万余人参加了出版专业职业资格考试，4.6万余名出版专业技术人员通过考试取得出版专业初级或中级职业资格。

（三）领军人才作用凸显

近年来，新闻出版总署深入贯彻落实中央关于加强高层次人才队伍建设的要求，始终把高层次人才培养作为人才工作的重中之重。总署积极组织推荐"四个一批"人才，落实"四个一批"人才培养规划，实施新闻出版行业领军人才工程，遴选新闻出版行业领军人才，培养新闻出版业的拔尖人才，形成了一支在新闻出版领域有重大影响、作用突出的领军群体。

2012年10月31日，全国新闻出版行业第三批领军人才遴选工作会议召开。新闻出版总署副署长孙寿山指出，开展全国新闻出版行业领军人才选拔工作，就是要遴选一批行业高层次带头人，通过充分发挥领军人才在推进行业改革发展中的中坚力量和在行业人才队伍建设工作中的引领作用，推动行业人才工作再上新台阶，为新闻出版大发展大繁荣提供强有力的人才支撑。遴选推出的领军人才为行业的引领之人，他们发挥示范和带头作用，为行业发展做出了巨大贡献。以湖南"出版湘军领军人物"龚曙光为例，几年前，他带领中南传媒集团改制成功上市，挂牌首日涨30%，股票市值达到248亿元，成为出版传媒板块资产规模最大、股票市值最高的新龙头。中南传媒成为 2011 年中国企业 500 强唯一进榜的文化出版企业。

（四）新闻出版业职业建设取得新成绩

十余年来，新闻出版总署着力构建以企业（法人）准入、市场准入、职业准入、岗位准入为基础的新闻出版管理工作"四大准入"新体系。其中，职业准入、岗位准入都与人才工作和队伍建设紧密相关。

1. 建立新闻出版从业人员职业资格准入制度，规范新闻出版单位用人标准，实行职业准入和岗位准入。要以职业准入和岗位准入为抓手，不断完善新闻出版专业技术人员的职业资格认定制度。在人才队伍建设中将服务与管理相结合，通过实行社会考试评价、资格准入控制、政府注册登记、强化监督管理、从业进出有序的政策，建立正常的人员淘汰机制，使严重违规人员自动"出局"，实现对从业人员的规范管理和正确导向。对出版专业技术人员全面实行登记注册管理；对于现行体制外的优秀人才，通过登记注册将其纳入管理之中；对新闻记者实行职业资格准入制度；对发行企业负责人实施以法规达标考试为基础的职业准入制度等，从而形成较为完备的新闻出版职业准入制度体系，促进新闻出版从业人员的专业化和职业化。

2. 开展出版专业技术人员职业资格考试。自 2002 年起，新闻出版总署与人事部每年组织一次全国出版专业技术人员职业资格考试，统一命题、统一考试、统一阅卷。11 年来的实践证明，出版专业职业资格考试制度的建立，一方面使出版专业技术人员的能力水平、评价机制更加科学、客观、公正，另一方面也使广大青年出版专业人员加强了出版专业知识系统全面的学习，素质得到较为全面的提升。出版专业职业资格考试已成为全国出版行业普遍接受和认可的重要的人才选拔活动。

3. 开展出版物发行员和发行师职业技能鉴定。自 2000 年初新闻出版总署组织召开新闻出版行业特有工种职业技能鉴定工作会议至今，全国已有 28 个省、市、区建立了新闻出版行业职业技能鉴定站，建立了素质过硬、基本满足培训和鉴定需要的培训教师、考评员、督导员、管理员队伍。截至目前，全国共有 10 100 余人取得出版物发行员职业技能鉴定登记证书。2009 年，新闻出版总署办公厅颁布了《关于开展出版物发行师职业技能鉴定工作的通知》，并在 2009 年开展了出版物发行师鉴定试点。新闻出版总署教育培训中心于 2009 年 4 月 15～18 日举办了首期全国出版物发行师职业技能鉴定师资培训班。截至 2012 年，共有 1 500 余人取得了出版物发行师职业资格证书。

4. 组织新闻出版行业职业大典修订工作。2010 年 12 月，在人力资源社会保障部、国家质检总局、国家统计局等部门的领导下，国家职业大典修订工作启动，新闻出版总署承担了新闻出版行业的职业分类修订工作。2012 年 11 月，《新闻出版行业职业分类修订》意见稿已经提交国家职业大典修订办公室。本次大典的修订不仅体现了近十年来行业的发展与职业变动，而且还具有前瞻性。修订后的内容从根本上解决了 1999 版大典中存在的问题，并充分反映了新闻出版行业职业的现实情况。在此基础上，职业分类大典的修订考虑了未来行业的发展，新增了新职业、新专业、新工种，为行业职业的发展预留了一定的空间，引导新闻出版人才队伍建设，在职业建设和人才建设方面，形成与新闻出版业相互促进、协调发展的良性格局。同时也满足对行业人力资源管理、职业教育培训和人才评价等方面的需求，促进行业人力资源开发与利用。

（五）行业内培训工作取得新成绩

为提高行业领导干部的整体素质和业务能力，新闻出版总署继续加大干部教育培训工作的力度，不断完善新闻出版单位领导干部持证上岗制度，对重要出版单位领导干部和出版单位的重要干部实行组织调训，使干部教育培训工作规范化、制度化。自 1995 年 12 月底新闻出版总署、中央宣传部、国家教委、人事部联合颁发《关于在出版行业开展岗位培训实施持证上岗制度的规定》以来，全国新闻出版行业开展了广泛的岗位培训活动。通过实施岗位培训，使新闻出版广大领导干部提高了自身的业务水平和履行岗位职责的能力。新闻出版行业岗位培训也成为加强新闻出版管理的重要手段。新闻出版总署教育培训中心的数据显示：2011 年，新闻出版业共举办岗位培训班 14 期 26 个班，培训学员 1 935 人；2012 年，新闻出版业共举办培训班 11 期 26 个班，培训学员 1 667 人。

三、新闻出版业人才队伍建设的机遇与挑战

当前,新闻出版业既面临着严峻的挑战,又处于重大战略机遇期。在新的历史起点上,新闻出版业肩负着更加艰巨而重要的历史使命,在维护国家文化安全、传播社会主义核心价值体系、促进经济增长、发展先进文化、创建中华民族文化家园、构建和谐社会等方面发挥着越来越重要的作用。与此相适应,新闻出版人才队伍建设也面临着新的机遇和挑战。

(一)新闻出版人才队伍建设面临的新机遇

党的十八大报告提出扎实推进社会主义文化强国建设,并对文化强国建设作出了重大部署。新闻出版业作为文化的主力军,改革发展进入了新阶段,为新闻出版人才队伍建设提供了良好的机遇。主要有五个方面。

1. 党的十八大坚定了新闻出版人才队伍建设的思想自信

党的十八大报告指出,"中国特色社会主义道路、中国特色社会主义理论体系、中国特色社会主义制度,是党和人民九十多年奋斗、创造、积累的根本成就,必须倍加珍惜、始终坚持、不断发展。"道路自信、理论自信、制度自信,是每一个新闻出版人才都必须树立的基本信念。党的十八大明确了新闻出版人才在思想政治上的发展方向,并以更加自觉、更加自信的姿态引导着新闻出版人才成长。

2. 新闻出版强国建设为新闻出版人才队伍指明了发展方向

新闻出版强国建设是社会主义文化强国建设的重要方面,按照新闻出版强国发展战略,"十二五"期间,新闻出版业将年均增长20%左右,同时,发展方式将发生重大变化,在传统产业稳步发展的同时,新型业态将快速发展。发展方式的变化、产业结构的变化、产品结构的变化、技术方式的变化、渠道和传播方式的变化,等等,为新闻出版人才的发展指明了方向。

3. 新闻出版业与其他行业融合加快,为行业人才提供了更加宽广的舞台

近几年,新闻出版业通过改革、通过技术进步,已经走上市场,加快了产

业发展与行业融合的速度。连带相关产业的不断发展，需要大批的人才投入其中，开发新的领域，研究新的发展途径，推动产业更快发展，各类人才都能在这里找到自己发挥作用的天地。传统出版向新型出版转型使人才类型由过去的编辑、发行等单一类型向多元类型转变。

4. 体制改革不断深化，人才机制不断完善，为人才发挥作用提供了更加通畅的平台

新闻出版体制改革不断深化，激活人才的体制机制基本形成，一大批人才在改革过程中脱颖而出。"十二五"期间，随着深化改革步伐的加快，更适合市场经济的新闻出版体制机制不断完善，更多的单位能够开放竞争、能上能下、能出能进，实现优胜劣汰规则，给更多的人才提供了脱颖而出的机会。党的十八大对新闻出版体制改革的进一步深化提出了新要求。下一步，新闻出版体制改革的重点将在大多数新闻出版单位转企改制的基础上，着力推进"三改一加强"，着力实现出版与科技的融合，着力创建新的流通体系和传播体系，着力推动"走出去"。在改革不断深化的新时期，新闻出版人才有着更加广阔的发展天地。

（二）新闻出版人才队伍建设面临的新挑战

新闻出版人才队伍建设既有新机遇，也有新挑战。挑战同时也是机遇，要积极应对挑战，化挑战为发展的新机遇。主要有三个方面的挑战。

1. 出版业内容创新对人才队伍的挑战。出版行业是内容产业，以创新为灵魂的特殊性决定了它的特质就是创新，而创新靠的是人才。新闻出版业的发展正处于战略机遇期，但在出版繁荣的背后，创新能力不足，"无效出版"严重；出版品种效益不高，同质化现象、跟风炒作现象突出。要解决这些问题，关键是要培养高素质人才，创新型人才。只有创新，才有中国出版业的未来；只有创新型人才的大量涌现，才能够实现新闻出版强国之梦。

2. 新闻出版业转企改制对人才队伍的挑战。出版单位转企改制后，企业主体地位不断强化，市场竞争加剧，培养和网罗各类人才是新闻出版业的当务之急，高素质的人才队伍将成为竞争最后的"王牌"。转制需要人才，转制后的发展更需要人才。转企改制后，出版业最缺乏的有四类人才：一是具有战略

思维和实务操作经验的高层次管理人才；二是具有强烈的职业敏感性和创新意识并具有较强社交活动能力的策划人才；三是具有全新经营理念，能准确把握市场发展态势的经营人才；四是熟悉国内外图书市场的版权贸易人才。因此，转企改制对人才队伍提出了严峻的挑战。

3. 新闻出版业国际化对人才队伍的挑战。新闻出版总署于2011年4月出台的《新闻出版业"十二五"时期发展规划》提出，使新闻出版产品、服务、企业、资本"走出去"，扩展版权输出与对外合作出版的区域和范围，提高版权输出质量。在"走出去"政策引领下，我国的版权输出在最近几年取得了较大的进展；与此同时，中国巨大的市场也引起了国外出版商的重视，一些国外的出版机构通过设立办事处或与国内出版社合作的方式进入中国。在全球出版市场竞争中，中国出版业的发展面临严峻的挑战，国际化人才将是我国新闻出版业在国际竞争中不断提高竞争力和实力的关键因素。

当前，新闻出版业人才结构现状与新闻出版业的国际化所需人才差距体现在如下几个方面：一是传统出版人观念跟不上时代步伐；二是高水平翻译人才严重缺乏；三是熟悉版权贸易和国际贸易规则的人才较少；四是缺少熟悉西方文化的出版人才。

四、进一步加强人才队伍建设的对策建议

2013年，是学习贯彻落实党的十八大精神的关键一年，是实施"十二五规划"承上启下的关键一年。要进一步加强人才队伍建设，为新闻出版业的改革发展提供更加有力的人才保障。

（一）进一步深化人事制度改革

新闻出版企业要按照现代企业制度的要求加快进行人事制度改革，逐步转变计划经济时代的人事管理模式，创新人力资源管理。新闻出版事业单位要按照国家有关规定，深化人事制度改革，分级、分类设岗和聘人。加快制定新闻出版企业人才培养规划，建立健全人才培养、使用和激励机制，确立企业在人才培养中的主体地位。要对紧缺急需人才在职称评定、领军人才评选、进修深

造等方面优先考虑,给予扶持,使新闻出版业形成人才辈出、人尽其才、才尽其用的生动局面。

(二)建立行业人才交流体系

加快新闻出版人才交流中心建设,形成人才市场机制,打造紧缺急需人才社会流动平台。发挥市场配置人才资源的基础作用,建立人才流动常态机制。在新闻出版业比较发达的地区建立新闻出版人才交流中心,破除体制内外人才相互封闭的状况,坚持"不求所有,不求所在,但求所用",吸纳社会优秀人才。建设新闻出版人才交流中心是紧缺急需人才实现行业内外交流的重要通路,是紧缺急需人才队伍建设工作的新举措和重要抓手,要科学规划、合理设计、加快建设。

五、加强对紧缺急需人才的培养

从新闻出版业现状和发展趋势看,在整个新闻出版强国建设进程中,加强对紧缺急需人才培养是新闻出版人才队伍建设的重点。新闻出版业紧缺急需人才主要有四类。

1. 新媒体出版人才

随着媒介融合的发展,以数字化内容、数字化生产、网络化传播为主要特征的现代内容产业是大势所趋,电子报纸、电子期刊、网络文学、网络数据库、手机报纸、手机期刊、手机小说等新型数字出版业态将得到大力发展。但目前的现实是,与新媒体发展趋势相适应的新媒体出版人才极度匮乏,针对上述情况,应加强新闻出版业新媒体人才的培养,为新闻出版业迎接新媒体带来的机遇和挑战提供智力支持和人才保障。

2. 现代经营管理人才

随着新闻出版单位转企改制的基本完成,大多数新闻出版单位已经成为市场主体,由事业性单位变为经营性企业,对现有的新闻出版人才提出了严峻的挑战,既懂业务又懂经营的现代经营管理人才严重不足。要充分利用社会教育资源,大力开展现代经营管理人才的培养;同时,要改革分配制度,加大引进现代经营管理人才的力度。

3. 创意策划人才

新闻出版业的市场化决定了编辑由单一加工型向策划型转变，策划在整个新闻出版业务工作中居于龙头地位，决定着新闻出版业务的方向。在媒介融合趋势下，策划工作不仅涉及选题策划、内容设计、出版运作、营销策略、品牌推广等多个方面，而且要具有规划多种媒介平台的能力，依内容特性开发出纸介质、有声介质、影像介质、数字介质等各种形式的出版物产品。要大力培养创意策划人才，特别是要大力培养多介质出版物产品的复合型创意策划人才，促进新闻出版业创新发展。

4. "走出去"人才

未来几年新闻出版业"走出去"将取得重大进展，新闻出版国际型人才的需求将会持续上升。国际型人才主要包括对外交流人才（主要是从事新闻出版对外交流活动的外语类人才）、版权贸易与出版物贸易人才、国际化经营管理人才等。国际型人才目前主要以版权贸易与出版物贸易人才和对外交流人才为主。要高度重视国际化经营管理人才的培养，要建立健全国际合作培训机制和国际化培养平台，鼓励支持经营管理人才"走出去"。

（四）做好人才基础建设

要增加新闻出版人才培养专项资金额度，加大资助紧缺急需人才培养项目的力度，建立国家、地方、企业三级人才培养机制，调动地方和新闻出版单位对人才培养工作的积极性，充分发挥各级新闻出版培训机构、高等院校、新闻出版高级人才和紧缺人才培养基地的作用。

（五）培养造就大家、名家

新闻出版大家、名家的培养与造就关乎国家文化软实力的提升，关乎新闻出版强国目标的实现，关乎新闻出版业未来发展的高度与层次。党的十八大报告提出，要造就一批名家大师和民族文化代表人物。名家大师和民族文化代表人物既是文化繁荣发展的标志，又是推动文化繁荣发展的重要因素，更是引导广大文化工作者奋发上进的重要动力。在新闻出版业大发展大繁荣的历史进程中，一定会造就出新闻出版大家、名家，但同时也需要我们有意识地营造造就大家、名家的环境,鼓励和支持新闻出版人才成为大家、名家。要完善新闻出版大家、名家培养开发、评价发现机制,在现有的人才成长、选拔、使用体制和评价体系中,进一步加大对高级人才的支持力度,对重点人才的业绩贡献及时大力宣传,提高重点人才在业内和社会的影响力,为优秀出版人才脱颖而出、施展才干创造有利的制度环境,培养无愧于这个伟大时代的新闻出版大家、名家。

(刘晶晶:中国新闻出版研究院人才研究中心科研人员;刘拥军:中国新闻出版研究院副院长)

书展，走向书香中国的驿站

——2012 上海书展观察

庄 建

"这个夏天，上海这座城市因阅读而成为全世界最美的城市。"著名作家莫言在 2010 上海书展开幕式上说的这番话，由于 2012 年上海书展，让更多的人有了体悟。

2012 上海书展送走最后一位读者已经半年了，可她至今还是上海读者、全国出版界颇有谈兴的话题。

从 2004 年开始举办的九年中，致力于推动城市阅读的上海书展，在前行中一次次蜕变，一次次涅槃：曾经的沪版图书看样订货会，"蜕变"为区域性地方书展，继而在 2011 年水到渠成，成功升格为全国性重要文化展会，并加设"书香中国"上海周，作为全国全民阅读活动的示范平台，由新闻出版总署、上海市人民政府共同举办。

九年中，参展出版单位从 170 多家，增加到 500 多家；书展主会场零售额从 1 300 万元，增加到 4 000 多万元；文化活动从 170 余项，发展到 460 余项。这些数字是有力的，但远不如实践来得丰富。上海书展在文化名人的纷至沓来和普通读者的熙来攘往中，实现着书展自身价值的回归。无论是读者通过一本本书走进作家的精神世界、学者的研究领域，抑或在与作家面对面中实现文学向生活的再次回归，阅读，已经成为上海都市生活的重要元素，书展，已经成为全国读者、出版社、作家等最为瞩目的地方。上海的那一段炎热时日，因为书香而致远。

也由此，上海书展成为人们纵观那一年中国出版业发展之时不能忽略的事情，因为，作为中国图书展会的坐标性成果它当之无愧。

一、为什么办书展和怎样办书展

回望2012上海书展,一个问题萦绕心中。这就是书展的意义与价值是什么。

上海书展主办者说,推动全民阅读,打造一座"阅读之城",让书香365天弥漫全城,是我们的文化追求。

上海书展2004年启动之时,就将"我爱读书,我爱生活"的主题,鲜明地写在自己高扬的旗帜上。书展的九年接力,给上海这座城市带来的是新的生活选择,新的城市理想,展示城市精神气质魅力四射的文化空间。"更好的阅读,造就出一个更好的城市。"当这样的书展价值认知成为主办者心中的坚守,推动书展发展就有了原动力与自觉,于是举办书展进入了上海市城市建设,特别是城市软实力建设的议程。

人们看到,时任中共中央政治局委员、上海市委书记的俞正声以普通读者身份亲临书展现场;"读书塑造城市的精神和气质,决定市民的素质和修养。"时任上海市市长的韩正对阅读的价值有了这样的阐述;书展组委会由市委常委、宣传部部长亲自主持;书展筹备和书展新闻宣传成为市政府有关部门、市委宣传部多次专题会议的主题;市各相关部门、各区县积极参与,认真组织、筹划、落实;市新闻出版局全局总动员,将书展子项目的筹备落到实处;上海新闻出版全行业倾情投入、全力以赴。

电视、广播、报纸、网络等多媒体在政府举办的活动中,实现了从未有过的联合协同,上海书展信息得到了大集群、大覆盖式的传播。书展期间,报纸报道1 322篇,电视、广播电台报道120余次;近60家网站参与宣传报道,有29家网站设立2012上海书展专题,发布和转载新闻稿件、图片10 000余篇(幅),视频2 600个,访谈183场,微博12 000条,转载350万次。书展现场设置的演播室,全天候直播书展动态资讯、嘉宾访谈,累计接待嘉宾280余人次,形成线上线下共享书香的良好氛围。高密度、高频率、高质量的新闻报道,使上海书展成为全国关注的文化焦点。一项调查表明,通过电视、网络获悉书展举办信息的读者分别达到49%。"上海书展的展会资讯半年前在上海已经家喻户晓。"一位经历了 2012 上海书展的沪外媒体记者对此感触颇深。

"专业性"是上海书展取得成功的重要原因。由上海市出版协会等专业单位组成的专业运营团队,对新闻出版行业本身有着非常深入专业的理解,熟悉行业的发展趋势,能够站在前沿为参展客户提供专业资讯,为读者提供专业到位的服务。

上海书展以零售功能为主的定位,可以最大限度地吸引读者。书展涵盖的出版物展销、图书订货团购等综合功能,加之对外省市实行零租金招展和零距离进入的优惠措施,则吸引了全国各省市出版发行单位共襄盛举。"上海首发、全国畅销"的首发机制,使书展新书首发式多达 150 余场,由此,上海书展举办时段成为国内一批大社名社安排重点产品生产的重要档期,成为一次次波及全国的阅读潮的发祥之地;"中国书业馆配年会"吸引了全国近 300 家图书馆参与团购,实现销售码洋近 6 000 万元;版权产业馆的设立,吸引了来自日本、韩国等多家境外出版机构和版权代理公司参展。

上海书展时间的确定,同样显示了办展的"专业性"。上海书展为每年 8 月第二个周中到第三个周中举行。周中到周中的选择,为书展周末的高潮提供了预热的时间;而书展晚场的开设,则为读者、特别是白领青年读者提供了盛夏沪上夜晚的绝佳去处。

2012 上海书展多个"首次"的独到设计,更体现了主办者日渐成熟的专业眼光:首次推出包括白领书房、儿童书房、企业家书房、家庭书房等实景书房的"1.0 版理想书房"展示;首次开设了官方微博,增设全场 Wi-Fi 免费全覆盖……而上海在 2012 年 4 月首次出台扶持专精特、中小微实体书店的政策,鼓励开办有特色、有专业性、能够满足老百姓专业阅读需求和选择的书店,更为 8 月整个上海弥漫书香作了最好的预热和铺垫。

"自上海书展升级为国家级展会后,主办方就在思考,本届书展应该以什么模样呈献给读者。这些新的细节就是我们围绕'主动亲民并融入读者生活'目标探索的结果,对此,读者的反响很好。"上海市新闻出版局局长方世忠说。

要让阅读真正走进大众生活,不是喊口号、开会议就可以实现的。上海书展颇具人文关怀的细微设计,正在将"阅读是一种生活方式"的理念送入千家万户。书展,成为提醒人们重拾书本、重温书香的一个标志性场合,人们在那里重新体认阅读的价值,书展倡导阅读、引导阅读、推动阅读,打造"阅读之城"的功能发挥得润物无声。"不搞华而不实的刮风、跟风、炒作,让聚拢在书展的每一个人,每一场文化活动,都感觉到自身处于一个阅读文化共同体之中。这应是办书展的意义所在。上海书展不要做简单的'总装车间',而是要做正面引领人文价值传播的'风向标'"。上海市新闻出版局副局长阚宁辉说出了上海书展的意义所在与成功的根本。

二、在服务读者中实现办展追求

2012年8月21日晚上六时许,来上海探亲的河南人蒋欢和十岁的女儿张硕恋恋不舍地走出青少年馆,成为2012上海书展最后离场的两位读者。工作人员列队展场门口,目送母女俩离去。她们手中拿着的,有刚刚买的五本新书,还有上海市新闻出版局局长方世忠颁发、签署的"荣誉读者"证书与光临2013上海书展暨书香中国上海周的邀请函。

这看上去小小不然的事情,却是中国已经举办过的数百上千次的书展中从没有人做过的。"荣誉读者"颁发给母女俩,温暖却萦绕在每个读书人心头。

还有一件事,也为人们津津乐道。书展开幕前,在浦东张江工作的一位年轻人收到来自上海市新闻出版局的挂号信。信中夹着两张2012上海书展暨"书香中国"上海周的入场券。这小小的馈赠,缘于他在7月21日发出的一条微博:"还在大学时就开始关注上海书展,无奈不在上海,每年只能望书兴叹……今年来到上海工作,终于可以亲身经历一次上海书展。非常期待一个月后与上海书展的第一次亲密接触,希望上海书展给这个浮躁的社会带来一些厚重。"微博中的愿望,被书展主办者注意到,满足了。细微之处,又唤起多少读书人心中的热情。

在上海书展上,读者是至上的,这从不断改进的服务中体现出来。2012上海书展除按惯例在场内继续设置总咨询服务台和若干休闲区、休息区,提供导购、餐饮、轮椅租用、手推车服务、沙发、坐垫、免费雨披、医疗保健、法律咨询、投诉接待、失物招领等便民服务措施以外,首次引入优惠的快递邮政服务、寄书服务；首次实现场内 Wi-Fi 免费上网全覆盖；首次利用上海书展官方微博推出乘车路线、展会活动、新书推介、重要嘉宾、展馆功能以及旅游、天气、医疗等全新的"温馨小贴士"服务；首次推出"上海书展"和"书香上海"纪念印戳；首次实施由百位大学生组成的志愿者——"小橘子"和五十位星级营业员为读者提供温馨贴心又具有专业特色的导购服务。

读者至上，还表现在读者的意见得到充分的尊重。上一届书展有读者提出，卖场太嘈杂，不适宜听讲座与阅读。这一届，展场环境就得到优化，"动"、"静"分离，合理规划活动区域，降低音响设备的分贝，减少场馆喧嚣。于是，很多读者反映"上海书展宁静了"。

读者一点一滴的期待与愿望，被关注、被满足。从中，人们看到了书展主办者的努力与追求。"上海举办书展是要传达一种全民阅读的生活方式。"上海市委宣传部副部长朱咏雷说的这种传达，市民们通过细微之处的服务与改进感觉到了。

从 2012 年 8 月 15 日开始的一周时间，烈日下，风雨中，32 万上海爱书人呼朋引伴，走进书展。读书、淘书、荐书、论书、听讲座、追"偶像"、亲子游……红火自己的节日，享受阅读的愉悦。在平均高达三十五六度的高温酷暑中，32 万读者，将 6 000 万元图书带回家中，人均购书 252 元。

一位记者写道，"'全场八折'的书价优惠显然不是吸引读者的最重要因素。'泡'在书展采访几日，记者发现越来越多的市民更把书展当作一场阅读的盛宴，一次全民的文化节庆。书、作家、各路名人，无疑都是书展上最抢眼的明星。书痴、戏迷、书法迷、动漫迷、游戏爱好者，都可以在这里找到同道。"

"上海市民阅读的热情远远超过想象，而上海书展的形式也和法国等国外书展几乎完全接轨。"这是从法国归来的著名青年钢琴家宋思衡的观感。

"今年书展带孩子来的可真多，周六周日那两天人更多。人挨人，可热闹了，跟菜市场似的。"上海书展少儿馆收款处一位工作人员说。

"没有一个地方的书展可以对普通读者有如此影响力，哪怕是需要买门票，读者还是蜂拥而来。"一位出版界人士对此更是感慨良多。"87% 的受访者是通过购买获得上海书展入场券的"，这一调查数据，也反映了读者对上海书展的认同。

读者对上海书展的满意度也在不断提升。2010年读者问卷调查显示，98.5%的读者表示满意，满意度较前一年上升5%。2011年，读者满意度又略有上升，为98.7%。2012年，受访者对书展满意度达到99%。超过三成的受访者表示首次参观书展，近五成的受访者表示曾参观三届书展或以上，一成半的受访者表示几乎每届都参加。很多受访者认为，书展最为吸引人的地方在于"书源集中，可以获得新书信息"、"书的种类多，价格便宜，集中展示"、"阅读气氛好"、"可以买到自己喜欢的书"、"品种多，有优惠，有和作家见面的机会"、"买书可以打折，选择范围大，舒服的环境"等。

在新浪微博空间，人们留下了对上海书展热情洋溢的寄语与祝福："上海书展有一股迷人的气质，那是读者创造的真正的书香。"（商务印书馆总经理于殿利）"上海书展，我喜欢上海的理由。"（著名作家陈丹燕）"此时的上海，是最美的上海。"（新浪微博网友@苗家女孩）

三、建文化高地四两拨千斤之举

文化品位是上海书展的灵魂。文化品味的高屋建瓴，有效地传达着文化思考，传递着思想、文化、学术"有价值的声音"，使上海书展全国重要文化地标的示范作用彰显。

上海书展的主办方倡导名人"大家"牵手百姓"大家"，共享文化盛宴。英国的大卫·米切尔、乔·邓索恩，日本的石田衣良、阿刀田高，西班牙的苏珊娜·富尔特斯，俄罗斯的克鲁平，马来西亚的黎紫书，中国台湾的吴念真、陈雪，中国内地的莫言、王安忆、刘震云、毕飞宇等茅盾文学奖得主，张大春、苏童、阿城、陈丹燕、朱天心等华语文坛名家，裘锡圭、张维为、葛兆光、张军等700多位国内文化界、经济界、科技界、教育界、医学界、艺术界等社会各界代表荟萃书展；"书香·上海之夏"、书香中国"阅读论坛"、"上海国际文学周"论坛、世纪中国论坛、学术出版上海论坛、上海国际童书嘉年华等100多场高端论坛和文化讲座，打造了不同层次读者和作家、学者"零距离"接触的平台，扩大着上海书展的文化影响力和辐射力。上海书展正在成为以出版和阅读承载高品质文化追求、高端学术研究和中外文化传播三位一体的

"文化高地"。

书展上"天天有精彩的论坛",有时一天会有三五个。各区县图书馆各种讲座的门票每天都是一早就预约一空,而上海图书馆每场1 000张、有时一天两场的讲座门票,书展还没开始时就领完了,很多读者是站着听完全场讲座的。那段日子,求知若渴的读者、市民忙不迭地为听讲座"赶场",上海这座城市每天都有"文化兴奋点"。很多外省市的孩子,由父母带着来上海赴书展之约。参加了2011上海书展的诺贝尔文学奖得主勒·克莱齐奥不禁感慨:"我很感动,没想到我的作品在中国有那么多热情的读者。"

学术论坛受到尊敬与礼遇,是2012年上海书展引人注目的新标高。首届学术出版上海论坛以"学术研究与学术出版"为主题,汇聚全国十余家著名高校、科研院所的知名学者和国内近30家著名学术出版机构的掌门人"海上论剑",就中国学术研究与学术出版的现状、规范化以及未来发展展开深入交流,呼吁加快学术出版规范体系建设。论坛择上海书展举行,意味着举办九年的上海书展,正成为传递最新学术文化观念的前沿平台。

娱乐明星少了,国际级名人大家多了;娱乐的气息少了,读书的气氛浓了;卖书的吆喝声少了,小型讲座多了,学术文化的份量加重了,2012年上海书展的新气象令人兴奋。上海书展在日益提升海内外影响力的同时,营造着城市多元化的阅读格局,在书展现场有限的空间里拓展着参与者的精神空间。诚如勒·克莱齐奥所说:"书籍和文学可以跨越千山万水,将不同的文化联系在一起,使人们增进认同,携手走向未来。"

"上海公众阅读的氛围值得学习和尊重。"新闻出版总署副署长阎晓宏说,我国要推动更多城市举办像上海书展这样有影响力、有文化品位的全民阅读活动。

"什么样的书展才是最美?"上海市新闻出版局局长方世忠的回答是:"展现触动心灵的阅读之美,传承经典的文明之美,海纳百川的城市之美,共享书香的盛会之美。"这是上海书展主办者心中的追求与期许,也是他们脚下的道路朝着的方向。

(作者为《光明日报》高级记者)

主要参考资料：

《关于2012上海书展——暨"书香中国"上海周的总结报告》

《东方网》关于2012上海书展相关报道。

《新民网》关于2012上海书展相关报道。

《上海书展组委会办公室、〈中外书摘〉现场问卷调查》（2010）、（2011）、（2012）

2012年民营书业发展报告

王化冰

一、2012年民营书业总体情况

民营书业是出版业的一个重要组成部分,在国内出版业持续发展的大背景下,民营书业在2012年呈现平稳增长态势。其在社会、产业中的地位和作用正日益得到广泛认同和重视,特别是在传播先进文化、满足广大人民群众日益增长的精神文化需求、扩大就业、培育市场竞争和推动创新等方面发挥着越来越重要的作用,成为我国新闻出版产业增量发展的重要动力。

2012年,民营书业的总体发展有以下主要特点。

(一) 民营书业在新闻出版产业中的比重稳步提升,继续保持平稳增长势头

近20年来,民营书业的企业数量、规模、产值等逐年攀升,已占行业半壁江山。在2011~2012年,民营书业各项经济指标继续增长。根据新闻出版总署出版产业发展司《2011年新闻出版产业分析报告》的相关数据,国有全资和集体企业所占比重超过20%,民营企业[①]所占比重超过75%。具体来说,在131 380家企业法人单位中,国有全资企业19 446家,较2009年增长0.9%,比重占14.8%,减少2.1%;集体企业7 028家,下降10.5%,比重占5.4%,

---

① 由自然人投资设立或由自然人控股,以雇佣劳动为基础的营利性经济组织。包括按照《公司法》、《合伙企业法》、《私营企业暂行条例》以及《个人独资企业法》规定登记注册的私营独资企业、私营有限责任公司、私营股份有限公司、私营合伙企业和个人独资企业。

减少1.5%；民营企业100 023家，增长20.7%，比重占76.1%，增加4.1%。

相关数据显示：在全国15.3万家新闻出版企业法人单位中，民营企业数量占81.2%，较2010年提高5.1个百分点。在印刷复制企业中，民营企业营业收入占86.3%，增加值占85.4%，利润总额占86.5%，较2010年分别提高0.1个百分点、0.9个百分点和1.9个百分点。在出版物发行企业中，民营企业营业收入占62.9%，增加值占67.6%，利润总额占68.7%，较2010年分别提高1.1个百分点、4.1个百分点和2.7个百分点。表明民营企业继续成为新闻出版业一支重要的生力军。[①]

（二）民营企业多元化发展明显

民营书业在2012年大胆进行多元化探索。多元化又分为同心多元与异心多元。同心多元是指企业围绕传媒业进行产业延伸。譬如从图书延伸到杂志、动漫、电影等。像磨铁公司推出《超好看》杂志，禹田文化打造国产动画片《魔角侦探》等。异心多元是指企业进行传媒业外的发展，像辽宁翰文企业集团，不仅书城运营得成功，还在学校建设、物流、房地产等方面多有建树。

（三）国有出版机构强势发展，民营书业谋求合作

在出版社转企改制基本完成的大背景下，出版社成为市场主体，竞争实力不断增强。各地组建出版发行集团，并已经有十几家上市公司。上市企业有国家的政策扶持、雄厚的资金优势、丰富的人才储备和各方面的资源。同时因为上市公司的资金回报压力，所以他们抢占市场的能力日益增强。在此情况下，民营书业的一个最便捷的生存发展之路就是寻求与其联合与合作。

在2012年之前，根据发展的需要和各自的具体情况，大众出版中的民营领军企业已经与国有出版企业进行了各种形式的深层合作，合作的形式是多样化的。像长江出版集团与海豚传媒进行资本联姻，凤凰传媒集团对共和联动的并购，北京出版社出版集团与九州英才成立北教控股等等。可以说，民营国有的资本融合已经日渐深化，这些民营企业已经成为国有书业的一

---

① 新闻出版总署出版产业发展司：《2011年新闻出版产业分析报告》，北京，2011。

分子。

2012年，在教辅新政的影响下，像金星、志鸿等一些知名教辅企业已经选择和人教社合作，金榜苑与获得授权资质的公司紫峰文化合作。这种合作态势在2013年会更加显现。

（四）民营企业数字化转型加快

民营书业是瞄准市场需求应运而生的，所以对于市场天生比较敏锐，善于发现机会。数字出版是出版业未来发展的一个重要趋势，民营企业在2012年数字化转型普遍加速。当当网、京东商城都已经开始电子书上线，志鸿集团与京东联手打造"易学通"，金太阳推进教育数字出版平台，江苏可一公司建设"赶考网"，等等。

（五）为民营书业搭建出版服务平台的工作初见成效

北京出版创意产业园自2010年5月揭牌成立以来，通过整合出版资源，积极为园区内民营图书企业搭建出版服务平台，引导民营企业走向规范稳健发展的道路。[①]

通过出版服务平台，入驻公司的选题质量得到提高，和主管部门的沟通更加顺畅，参加国际图书博览会、参评优秀出版物等活动，园区都会提供资助和补贴。

（六）民营书业积极参与政府工程

民营企业在发展壮大的同时，也在履行社会责任。无论是农家书屋工程，还是"走出去"工程，民营企业都积极响应政府号召，努力参与。

二、面临的形势与问题

（一）教辅出版：产业链发生变化

2011年，新闻出版总署下发《关于进一步加强中小学教辅材料出版发行管

---

① 涂铭：《园区年销售总码洋达70亿》，《北京日报》，2011.12.21。

理的通知》，从出版、印刷、复制、发行、质量、价格、市场等方面明确了规范管理要求。2012年2月13日，教育部、新闻出版总署、国家发展改革委、国务院纠风办联合发布《关于加强中小学教辅材料使用管理工作的通知》。一时间，教辅企业处于各方舆论焦点。

这些文件的出台对民营书业中的重要组成部分——教辅产业，将产生巨大影响。

1. 随着出版社出版教辅资质的准入，出版社的书号资源相对紧缺，出版成本有所上升，这是教辅企业必须要考虑的一个经济因素。

2. 教辅图书只有进入各省的推荐目录，才能实现系统销售，这可以视为一种准入。而文件中提到的，一个学科每个版本选择一套教辅材料推荐给本地区学校供学生选用，这可以视为一种限购。准入与限购的结果是，直接进课堂的教辅的总体规模将大大减少。教辅生产企业既要经过激烈竞争，获得准入，又要成为唯一胜出的产品，竞争程度加剧。

3. 各级价格主管部门加强对教辅材料价格管理。通过价格限制，教辅企业执行多年的"高定价低折扣"的策略会得到遏制和终止，教辅企业的利润空间会迅速下降。

4. 原创教材出版社的授权问题。文件明确规定"根据他人享有著作权教科书编写出版的同步练习册应依法取得著作权人的授权"，人教社和各省出版集团成为最大的受益者，各地的教辅市场会形成更加割据的局势。教辅企业能否获得授权是一个问题，即使获得全国授权也无法顺利进入全国市场。授权成为准入的一个必要条件，维权行动也会进一步加强。

概括来说，两个《通知》的下发，从短期来看，对教辅生产企业和分销企业、零售企业都会产生巨大影响，产业链受到冲击，市场规模大幅缩小，许多企业会遇到生存困难，退出市场。但从长期来看，对教辅产业是一种治理，规范教辅出版，提高教辅质量，如果实施有力得当，会产生正面意义。

在当前形势下，面对市场的压力与挑战，教辅企业可以采取以下应对措施。

1. 合作。教辅企业多年来在市场中摸爬滚打，一些企业已经形成较强的市场竞争力，图书策划科学、产品品质优良、市场营销有力、售后服务周到。而这种综合实力不是一些出版社短期内可以具备的。所以国有民营双方存在充分的合作机会与空间。无论是在产品，还是在销售，都可以展开各种形式的合作，或者联合成立公司。

2. 转型。在以下三个方面可以实现转型。

（1）渠道拓展。以前走直营渠道，也就是直接进课堂的教辅企业可以根据情况变化，尝试走市场零售的路线。

（2）产品延伸。从单一教辅图书生产，可以向少儿、大学、社科图书延伸产品线。

（3）身份转换。从教辅产品生产商可以转型为内容提供商，从产品供应商可以转型为产品代理商或者销售商。

3. 创新。在以下三个方面可以实现创新。

（1）创新产品形态。可以从单一的纸质图书进入教育产品等领域。

（2）创新产品结构。优化调整产品的内容、类型结构和内部结构。

（3）创新产品技术。向数字产品、网络资源转型。

在此，可以大胆预计，经过2~3年的调整期，教辅出版企业，有的会被淘汰出局，有的会调整发展方向，有的则会获得独特的资源优势。

（二）大众出版：增长乏力

考虑到通货膨胀、书价上调的因素，大众出版的产值和规模并没有超过GDP的增长。连续多年高速发展之后，2012年持续增长乏力，增速下降甚至处于停滞状态。从出版的上游，创作源头来讲，创新能力存在不足，有传世价值的作品鲜有出现。从内外部环境分析，原因如下：

1. 读者接受信息的方式在改变。大众阅读分化严重，读者的时间被严重侵占，信息分享来源增多，电视、网络、博客、微博占据了读书人越来越多的时间。

2. 转企改制后，有些出版机构存在观望心态，对未来持有不确定心理，出版大众图书的脚步有所放慢。在2012年，超级畅销书很少出现。

3. 渠道结构发生深刻变化。据实地调研发现，过去新华书店是主渠道，占到40%的份额，民营渠道占30%，网络书店占30%，随着情况变化，传统渠道不断萎缩。在2012年，对于很多出版机构来说，网络书店成为主渠道，占据40%以上的份额。但是，网络书店也存在一些问题：首先，网络书店的一个主要竞争策略是打价格战，折扣压得很低，对上游利润挤压严重。其次，对于重点书、畅销书比较重视，对于一般图书，重视和营销的力度不够。第三，一些综合性网络商城，把图书作为人气商品，吸引一般消费者，以低于图书的进价进行销售，严重干扰了图书的正常销售秩序。

（三）民营实体书店：生存危机

从前几年的席殊书屋、第三极书局，到风入松、光合作用，一家又一家知名民营书店纷纷倒闭。从国内外形势来看，人们接受知识的方式已经在发生不可逆转的改变。在国外，最早是连锁书店的兴盛使一些小型的独立书店大批倒闭，现在则是网络书店的兴起使连锁书店开始倒闭，鲍德斯即是一例。而且在中国，并没有严格意义上的经济实力强大的民营书店主体，所以与新华书店、网络书店相比较，竞争实力更显脆弱。

2011年6月底，中宣部、新闻出版总署、住房和城乡建设部联合下发了《关于加强城乡出版物发行网点建设的通知》，明确提出"将城乡出版物发行网点建设纳入公共文化服务体系、纳入城市公共服务设施建设整体规划、纳入《全国文明城市测评体系》。在城乡建设和文化建设规划中必须保证有足够的网点发行图书、报刊和音像制品，不断完善文化市场服务体系，提高出版物供给能力。"新闻出版总署柳斌杰署长在做客中央电视台两会特别节目时表示，由于受数字化传播和经营成本增加的影响，一些民营书店经营遇到了困难，有的在转型，有的在缩小规模。今后，将采取三项政策措施扶持民营书店发展：一是在出版物销售方面实行减税、免税政策；二是政府财政给专营图书的民营书店以适当补贴；三是在房屋租金方面将出台政策，目前正在沟通协调。

政策扶持到位有周期性，专项资金扶持也是僧多粥少，虽然救得了个别书店一时之急，却解决不了众多实体书店的长远发展问题。而且对于大多数民营实体书店来说，仅仅靠政府的扶持政策在现实环境下也是不够的，是生存不下去的。民营实体书店还需要通过自身努力，打造可以胜出新华书店、网络书店的竞争优势。

无论是台湾的诚品书店还是大陆的西西弗书店的成功经验都表明，民营实体书店可以选择文化与商业的结合。所谓与商业的结合，是与大的开发商合作，通过丰富商圈业态，使书店取得更优惠的房租条件。许多民营书店因为房租难以支撑纷纷关门，如果可以按销售额的一定比例向开发商支付房租，则大大减轻了经营压力。虽然对于开发商来说，书店的利润很低，但它的口碑很好，商圈需要影院、书店这样文化气息较浓的业态来丰富自己的内涵。

也有一些书店，如北京东方书店、九章数学书店、家谱传记书店等书店走专业化经营的道路，以权威性和专业书店读者的固定性，开发相关商品，提供相关服务，保证了书店的长期效益。龙之媒书店则在专业实体书店的基础上，积极拓展网上服务，并开发了"快书包"网络书店，值得借鉴思考。

三、2013年及今后一段时期的发展趋势

在预测趋势之前，先分析一下国际和国内的形势变化。

（一）国际出版业形势

2012年，对欧美出版业影响深远的进展，就是电子书的来势汹汹和纸质书的节节败退。一方面实体书店面临生存危机，另一方面电子书销售猛增，数字出版空前繁荣，进一步抢占传统出版的市场。

以美国大众出版为例，根据尼尔森公司"图书业扫描"的跟踪调查，经销商销售的印刷图书总量在2012年下降了9%以上。与2010年、2011年下降了大概相同的幅度。印刷图书在2012的下降是2011年巨变的延续，这包括了大量廉价的甩卖。精装图书在2012年降幅5.7%，比2011年将近7%的降幅有所放缓。大众平装书在2012年受到了最大的打击，下降了20.5%，2010年这一数字是23%。在过去的2010~2012年，精装书下降了大概11%，而商业平装书下降了13%。[①] 2012年美国出版的一大趋势是，自费出版开始挑战传统出版。

---

① http://www.publishersweekly.com/pw/by-topic/industry-news/bookselling/article/55382-rate-of-print-decline-flattened-in-2012.html

（二）国内出版业概述

2012年，新闻出版行业的营业收入达1.65万亿，呈现繁荣发展景象。出版业认真做好新闻出版改革发展各项重点任务、重大项目和重要工作的落实。出版社转企改制工作已经基本告一段落，将进一步深化出版单位体制改革；非时政类报刊出版单位转企改制工作启动，在十八大以前基本完成了中央确定的改革任务。

国家积极推动出版传媒企业集团化建设和上市融资，制定培育新闻出版骨干企业工作实施方案，重点打造和培育十个左右改革到位、成长性好、竞争力强的新闻出版骨干企业和战略投资者；支持中国出版传媒股份有限公司、中国教育出版传媒股份有限公司和中国科技出版传媒股份有限公司上市融资，出版上市企业将成为中国出版市场的竞争巨头和行业竞争格局的缔造者。

（三）趋势

在国际国内出版业发展的大背景之下，结合民营书业的发展实际，我们认为，民营书业有三大趋势：

1. 多元。民营书业规模较大的企业，基本上依赖教辅图书在支撑企业发展，产品结构风险较大，社科图书公司单一经营图书也不能满足读者的多样化需求。适当地进行多元化经营，是必然要做的战略部署。

2. 转型。教辅企业很多已经是年销售码洋过十亿，员工近千人的大型企业。但是，教辅产品的真正品质如何，提供给孩子的是否是学习成长之必需的精神食粮，还值得商榷。教辅新政的实施，为企业梳理发展思路，成功转型升级提供了一个契机。

3. 数字。欧美国家数字出版已经进入加速期。前几年是专业出版形成盈利模式。2012年随着苹果平板电脑和亚马逊阅读器的火热销售，完成了市场启动所必需的硬件配置，也激发了大众出版的数字市场。在中国，网络游戏、动漫发展较快，真正的数字出版囿于各种原因，并没有突破性进展。但金矿是存在的，民营书业在数字出版这一领域还是有很多机会可以挖掘的。

四、建议

（一）对政府层面的建议

1. 尽快出台促进民营书业发展的更多配套措施

实践证明，国家政策作为一种重要的外部要素，对于行业发展起到了关键性的拉动作用。鉴于民营书业快速发展的现状，以及现在面临的一些现实问题和不规范现象，希望政府在新闻出版总署《关于进一步推动新闻出版产业发展的指导意见》、《关于支持民间资本参与出版经营活动的实施细则》等文件的基础之上，能够尽快出台针对民营书业发展的更多配套措施，规范、引导并促进民营书业的健康、快速、可持续发展。考虑到国家整体知识产权保护的进程与进度，考虑到民营书业发展的历程还很短，基础还很薄弱，要给予民营书业同台竞技的机会和舞台，规范引导民营书业的发展。

2. 将为民营企业搭建出版服务平台的工作继续推进

总结北京出版创意产业园的成功运行经验，在可能的情况下，建议在条件成熟的地区进行推广，以引导更多的民营企业走上规范快速发展之路。

3. 民营实体书店扶持政策尽快落到实处

对于《关于加强城乡出版物发行网点建设的通知》以及后续扶持政策，业界普遍寄予厚望。政策如何落到实处，如何细化，是需要各个地方积极跟进的。而且有些配套政策也不是新闻出版主管部门一个部门就可以实现的，还需要财政、工商、税务等部门的多方配合，多方协调才能实现。

4. 在"走出去"、农家书屋建设等方面给予同等待遇

民营书业因为实力、影响以及一些历史原因，在参与国家重大出版工程、重大项目的时候，还是不可能平等参与竞争。希望国家在出版基金项目资助、企业开展海外出版业务、农家书屋建设等方面给予重视和资源倾斜，扶持真正有实力和有社会责任感的企业发展。

（二）对企业层面的建议

1. 坚持创新，建立核心竞争力

2012年，一些具有自主创新能力和经营特色的企业焕发出勃勃生机，如曲一线文化传播有限公司、安徽经纶文化传媒集团等。这些企业规模原来居于民营第二集团军，但依据独特的经营模式、创新的产品体系、优势的研发创新能力，迅速跃居为民营第一集团军；相反，原来居于民营第一集团军的部分企业，由于产品老化、经营模式陈旧、创新能力不足，经营规模和企业实力显著下降。加快产品创新，建立核心竞争力，是民营企业应对原创教材维权、规避侵权内容的有效办法。

2. 加强合作

国有民营要强强联合。民营书业加快和国有出版社的合作，包括资本层面的合作、产品合作、销售合作，合作程度越来越紧密，合作方式越来越多样化。和新华系统的合作形式可以不断创新。民营书业和新华书店销售合作历经多年，但都是民营企业向新华系统供货。双方可以发挥各自优势，提升合作形式，由原来新华系统帮助民营销售产品，转向新华系统提供平台，民营企业到终端帮助新华系统拿订单搞促销。当然，民营企业之间也要加强联合。

3. 企业要坚守文化理想，有文化追求和责任感

无论企业如何超常规发展，销售码洋达到多少亿元，出版企业最终的目标都应该是满足广大人民群众日益增长的精神文化需求，促进社会主义文化的繁荣与发展。恰如出版界的老前辈刘杲先生所言："对出版来说，经济只是手段，文化才是目的。"出版人最引以为傲的，应该是编辑出版更多惠及当今，传之后世的优秀图书——这是出版人的安身立命之本，也是出版业在社会上立足、发展的依据。没有文化理想与社会责任感的企业是没有长期稳健发展的动力的。

4. 保持对新技术的敏锐性

数字出版、网络教育、网络书店不断发展成熟，现代信息技术、网络技术、通讯技术提供技术支持，新的出版业态已经呼之欲出。在新技术面前，国有民营企业站在同一个起跑线上。民营书业要抓住机遇，积极探索。

5. 适度进行产业延伸

大型民营书业企业，经过十余年的发展，企业规模、资金实力、员工队伍不断发展，多元化经营成为很多企业的选择。再加上，由于行业准入政策的限制，民营企业多年积累的资本在行业内找不到出路，需要进入其他行业寻求发

展机会。一些企业选择进军热门的房地产、基础建设和服务行业。适度的延伸是值得鼓励的，可以降低企业风险。但是，过早、过宽、过大的产业延伸都是行不通的。因为企业规模小，发展历史短，企业化程度低，管理基础薄弱，人才储备不够，这些因素都在制约着企业不切实际的扩张。无数案例证明，无限的扩张对企业长远发展不利。

（作者为中国科技出版传媒股份有限公司总编室副主任）

营造读书文化氛围 推进学习型党组织建设

——中央国家机关"强素质·作表率"读书活动综述

黄逸秋

中央国家机关"强素质·作表率"读书活动由中央国家机关工委和新闻出版总署主办，中国新闻出版研究院承办，人民出版社、中国新闻出版报社、中央电视台"子午书简"栏目组协办，2009年4月21日正式启动。三年来，通过举办读书讲坛、邀请名家导读、定期推荐书目、开展读书交流等形式，在引导中央国家机关局处级干部多读书、读好书、善读书，推动学习型党组织建设，服务科学发展和干部健康成长等方面起到了良好的引领和示范作用，在活动的组织、运作方面也形成了自己的成熟机制和风格特色。2010年，读书活动被评为新闻出版总署"党员品牌工程"；2012年8月，在由中央国家机关工委组织的"中央国家机关十大学习品牌"评选活动中，在56个部门报送的84个品牌案例中脱颖而出，荣获"中央国家机关示范学习品牌"。

在此，通过分析"强素质·作表率"读书活动的品牌特色、实践效果，总结其成功经验，以期对进一步推进中央国家机关学习型党组织建设提供一定的借鉴。

一、读书活动的品牌特色分析

三年来，按照建设学习型党组织的基本要求，紧密结合中央国家机关局处级干部实际，读书活动举办方围绕"三个突出"，多措并举，逐步打造出了鲜明的品牌特色，探索出了开展具有中央国家机关特色读书活动的有效途径。

（一）推荐精品图书，突出针对性

中央国家机关局处级干部文化层次较高、理论素养较深、阅读选择的指向性很强，但这一群体读书治学时间少，尤应慧眼择书，把宝贵时间用于读大家之作、精品之作上，增加书香气息，培养经世本领。针对这一特点，活动举办方确定了导向正确性与书目可读性相结合、推荐书目与推荐主讲嘉宾相结合、精品新书与经典名著相结合的荐书"三结合"原则，既凸显社会主义核心价值取向，又兼顾党员干部业余时间休闲读书、陶冶情操、提升综合素质的需要。为了保证所荐图书的内容质量，使推荐书目和主讲嘉宾更符合"强素质·作表率"的要求，举办方确立了严格、科学的荐书程序，即在专家、出版单位、群众荐书的基础上，由承办单位筛选，提出初步推荐书目，提交读书活动办公室协调会议审议，报工委和新闻出版总署领导审批，从而既保证了所荐书目的针对性和系统性，又扩大了书目的涵盖面，增强了示范性。三年来，围绕政治、经济、历史、文化、科技五个方面的内容，活动共向中央国家机关局处级干部推荐了79种图书。

（二）举办高端讲坛，突出权威性

讲坛主题力求"高层次"，以推荐书目为基础，在加强中央国家机关局处级干部理论武装、增强干部执政能力、提高干部综合素质上重点布局，理论高度、学术深度和文化价值兼备。主讲嘉宾力求"高水平"，学养深厚、善于表达，代表着各个学科、各个领域的最高学术水准。讲坛内容力求"高质量"，既形成系列，又相对独立，便于干部在有限的时间里有计划、有系统地掌握较为完整的主题内容。三年来，活动共按计划举办讲坛34次。王蒙、熊召政、阎崇年、金一南、葛剑雄、胡鞍钢、温铁军、张亚勤、林毅夫等名家、大家先后登台，讲坛主题逐步形成中外历史、哲学文化、民族宗教、文学艺术、时事政治、社会经济六大系列，听众累计达万余人次。

（三）多种形式交流，突出实效性

在坚持做好"主题讲坛"和"推荐书目"工作的同时，举办方积极探索深入推进读书活动的方式方法，力求读书活动取得更大实效。例如，读书心得交流、读书征文大赛、忠实听众评选等相关活动营造了浓厚热烈的读书氛围。大家共同分享阅读故事、文化追求和所感所悟，充分展示了中央国家机关局处级干部读书学习的品味和境界，推动了读书活动的广泛开展。为了弥补很多机关干部无法现场聆听的遗憾，从根本上满足广大干部的阅读需求，活动举办方相继推出了《中央国家机关"强素质·作表率"读书活动主题讲坛周年读本》第一辑和第二辑，书中只对记录稿做了必要的文字加工，保持了原有的口语形式和个人化风格，原汁原味地展示了讲坛的精华。

二、读书活动的实践效果分析

（一）激发了干部读书学习的自觉性和积极性

中央国家机关"强素质·作表率"读书活动开展以来，在中央国家机关局处级干部中初步形成了乐于学习、自觉学习的良好氛围。大家热情读书、踊跃荐书。读书活动主题讲坛人气节节高攀，从第一场的150人到现在的每场最高450人，参加人数稳步上升。尽管讲坛时间安排在周末，但"一票难求"的情形屡见不鲜。读书活动以讲坛带动读书，以读书促进讲坛，形成了读书与讲坛互动、作者与读者共享、个人读书与党组织学习共进的良好局面。

（二）提升了干部的综合素质和工作能力

开展"强素质·作表率"读书活动的目的，就是要全面提高中央国家机关局处级干部的综合素质和工作能力，使中央国家机关的创造力、凝聚力、执行力不断增强。三年来，活动举办方坚持向局处级干部提供带有普遍性规律和前瞻性理念的内容，通过读书学习"上高度"，培养了局处级干部宽广的世界眼光和现代的战略思维，提升了局处级干部提高服务大局的能力；"扩广度"，不仅引导局处级干部系统学习党的基本理论知识，还广泛涉猎优秀传统文化、现代市场经济、国际关系和科技信息等方面的知识，推动了局处级干部知识结构的改善；"拓深度"，通过荐书、讲坛等方式，针对热点、难点、焦点问题集中攻关，坚持从理论上探讨，从规律上把握，使广大局处级干部做到"知其然，更知其所以然",避免了读书活动流于形式、浮于表面。

(三) 带动了地方读书活动的开展

三年来,中央国家机关"强素质·作表率"读书活动不仅得到了广大局处级干部的认可,其影响力还超出了中央国家机关的范围,辐射到全国许多地区和单位。读书活动的推荐书目成为一些地方党委和单位指定的干部学习用书,有些推荐书目被中宣部、中组部作为向全党推荐的书目。多家地方新闻宣传部门和地方工委与举办方联系,希望介绍经验,准备在当地移植中央国家机关"强素质·作表率"读书活动的模式。广西新华书店为按广西自治区党委要求及时配送推荐书籍,破例采用航空运输方式配送。山东省省级机关工委专门派人来京观摩主题讲坛后,主动与读书活动办公室建立起联系机制,定期沟通,从组织领导、运作机制、活动内容、方式方法等各个方面学习读书活动的经验,在当地按照"强素质·作表率"读书活动的模式组织了读书活动。

三、读书活动成功运作的启示

三年来,在中央国家机关工委和新闻出版总署领导的高度重视、科学指导下,经过各主办、承办、协办单位及社会各界的共同努力和广大机关干部的积极参与,中央国家机关"强素质·作表率"读书活动运作有序、成效显著。总结活动的成功经验对进一步推进中央国家机关学习型党组织建设也具有一定的启迪意义。

(一) 领导重视

深入持续开展读书活动,推动建设学习型党组织是一项系统工程,其能够取得成功的重要原因在于领导的高度重视。经过扎实开展和深入推进,读书活动在中央国家机关蔚然成风,成为党员干部不可或缺的重要学习平台。活动得到了中央领导同志的高度重视。中央国家机关工委常务副书记杨衍银同志和新闻出版总署署长柳斌杰同志亲自出席读书活动启动仪式,对读书活动的意义和价值作了充分阐发。中央国家机关工委副书记俞贵麟和新闻出版总署副署长孙寿山牵头负责读书活动，在活动总体规划、内容安排、组织协调等方面给予悉心指导和充分支持，并定期主持召开各方协调会议。新闻出版总署领导蒋建国、邬书林、阎晓宏、宋明昌对读书活动都非常关注，经常来讲坛听讲。特别是2010年12月25日，时任国务委员兼国务院秘书长、中央国家机关工委书记马凯亲自参加读书活动主题讲坛，要求中央国家机关各级党组织和党员领导干部在读书学习和建设学习型党组织方面走在前、作表率，有更高的标准和要求。

领导同志高度重视，带头读书学习，以自己的模范表率作用引导中央国家机关广大干部形成崇尚知识、热爱读书的良好风气，从而在根本上保证了读书活动的导向正确和运转正常。

（二）满足需求

中央国家机关"强素质·作表率"读书活动所以能够取得成效，一个根本经验就是与中央国家机关的中心工作和队伍建设紧密结合在一起。无论是推荐阅读书目，举办读书讲坛，还是开展读书交流、读书征文，都着眼于中央国家机关的工作任务，服务于党员干部的实际需求，给机关的学习型组织建设提供有效的服务。举办方对每次的推荐书目不仅从内容上严格把关，精心挑选，而且在数量、篇幅上也充分考虑机关干部的实际情况，每次只推荐10多种图书，并尽量选择简洁、精炼的版本，以便大家真正有时间读完、读透。每次主题讲坛的确定，也是充分考虑局处级干部的需求，在讲坛的设置和嘉宾的聘请方面，尽量做到优化精选。

（三）机制有效

读书活动主办、承办、协办单位积极联动，建立了一整套组织领导体制、协调会议制度，成立了读书活动办公室作为推进读书活动长效开展的专门机构，形成了分工明确、责任清晰的良好局面，使活动在导向、人员、资金、组织等各方面都得到有力保障。

（四）组织有力

为了办好读书活动，活动举办方做了大量的工作，每期都是精心安排，周密布置，追求最佳现场效果。作为主题讲坛活动的一部分和有机延伸，讲坛请柬和讲坛文选的策划、制作都受到特别的重视，在活动开展过程中得以不断改进、完善，逐步形成了自己的特色和风格，体现出了应有的品位，成为引领中央国家机关干部读书学习的纽带和桥梁。讲坛请柬式样雅致、简洁实用，既有主讲嘉宾的介绍，又有当期讲坛的纲目，使听众能提前了解讲坛内容，增强听讲效果。现场发放的讲坛讲义经过了精心编选、用心设计，每期虽只有薄薄一册，但内容丰富、层次分明。除完整收录上期讲坛的讲稿，登载本期主讲嘉宾简介和讲坛提纲外，还辟有几个固定栏目：卷首的"开卷悟语"栏目选择名家读书随笔、短论，给听众以心灵启迪和精神抚慰；"听众感言"栏目则摘录了讲坛听众的现场感受和所思所悟，让人得以领略主题讲坛的精妙之处和机关干部的读书学习境界；讲坛文选中还特意留出几页空白方便听众现场记录，体现了主办方的精细化作风和人性化理念。讲坛请柬和文选为听众所珍爱，已成为读书活动的标志性品牌，许多听众乐于将之收藏，既作为进一步学习思考的文献材料，也作为参与读书、热爱读书的鲜活见证。

（作者为中国新闻出版研究院科研管理部副研究员）

2012年新闻出版标准化建设进展

陈 磊

一、新闻出版标准化工作综述

（一）历史沿革及现状

新中国成立以后，我国政府非常重视新闻出版标准化工作，先后出台了一系列与标准相关的文件及规定。如1955年颁布的《关于书籍、杂志使用字体的原则规定》、《关于汉文书籍、杂志横排的原则规定》以及《全国图书统一编号方案》（简称"全国统一书号"）等。时至今日，当初制定的部分标准经过修订后仍在使用。

改革开放以后，随着出版业的不断发展，我国加快自主研制新闻出版业标准的同时，也更加重视出版业国际标准的采用，如国际书号标准、连续出版物号标准等。这些标准的采用，不但使我国新闻出版行业管理实现了与国际的接轨，也为我国出版物的市场化、国际化发展提供了有效的技术支持。此外，一些出版、发行和印刷单位也积极引入ISO9001质量管理体系等国际标准，使经营管理水平和出版物质量得到了大幅提高。

从标准化组织机构看，目前我国已经组建了3个国家级新闻出版专业标准化技术委员会：全国印刷标准化技术委员会、全国出版物发行标准化技术委员会、全国新闻出版标准化技术委员会；1个行业级新闻出版专业标准化技术委员会——全国新闻出版信息标准化技术委员会，实现了标准化工作对出版产业链的全范围覆盖。上述4个标准化技术委员会在新闻出版总署的统一管理下，各司其职，形成了明确的分工。全国印刷标准化技术委员会成立于1991年，主要负责全国印刷技术领域的相关标准化工作，包括按产品划分的书刊印刷、报纸印刷、包装印刷、票据印刷、标签印刷等领域国家标准和行业标准的制修订及宣传贯彻；全国出版物发行标准化技术委员会成立于 2010 年，主要负责出版物发行领域的相关标准化工作，包括出版物发行术语、出版物发行信息与分类与编码、出版物发行物流技术、出版物发行电子商务、出版物发行作业和流程规范、出版物发行服务及管理等方面的标准制修订及宣传贯彻；全国新闻出版标准化技术委员会成立于 2012 年，主要负责新闻出版领域与出版业务相关的标准化工作，业务范围涵盖传统出版和数字出版国家标准、行业标准的制修订及宣传贯彻；全国新闻出版信息标准化技术委员会于 2007 年经新闻出版总署批准成立，现正在筹建国家级专业标准化技术委员会，主要负责新闻出版领域信息化建设方面的标准化工作，包括新闻出版电子政务、电子商务、数字出版等方面有关信息技术的标准制修订及宣传贯彻。

截至 2012 年年底，新闻出版专业标准化技术委员会共完成了近 200 项国家标准、行业标准的制定，新闻出版标准化体系初具规模，标准已覆盖新闻出版产业出版、印刷、发行环节，涉及的产品形态包括图书、报纸、期刊、音像出版物和电子出版物等。

（二）2012 年新闻出版标准化工作综述

2012 年，我国新闻出版标准化工作按部就班、稳步推进，各领域标准化工作成果显著。

《新闻出版行业标准化管理办法》明确要求：任何单位不得无标准生产。标准贯穿了新闻出版行业的整个产业链条，覆盖了新闻出版行业的各个领域，标准化工作也得到了新闻出版总署的重视和大力推动。一年来，新闻出版总署直接领导下的 4 个标准化技术委员会共同努力，积极推动标准化工作开展。按照总署科技与数字出版司对标准制定工作的具体部署，全国出版物发行标准化技术委员会、全国新闻出版标准化技术委员会和全国印刷标准化技术委员会组织相关单位和专家共完成了 16 项目行业标准，获得了新闻出版总署的颁布。新闻出版业标准化工作展现出了整体有序、积极稳妥、扎实有效的发展态势。

2012 年获颁的新闻出版行业标准分别是：

CY/T56.2—2012 出版物物流作业规范第 2 部分：储存

CY/T56.3—2012 出版物物流作业规范第 3 部分：包装

CY/T56.4—2012 出版物物流作业规范第 4 部分：发运

CY/T76.1—2012 出版物包装设备基本要求第 1 部分：捆扎机

CY/T77—2012 出版物存储设备基本要求

CY/T78.1—2012 出版物移动设备基本要求第 1 部分：起升车辆

CY/T79—2012 周转箱编码规则

CY/T80—2012 出版物射频识别系统基本要求

CY/T81—2012 出版内容资源标识的原则与方法

CY/T82—2012 新闻出版数字资源唯一标识符

CY/T83—2012 中国标准名称标识符

CY/T84—2012 中国标准乐谱出版物号

CY/T85—2012 光盘复制术语

CY/T86—2012 只读类光盘模版常规检测参数

CY/T87—2012 印刷加工用水基胶粘剂有害物质限量

CY/T23—2012 光盘复制标准体系表

其中，发行类标准 8 项，出版类标准 6 项，印刷类标准 2 项。这些标准的出台覆盖了新闻出版不同专业类别，填补了相关领域的技术规范空白。特别是《出版物射频识别系统基本要求》及《新闻出版数字资源唯一标识符》两项标准，紧跟科技前沿，有效配合了出版物联网和出版信息化建设，提出了相应的专业技术要求，对未来的出版科技发展进步将具有深远和广泛的指导意义。

除行业标准外，2012 年《出版物发行术语》、《MPR 出版物》系列标准、《纸质印刷品覆膜过程控制及检测方法》系列标准和《印刷标准体系表》等数项国家标准也正式获颁实施。特别是《MPR 出版物》系列标准通过印有与多媒体声像内容对应关联的数码信息符号，使读者能够闻听或观看与书上印刷内容一致的相关讲解，把数字出版引入到纸质印刷出版领域，可有效提升正处于数字出版浪潮冲击下市场逐步萎缩的传统出版业竞争能力，延续传统出版的生命活力，为转制后面临无差别市场竞争的传统出版单位提供了新的发展契机和动力。

从 2012 年的标准化整体发展看，新闻出版标准化工作遵循了突出重点、急用先行、分步建设的原则。一些行业迫切需要的标准纷纷出台并得以实施，标准化工作不断得到发展和完善。

二、2012年新闻出版标准化工作特点分析

（一）组织建设取得突破，标准化工作机制不断完善

2012年，新闻出版标准化组织建设取得了突破性进展，主要表现在两个方面：

1. 成立了国家级标准化技术委员会，为新闻出版行业标准化建设提供了新的平台，推动了新闻出版行业标准化工作迈向新的台阶

2012年1月，国家标准化管理委员会正式批复成立全国新闻出版标准化技术委员会，6月28日标委会召开了成立大会。该标委会是国家标准化管理委员会直接管理的一级国家标准化技术委员会，由中国新闻出版研究院承担秘书处工作，新闻出版总署邬书林副署长任标委会主任。标委会共征集委员80人、顾问4人，委员包括管理、出版、科研等不同单位的专家。该标委会将负责书、报、刊、音像电子出版物、数字出版物、网络出版物领域的国家标准制修订工作。至此，总署直接管理的4个专业标准化技术委员会中已有3个正式成为一级国家标准化技术委员会，并形成了相应的专业性分工，建立起了由总署科技与数字出版司统一协调管理，国家标准化管理委员会业务指导，标准化技术委员会组织实施，产学研相关部门共同参与推动的标准化工作机制。

2. 细分新闻出版标准化领域，根据实际情况分期分批组建各种类型的分技术委员会，不断形成新的出版标准化工作格局，加速出版标准化建设，推动全行业快速健康发展

如2012年6月8日，全国印刷标准化技术委员会在深圳职业技术学院召开全国印刷标准化技术委员会分技术委员会成立大会，正式成立书刊、网版和包装印刷3个分技术委员会。并于8月下旬在深圳职业技术学院举办了标准化工作及标准制定培训班，提高分技术委员会委员及其秘书处工作人员的工作技能。分技术委员会的设立保证了标准化工作专业分工、协同合作的工作格局，使标准化工作能够更加顺畅有序开展。

（二）新闻出版标准化工作呈现出多行业合作、系统化发展的新格局

标准化工作既是一个行业、产业发展不可或缺的重要条件和保障，也一个行业、产业健康有序发展的强大支撑。随着众多行业的发展融合和学科交叉领域的增多，新闻出版标准化工作也呈现出了离散型、多元化发展趋势，主要表现为以下两个特征：

1. 横向联合增强了谋篇布局能力，大系统化标准工作格局雏形正在形成

随着数字出版产业等出版前沿领域的扩展，行业与学科的交叉已不可避免，新闻出版标准化工作也由此吸引了众多不同产业部门的标准化机构参与进来，实现了标准化工作的横向联动。如中国新闻出版研究院与工信部电子四所共同承担了质检公益项目《阅读器（电子书）标准体系及重要标准研究》，该课题2012年已基本结题。新闻出版标准化工作开始越来越多地呈现出与工信部、科技部等跨部门、跨领域合作的工作局面，逐步形成了多行业系统化的标准工作格局。各标准化技术委员会在与业外机构的横纵合作中，实现了资源互补、人员互通、专业互促，使标准化工作更加富有成效并活泼生动起来。

2. 点面贯穿、标准内容更加全面化、系统化和层次化

随着标准化分野的明晰和全行业标准化工作的逐步推进，标准化研究工作渐成体系。如《版权标准体系表研究》、《手机出版标准体系表研究》及《数字出版标准体系表研究》等工作的开展，使出版标准体系层次更加分明，结构更加系统化。此外，一些专题内容也建立了与新闻出版业发展水平相适应的系统性、结构化的系列标准。如由全国新闻出版标准化技术委员会组织制定的12项电子书相关标准，分别为《电子书基本术语》、《电子书版权页规范》、《电子书标识》、《电子书内容格式基本要求》、《电子书元数据》、《电子书内容平台——服务功能基本规范》、《电子书内容平台——基本要求》、《电子书内容质量基础规范》、《电子书内容版权保护通用规范》、《电子书编校质量检查规范》、《电子书功能技术要求及检测规范》，全面囊括了从电子书加工、编辑、复制、发行到版权、平台等周边服务的电子书各相关产业环节，形成了一整套围绕电子书的完整标准族。

（三）推陈创新，为重大工程开展提供有力技术支持

重大工程是新闻出总署推动行业升级转型的重要举措，工程参与单位多，

系统性强，要掌握科学管理方法，尊重工程建设的客观规律，避免主观臆断，就必须要遵从工程研发的科学规律，坚持标准先行的指导思想。如数字版权保护技术研发工程中，共包含《工程术语》等25项标准。由中国新闻出版研究院牵头，针对数字技术环境下版权保护水平相对滞后、产业模式不合理以及技术易用性较差等问题，组织多方力量，研究制定了一整套平台规范、接口规范、保护技术要求等版权保护工程标准，涵盖了数字内容出版、分发、传播、消费过程中的多项数字版权保护共性关键基础技术和核心应用技术。这些标准的推出，有力地从技术角度支持了工程的顺畅建设及实施。

标准作为各类重大工程的先行部分，提升了工程的行业适用性，增强了工程对行业的示范引导。现在总署各类重大工程的论证和实施中，标准均起到了关键性作用。一些筹备立项的重大工程项目中，标准也均成为项目可行性、科学性和实操性的核心支点之一。如中国新闻出版研究院2012年申报立项了总署课题《电子书包标准体系及电子书包内容标准预研究》，参与了总署科技与数字出版司关于电子书包的重大工程立项论证项目。该标准研究确保了标准制定工作能够跟上技术发展，满足产业应用的切实需要。遵循工程设计实施的一般规律，以标准制定为抓手，有序开展与工程项目相关的各项技术标准化工作，并逐步形成一系列实施思想统一、相互关联的技术标准，占据先发优势，已经成为重大工程操作的主导思想。

（四）强化标准化研究作风，不断夯实标准化工作基础，标准化研究不断推进

我国新闻出版业标准化研究工作起步较晚、特别是前期受计划经济体制限制，对标准的研究工作投入严重不足。随着标准化工作规范化的展开，研究工作的重要性日益提高，各类专业性标准化研究工作也提上了新闻出版总署各标委会的工作日程，并呈现出两个显著特点。

1. 研究范围不断扩大，国际化程度不断提高

随着新闻行业"走出去"步伐的加快，对标准化工作的国际性要求不断增强，因此迫切需要了解国际标准化动向，借鉴国外标准化经验。2012年，《新闻出版业国际标准及国外先进标准跟踪研究》、《国际印后标准及我国印后标准研究》、《数字出版标准体系研究》等各类标准研究项目相继开展，对国外新闻

出版各相关领域标准均进行了重点性研究，不断跟踪了解国际及国外相关的先进标准，取长补短。这对推动国内标准的吐故纳新和自主研发，对促进我国标准化战略的调整具有重大影响。如全国印刷标准化技术委员会2012年完成的质检公益项目《国际印后标准及我国印后标准研究》，在研究过程中根据研究结论提出了《印后加工一般要求》、《平装书籍要求》和《精装书籍要求》国际标准新提案（NWIP）已获通过，同时根据这个研究项目，完成了《印后加工一般要求》、《印后加工原辅材料分类》、《平装书籍要求》和《精装书籍要求》4项国家印后标准的制定。研究工作卓见成效，结出了丰硕的标准成果。

2. 研究内容不断加深，标准研究更加系统化、专业化

由全国新闻出版标准化技术委员会开展的《数字出版核心基础标准研究——内容资源及元数据》课题项目，共包括9个子任务：数字出版内容资源分类框架、数字出版内容资源标识、数字出版内容资源最小应用单元划分、数字出版元数据框架、数字出版元数据共享数据集、数字出版元数据共享数据集的扩展与应用、数字出版元数据共享数据集的维护与服务、数字出版元数据共享数据集管理与维护系统功能和结构研究、数字出版内容资源目录体系管理与维护系统功能和结构研究。这个项目的开展系新闻出版标准化领域首次对数字出版内容的资源数据进行系统化的深入研究，也标志着新闻出版标准化研究工作从表到里、从面到点，研究领域不断向纵深发展，研究对象和内容更加深入。

三、问题与不足

（一）宣传贯彻力度略显不足

提高出版物质量和我国出版业水平、推动新闻出版业数字化转型、加快新闻出版"走出去"、加强新闻出版管理，都离不开标准化。但与此同时，标准在行业中的执行状况极不平衡，导致我国新闻出版标准化工作对新闻出版行业贡献还不够大。这与宣传贯彻力度不足有一定的关系。整个新闻出版标准化领域尚没有形成多手段、立体型、综合化的多元整体宣传网络，不能保证标准宣传的常年连贯性、持续性。这里尽管存在着人员不足，经费短缺等原因，但各

标准参与和执行单位重视程度不够,不能自觉自发地开展标准推广普及也是重要原因之一。企业标准化是整个标准化工作的基础,在较成熟的市场经济条件下,企业标准,特别是领先企业标准往往代表所在行业的最高水平。但由于各新闻出版单位长期处于浓厚的计划经济体制下,对于应由企业主导的标准化工作主观能动性不足,主体作用发挥不够,导致一方面标委会花力气制定的标准少人问津,另一方面由于缺乏企业参与,标准整体水平上不去。为此,新闻出版总署各标准化技术委员会应在积极组织出版标准制定的同时,继续寻求通过各种手段积极加大向企业的标准化宣传贯彻力度,焕发出企业参与标准制定的热情,切实为出版企业做好服务工作,提升出版企业的市场竞争能力。

(二) 标准化工作关键环节缺失

新闻出版标准符合性测试是通过专业的技术和工具,对新闻出版产品(服务)与相应的国家标准、行业标准之间的符合程度进行测试,并根据测试结果出具权威的测试报告,提出改进建议。目前新闻出版标准符合性测试技术、工具、方法、机构等等都尚处于空白状态。随着新闻出版产业发展,特别是新闻出版与数字技术、网络技术融合的加快,标准对产业的支撑作用日益凸显。但是由于标准制定主体的多元化,以及标准化工作机制的不健全,标准之间不协调的问题日益凸显,新闻出版产品与标准脱节的矛盾越来越突出。这不仅影响产业发展,也影响了标准在新闻出版领域公共服务功能的发挥。因此迫切需要通过开展标准符合性测试,解决标准之间的冲突,解决相关产品(服务)与标准不符的问题。

(三) 数字出版相关标准数量偏少

我国数字出版标准化工作起步晚,已制定并颁布的数字出版相关标准数量较少。截至2012年年底,整个新闻出版业颁布的数字出版相关行业标准仍不到10个,远远不能满足行业需求。特别是行业虽然进行了数字出版标准体系的各类相关研究工作,但整个行业至今尚没有颁布成型的数字出版标准体系表,没有办法系统地对数字出版标准进行机制配套的整体掌控和运作。数字出版领域涉及标准数量多,行业需求急,单靠新闻出版业标准化技术委员会独力承担难以满足迅速扩大化的行业需求,需要更多的数字出版基地、企业和组织参与进来，形成行业合力，快速推进，合理布局，方能使数字出版标准化工作更上一个台阶。

（四）既颁标准复审工作亟待开展

《中华人民共和国标准化法实施条例》明确要求：标准实施后，制定标准的部门应当根据科学技术的发展和经济建设的需要适时进行复审，标准复审周期一般不超过五年。新闻出版行业中，部分超五年标龄或已届五年标龄的标准均需相关标准化技术委员会组织专家进行复审，但这项工作至今仍没有得到系统开展。如截至2012年12月31日，我国已颁布的新闻出版行业50余项国家标准中，已有21项标准处于应复审状态，13项标准将于2013年进入应复审状态，这其中仅有《中小学教科书幅面尺寸及版面通用要求》等少量标准获得了复审和修订。相关工作亟待各标委会尽快组织专业人员进行有效梳理和切实开展。

（作者为中国新闻出版研究院标准化研究所助理研究员）

出版传媒集团研究

2012年出版传媒集团创新发展报告

中国新闻出版研究院"出版传媒集团研究"课题组

党的十八大报告强调要扎实推进社会主义文化强国建设。文化强国有许多指标，建设国际一流的出版传媒集团是其中最重要的一项。没有强大的具有国际影响的出版传媒企业，文化强国就有可能成为空中楼阁。自1999年2月24日，经中宣部、新闻出版署批准成立上海世纪出版集团以来，我国的出版传媒集团建设已经有十多年的历史，取得了令人瞩目的成绩，但同国际上的大型出版传媒集团相比，依然有很大的差距。建设大型出版传媒集团依然是我国出版业发展的主要任务。对出版传媒集团进行每年一度的跟踪研究，总结其成败得失，并提出发展建议，是非常有必要的。

一、出版传媒集团在国际出版业发展中的地位分析——与国外出版集团的差距正在逐渐缩小

2012年8月，由国际出版顾问Rudiger Wischenbart在法国书业杂志《图书周报》支持下发布的全球出版业50强榜单显示，2011年中国教育出版集团的销售收入为4.45亿美元，位列第37名。这个榜单可能有失误。据调查，仅人民教育出版社2011年的销售收入就约为4.45亿美元。显然，认为2011年中国教育出版集团的销售收入是4.45亿美元不切合实际，这可能是将一家出版社当作集团之误。事实上，2011年中国教育出版集团的销售收入为59亿元人民币，约9亿多美元。据此排列，中国教育出版集团应名列全球出版业第24位左右。此前，中国教育出版传媒集团的子公司高等教育出版社早在2009年就进入全球50强，2009年名列第43位，2010年名列第40位。这些数据说明，

中国的出版传媒集团在全球出版业的排名正在逐渐前移。

2012年9月2日,在嘉峪关召开的首届国际文化产业大会上,亚太总裁协会发布国际文化产业领军企业50强榜单。列入榜单的企业涵盖了出版业、传媒业、影视业、唱片业、动漫业和网游业等多个领域,代表了全球文化产业发展的实践典范。我国有3家文化企业跻身50强,分别是排名第40位的中国出版集团公司、第44位的中国电影集团和第47位的凤凰出版传媒集团。我们不清楚这份榜单的指标体系,但有两家出版传媒集团进入这个榜单,说明出版传媒集团正在得到国际社会的认可。

将国内出版集团与国外出版集团相比,是明知不可为而为之。国内与国外出版集团的经营范围、文化环境、物价水平、体制机制各不相同,本没有可比性,但通过不可比之比也可以大概了解出版传媒集团在国际上相对的地位,使出版传媒集团增强自信,努力学习国际出版集团的经验,建设国际一流的出版传媒企业。

二、出版传媒集团在出版产业、文化产业、国民经济中的地位分析——正变得越来越重要

随着新闻出版体制改革的不断深入,越来越多的新闻出版单位完成身份转变,成为市场主体。新闻出版总署2012年7月9日发布的《2011年新闻出版产业分析报告》显示,截至当时,我国已拥有出版、报刊、发行、印刷集团119家,上市公司48家。2011年全国出版、报刊和发行集团共实现主营业务收入2 094.6亿元,同比增长20.4%,占全国出版发行全行业主营业务收入的57.5%;拥有资产总额3 680.1亿元,同比增长16.8%,占全国出版发行全行业资产总额的73.4%;实现利润总额173.4亿元,同比增长13.9%,占全国出版发行全行业利润总额的43.2%。这些数据显示出版传媒集团在出版产业中的骨干地位进一步凸显,是出版产业中名符其实的主力军。出版传媒集团的发展为出版产业集中度的提高做出了很大的贡献。

2012年5月18日,由光明日报社和经济日报社联合发布的第四届中国"文化企业30强"名单揭晓。江苏凤凰出版传媒集团有限公司、江西省出版集

团公司、浙江出版联合集团有限公司、中国教育出版传媒集团有限公司、安徽出版集团有限责任公司、中南出版传媒集团股份有限公司、山东出版集团有限公司、安徽新华发行（集团）控股有限公司、中国出版集团公司、四川新华发行集团有限公司 10 家入选。从类别上看出版传媒集团入选数量是最多的，占入选总数的 33.33%，可见出版传媒集团在文化产业中占有重要地位。

凤凰出版传媒集团和中南出版传媒集团曾先后进入中国企业 500 强。时任凤凰出版传媒集团董事长的谭跃和中南出版传媒董事长龚曙光分别于 2009 年、2011 年被评为中央电视台年度经济人物。这些事例都说明出版传媒集团在国民经济发展中的影响力在进一步提升。

出版传媒集团是出版产业的主力军，在文化产业中也占有重要地位，但与石油、银行等上千亿的企业没有可比性，也没必要相比。出版传媒集团的主要任务是提升其文化影响力，为提升中华文化软实力而努力，但其经济实力也不可忽视，增强经济实力与增强文化影响力是相辅相成，不可偏废的。

三、2012 年上半年出版传媒集团上市公司的经营状况分析——出版发行业绩增长，广告报刊业绩下滑

出版传媒集团的经营数据是不会轻易披露的，我们很难评估其经济实力，但通过其上市的子公司的年度报表，我们可以掌握其各项经济指标，进而大概了解出版传媒集团的整体状况。由于各出版集团所属上市公司 2012 年年报尚未披露，我们以 2012 年出版传媒类上市公司半年报披露的数据为分析依据。

1. 2012 年上半年出版传媒类上市公司营业收入排序

序号	股票名称	营业收入（亿元）
1	中文传媒	49.10
2	凤凰传媒	33.55
3	中南传媒	29.96
4	新华文轩	20.48
5	皖新传媒	16.26

续表

序号	股票名称	营业收入（亿元）
6	长江传媒	14.94
7	时代出版	14.28
8	大地传媒	9.58
9	新华传媒	8.13
10	出版传媒	5.86
11	天舟文化	1.28

（数据来源：2012年出版传媒类上市公司半年报）

营业收入是体现企业经济规模的重要指标之一。世界企业500强与中国企业500强主要是以营业收入排序，国际出版企业50强也是以出版主营收入排序。出版类上市公司的营业收入大致体现了上市公司的规模实力。

中文传媒的营业收入较高主要得益于其出版、发行、贸易收入较高，其中贸易收入最高，大约为33.60亿元，占整个营业收入的68.43%。时代出版、大地传媒等营业收入较低与其上市公司不含发行集团有关。天舟文化为一家民营文化公司，在营业收入排名上与国有出版传媒集团的上市公司没有可比性。但在下面的项目中有的还是可以比。

2. 2012年上半年出版传媒类上市公司净利润排序

序号	股票名称	净利润（亿元）
1	凤凰传媒	4.88
2	中南传媒	4.26
3	新华文轩	2.72
4	中文传媒	2.36
5	皖新传媒	2.31
6	长江传媒	1.82
7	时代出版	1.73
8	大地传媒	0.75
9	新华传媒	0.65
10	出版传媒	0.26
11	天舟文化	0.16

（数据来源：2012年出版传媒类上市公司半年报）

净利润是指在利润总额中按规定交纳了所得税后公司的利润留成。净利润是衡量一个企业经营效益的主要指标，也是影响股价变动的一个重要因素。在企业规模相同的情况下，净利润多，企业的经营效益就好；净利润少，企业的经营效益就差。如果两个企业规模相差较大，其净利润不具有可比性。

凤凰传媒的营业收入不是最高的，但其净利润是最高的。这是因为凤凰传媒注入的主要是出版发行资产，而凤凰传媒出版发行业务的营业利润率比较稳定，受金融危机影响较小，分别为24.29%与30.10%，比上年分别只减少1.13和1.42个百分点。中南传媒净利润较高是由于其在全媒体经营方面都取得了较好的成绩，其中出版业务利润率为27.39%，发行业务利润率为35.10%，印刷营业利润率为15.40%，报媒业务利润率为47.75%。中文传媒营业收入高，但净利润比较低，源于其贸易收入高，但利润率较低，仅为2.49%，其销售增长导致相关税费及管理成本增加和投资收益为负值也拖累了其净利润的增长。

3. 2012年上半年出版传媒类上市公司每股收益排序

序号	股票名称	每股收益（元）
1	中文传媒	0.42
2	时代出版	0.34
3	皖新传媒	0.25
4	新华文轩	0.24
5	中南传媒	0.24
6	凤凰传媒	0.19
7	长江传媒	0.18
8	大地传媒	0.17
9	天舟文化	0.13
10	新华传媒	0.06
11	出版传媒	0.05

（数据来源：2012年出版传媒类上市公司半年报）

每股收益是某一时期净收益与普通股份总数的比值，是使用者据以评价企业赢利能力、预测企业成长潜力的财务指标之一。在不同企业之间每股收益的大小，与企业的赢利能力并非完全成正比，简单地通过每股收益判断赢利能力是不科学的。然而，每股收益从某一个方面反映了企业的赢利能力，对判断企业的赢利能力具有参考价值。

中文传媒与时代出版的每股收益高于整个上市公司平均水平0.27元，这从一个角度反映出其赢利能力较强。天舟文化每股收益较低的主要原因，一是因为报告期内其中标的农家书屋项目没有发货。二是因为有关教材、教辅政策的调整影响了教材、教辅市场拓展的进度。三是在品牌推广、产品策划和发行渠道建设等方面进行了较大的投入，并加大了对教育培训、教育装备、数字出版等新业务方面的培育，短期内降低了公司的利润，从而降低了每股收益。

4. 2012年上半年出版传媒类上市公司营业收入增长排序

序号	股票名称	营业收入增长
1	中文传媒	191.66%
2	长江传媒	42.77%
3	大地传媒	25.89%
4	时代出版	25.72%
5	皖新传媒	23.49%
6	中南传媒	20.79%
7	新华文轩	19.2%
8	凤凰传媒	10.54%
9	天舟文化	0.32%
10	出版传媒	-10.52%
11	新华传媒	-19.09%

（数据来源：2012年出版传媒类上市公司半年报）

主营业务增长是体现企业成长性的重要指标之一，也是影响股价变动的一个重要指标。在上一年主营业务基数确定的情况下，主营业务增长的百分比越高，意味着企业的成长性越好，因此也会受到机构与股民的关注。

长江传媒营业收入增长较大的主要原因是其出版业务增长20.87%，发行业务增长34.93%，特别是物资贸易增长达65.73%。中文传媒营业收入增长幅度较大也源于出版发行业务的增长，特别是贸易的增长达581.59%。新华传媒营业收入同比下降幅度较大的主要原因之一，是受欧债危机及整体经济下行影响，广告报刊营业收入比上年大幅下滑36.20%。

5. 2012 年上半年出版传媒类上市公司净利润增长排序

序号	股票名称	净利润增长
1	大地传媒	68.49%
2	长江传媒	51.62%
3	凤凰传媒	49.37%
4	皖新传媒	47.35%
5	新华文轩	28.6%
6	中南传媒	15.31%
7	时代出版	15.04%
8	中文传媒	15.00%
9	新华传媒	-22.41%
10	天舟文化	-26.15%
11	出版传媒	-43.48%

（数据来源：2012 年出版传媒类上市公司半年报）

净利润增长是体现企业成长性与赢利能力的重要指标之一，也是影响股价变动的一个重要指标。在上一年净利润基数确定的情况下，净利润增长的百分比越高，意味着企业的成长性越好。

大地传媒净利润大幅增长的主要原因，一是销售收入增加，二是上年同期财务费用较高，当期财务费用减少，三是公司控股的北京汇林印务有限公司减亏 1 062 万元。出版传媒净利润大幅下降主要是由于报告期内销售收入和销售毛利率同比下降及智品书业（北京）有限公司由于处置部分债权债务形成资产减值损失导致。

四、2012 年上半年出版传媒集团上市公司在整个资本市场的地位分析——规模中等偏下，成长性良好

据《上海证券报》统计，截至 2012 年 8 月 31 日，沪深两市 2 475 家上市

公司（包括以招股书形式披露的）2012年1~6月合计实现营业收入115 973亿元，同比增长6.7%；实现归属于上市公司股东净利润10 165.76亿元，同比下滑1.51%，较2011年同期逾20%、2010年同期超40%的增幅跌势明显。其中，中小板公司净利跌幅更大。我们可以依据以上数据对2012年上半年出版集团上市公司在整个资本市场的地位加以分析。

2012年上半年，11家出版传媒类上市公司（除天舟文化外全部是出版传媒集团的子公司），总营业收入203.44亿元，平均营业收入18.49亿元，而同期2 475家上市公司总营业收入115 973亿元，平均营业收入46.86亿元。可见，从整体规模上看，出版传媒类上市公司整体规模中等偏下。

2012年上半年，11家出版传媒类上市公司，净利润总额21.9亿元，平均净利润1.99亿元，同期2 475家上市公司实现归属于上市公司股东净利润10 165.76亿元，平均净利润4.11亿元。出版传媒类上市公司实现的平均净利润也低于上市公司平均水平。

2012年上半年，11家出版传媒类上市公司平均每股收益为0.21元，同期2 475家上市公司平均每股收益为0.27元，出版传媒类上市公司的平均每股收益略低于上市公司平均水平。

2012年上半年，11家出版传媒类上市公司营业收入平均增长30.09%，同期2 475家上市公司营业收入增长6.7%，显然出版传媒类上市公司的营业收入增长高于上市公司的平均水平。

2012年上半年，11家出版传媒类上市公司净利润平均增长18.07%，同期2 475家上市公司净利润同比下滑1.51%，在上市公司整体净利润下滑的情况下，出版传媒类公司的净利润实现了同比增长，这显示出版传媒类上市公司受欧债危机与实体经济下行影响较小，出版传媒类上市公司的成长性良好。

整体上说，出版传媒集团所属上市公司基本上都是赢利的，而且利润是稳步增长的，但由于其没有像其他某些上市企业那样利润翻倍甚至三倍五倍地增长，因而在股市中较少受到股民的关注。出版传媒类股票的上涨大多由政策因素或整体经济因素导致，很少由业绩增长带动。对此，出版传媒类上市公司要正确看待。如果能确保业绩持续稳步增长，必将会受到股民的青睐。

五、2012年出版传媒集团的改革发展分析——启动二次改革，建立完善的现代企业制度

2012年9月23日，新闻出版总署署长柳斌杰在出版传媒集团主要负责人座谈会上对出版传媒集团提出了二次改革的要求。二次改革是2012年及今后相当长时期内出版传媒集团改革发展的首要任务。

启动二次改革有两个先决条件：一是截至2010年12月30日，包括印刷、发行、出版在内的经营性出版单位全部完成了企业法人登记，国有资产划拨、人员身份转换、转企改制的任务基本完成，新型市场主体地位初步确立，完成了第一阶段的改革任务；二是出版企业转企以后，现代企业制度还没完全建立起来，内部经营管理机制还不完善，还存在企业单位事业管理的现象，出版企业的活力没有完全被激发出来。

二次改革的主要内容是：以"三改一加强"为重点，继续深化新闻出版体制改革，加快建立完善的现代企业制度，完善法人治理结构。要按照《公司法》的要求，健全董事会、监事会和经营管理层，探索建立职业经理人制度，明确所有者、经营者的各自职责，形成符合现代企业制度要求、体现文化企业特点的资产组织形式和经营管理模式，通过有效的制度安排，提高出版企业的市场竞争能力。要加快转换内部经营机制，继续深化以劳动、人事和分配三项制度为核心的内部改革，建立完善的企业职工考评制度和激励制度，建立符合意识形态管理要求和现代企业特征的国有出版传媒企业领导班子考核制度，并将考核结果作为确定经营者薪酬标准和职务任免的重要依据。要积极推进股份制改造，通过引入其他行业大型国有企业作为战略投资者，出版传媒集团之间联合重组、参股等方式进行股份制改造，实现股权多元化。

出版业第二次改革的启动，给出版传媒集团带来了利好，将给相关企业带来新的投资机会。2012年9月24日，传媒板块应声而涨。出版传媒开盘不久，便直冲涨停。同时，天舟文化和华策影视也强劲上涨，涨幅分别达6.87%和4.60%。在二次改革受到资本市场追捧的同时，出版传媒集团也不负众望，努力建立完善的现代企业制度，建立完善的内部机制，激发出了员工的创造性与

积极性，最终实现了业绩增长，显示出二次改革的成效。中原出版传媒集团所属大地传媒（000719）发布的业绩快报显示，公司2012年实现净利润2亿元，同比增长39.08%；每股收益为0.45元；公司2012年收入增长27.19%，加权平均净资产收益率为11.41%。湖南出版传媒集团所属中南传媒（601098）发布的业绩快报显示，2012年，公司实现净利润9.40亿元，同比增加17.14%；每股收益0.52元；公司2012年实现营业收入69.31亿元，同比增加18.34%。

六、2012年出版传媒集团文化影响力分析——凸显时代精神，释放正能量

评估出版传媒集团发展的一个重要指标是看其在社会上产生了多大的社会影响力，而能否产生文化影响力的关键是看其生产出多少精品力作。在2011年12月5~7日新闻出版总署召开的工作务虚会上，柳斌杰署长指出，要把精品力作的出版发行放在新闻出版全部工作的重要位置，充分发挥好政策、基金、资金的支持作用，提高精品力作质量，加大宣传推广力度，发挥好精品力作的社会效益。出版传媒集团按照柳斌杰署长的讲话精神，把生产精品力作当作头等大事来抓，自觉担负起自身的文化责任，努力建设书香中国，推出了一系列雅俗共赏的精品之作。

首先是围绕党的十八大、建军85周年、雷锋逝世50周年等重大事件推出了众多的主题图书。为迎接党的十八大胜利召开，各出版集团均把十八大主题出版工作作为重中之重，策划、出版了一大批质量上乘、题材多样的主题出版物，通过对主题出版物的出版发行，带动出版主业快速健康发展。2012年上海世纪出版集团精心策划出版了《人民至上》、《中国发展的精神因素》、《中国农村改革（2002~2012）》、《中国村支书》、《在那遥远的亚丁湾》、《见证》、《理想在我心中续编》等精品图书。这些图书极大地丰富了"建设社会主义核心价值体系"的内容。山东出版集团推出的《中国共产党理论创新史》、《沂蒙长风》、《军事忠诚》、《红币》、《党的十六大以来重大战略思想体系研究》、《图说中国廉政文化》等图书产生了良好的社会反响。山西出版传媒集团的《中国共产党图史》、《红色账簿》、《八路军》等图书也广受读者欢迎。

其次是推出了众多具有文化传承价值的重大工程图书。中国出版集团公司继续肩负"出版国家队"的社会责任，2012年精心打造出一批高水准的精品力作。其中《现代汉语词典（第6版）》、《汉译世界学术名著丛书（珍藏版）》、《中国文库》、《中国美术全集》等一批具有重大文化积累和传承价值的图书，实现了社会效益和经济效益的有机统一。上海世纪出版集团推出的《中国震撼》（英文版）、《国事忆述》（英文版）、《先进制造技术与应用前沿丛书》、《竺可桢全集》、《文渊阁四库全书》等一大批国家重点工程图书，丰富了中华民族的思想文化宝库。浙江出版集团"十二五"重点图书出版项目中，"浙江文丛"于2012年面世了60余种150多册，"中国艺术文献丛刊"面世了26种34册，弘扬了中华传统文化。

第三是推出了一系列探讨中国问题、中国崛起、中国的前途与命运的图书，特别是外国人写中国的书更受关注。其中，上海世纪出版集团出版的《中国触动》坦诚地告诉读者，中国人对于自己的发展，对于国际问题的认知，应该在汲取世界智慧的同时，也用自己的价值观加以检验，用自己的话语加以论述，客观自信地评述自己的国家和外部的世界：应该失语的不是我们，中国不要自己打败自己，软实力更触动世界。

第四是出版了一批鼓舞人积极向上的励志书。湖南出版集团所属湖南文艺出版社出版的《正能量》，教会人们如何激发自身的潜能，引爆内在的正能量，鼓励人们永远充满希望、充满梦想、充满幸福。"正能量"被选为2012年度流行语，对整个社会发展释放出正能量。

出版传媒集团应该是内容提供商，不论体制如何改革、资本如何运营，不管技术如何发展、介质如何变化，出版传媒集团都应该专注于提供精品内容，应该高举原创出版大旗，为读者、为社会、为人类提供丰富的思想盛宴与不断进取的精神大餐。

七、2012年出版传媒集团的资本运营分析——
打破地区壁垒，拓展新的经济增长点

从产品运营、品牌运营走向资本运营是出版传媒集团发展的一大趋势。新闻出版总署发布的《关于加快出版传媒集团改革发展的指导意见》，支持出版传媒集团实现主营业务整体上市，支持出版传媒集团兼并重组，支持出版传媒集团间开展战略性合作，支持引入其他行业大型国有企业作为战略投资者。这些政策为出版传媒集团开展资本运营提供了强有力的政策支持，极大地拓展了出版传媒集团发展的空间。借助资本的力量实现快速扩张和跨越发展，已经成为出版传媒集团的共识与努力方向。2012年出版传媒集团加大了资本运营的力度，其资本运营呈现出一些新的特点。

首先是跨行业合作成为新景观。虽然跨行业发展作为"三跨"战略之一已经提倡了很长时间，但出版行业的跨行业发展却没有取得实质性进展，2012年出版传媒集团加大了跨行业发展的力度，形成了一股跨行业合作的潮流。"异业合作频仍"被《中华读书报》评为2012年中国出版业十件大事之一。

2012年2月，山西出版传媒集团与太原钢铁集团在太原正式签订战略合作框架协议；3月，山东出版集团与山东移动通信公司在济南战略签约；4月，由中国电信江苏公司与江苏凤凰出版传媒集团共同打造的中国电信江苏凤凰云计算中心项目建设启动；6月，青岛出版集团与海尔集团就双方业已达成的互联网终端战略合作正式签约。这一系列的合作表明出版传媒集团欲引入其他行业的战略投资者，借助外力弥补自身的不足，延伸产业链，拓宽自身的市场。从中可以看出，移动出版、云计算、数字出版是出版传媒集团努力占领的制高点。

其次是跨地区重组获得新进展。2007年12月，江西出版集团与中国和平出版社正式签署改制合作协议，首开跨地区重组的先河。2008年5月江苏新华发行集团重组海南新华书店集团的零售业务成立了海南凤凰新华发行有限公司，成为第一家跨地域重组的发行企业。随后出版传媒集团的跨地域重组经历了许多曲折，取得了一定的进展，但跨地域重组阻力重重，难以有较大突破。2012年出版传媒集团在取得已有成就的基础上努力实现新的突破。2012年3月，凤凰出版传媒股份有限公司和海南省教材出版有限公司共同向海南凤凰新华发行有限公司增资，进一步整合了海南教材出版发行资源，实现了海南教材出版发行产业链一体化经营。4月，由中国出版集团公司与江西新华发行集团有限公司联合投资兴建的全国最大的现代化出版物流通中心新华联合物流中心在北京顺义区北小营镇奠基，欲探索建立全国性的大中盘。5月，中国出版集团公司与吉林出版集团有限责任公司在北京签署战略合作协议，从内容资源整合、数字出版、物流、印刷材料、国际合作、人才培训等六个方面进行战略合作，着力开发高端图书与大众图书市场。5月中旬，长江出版传媒通过增资方式，与华中师范大学共同主办华中师大出版社，开创了地方出版集团与部属高校出版社合作的先河。

第三是对数字出版、文化地产、理财产品的投资获得了新成效。由于跨地区兼并重组有相当的难度，出版传媒集团努力寻找新的经济增长点，将更多的精力放在了数字出版、文化地产、投资理财和教育培训等方面的拓展上。这在一定程度上拓展了出版传媒集团成长的空间。出版传媒集团在数字出版方面的探索我们将在下面论述。在开发文化地产方面，凤凰传媒的五大文化MALL募投项目进展顺利。其中苏州文化MALL即将投产；安徽出版集团投资1.5亿元打造的文化地产项目时代数码港工程已经封顶，很快可以正式交付使用；长江出版传媒集团的跨区域文化智慧物流服务平台、新华印刷产业园建设、长江数字教育公共服务平台、长江数字文化产业园等项目正在积极推进。

在理财产品方面，湖南出版传媒集团所属中南传媒前三季增加委托贷款2亿元和委托理财4亿元，收益近1 642万元，增长213.51倍。安徽新华书店集团所属皖新传媒先后投入近25亿元用于理财产品投资，2012年上半年实现投资收益1 431.7万元，较2011年全年862万元投资收益出现明显上升；上海新华书店集团所属新华传媒也受益于其资金管理，基于房地产业的委托理财规模稳定，2012年上半年收益为3 884万元。

2012年以来，新闻出版总署、财政部等多个部委联合发力，支持和鼓励文化企业进行并购。拓展产业链、寻找新的利润增长点，已成为我国文化企业转型发展的首要选择。随着中国出版资本时代的到来，将会有更多的战略投资者出现。目前，中国科学出版集团、读者出版集团、知音期刊集团在争取上市方面都已取得实质性进展。中国出版集团、中国教育出版集团、河北出版集团、广东出版集团、山东出版集团等都在努力争取上市。重庆出版集团经发改委批准，于2012年发行4亿元企业债券。可以预计，未来将会有更多的出版传媒企业运用各种资本运营手段进行资本扩张。

八、2012年出版传媒集团多媒体发展分析——
既要提供内容，也要提供数字文化产品

2012年全国科技与数字出版管理工作会于8月9日在长沙召开。新闻出版总署孙寿山副署长指出，全行业都要坚定发展数字出版的信心，寻找发展数字出版的突破口，切实推动传统出版向数字出版升级转型。9月23日召开的2012年出版传媒集团主要负责人座谈会的两大主要议题之一，就是出版与科技创新融合，实现数字化转型。2012年各出版传媒集团把出版与科技融合作为自觉追求，立足于一种资源多次利用，努力实现多媒体、立体化发展，初步实现了数字出版的全产业链运营，具体体现出以下特点。

首先是内容提供更富有针对性。出版传媒集团从总体上说都基本定位于内容提供，努力打造适合于各种终端的内容是其最基本追求。当前，智能手机、电子阅读器、iPad平板电脑等数字阅读终端具有的内容服务互动化、数字媒体移动化、赢利模式多样化等特点，给出版业带来了更多的发展机会。出版传媒集团瞄准移动阅读未来的巨大空间，着力于开发适合移动终端的内容，取得了良好的收益。

2012年凤凰传媒与江苏移动联合开发了"移动凤凰学堂"产品，开通了面向100多万移动用户的手机报。时代出版开发的适用于各种类型的智能终端的E-book3.0优乐互动少儿书城，在苹果商城（APP Store）正式上线后获得不错的下载量。山东出版集团追求成为"iPad上的出版集团"，其所属山东科技出版社的《中国名茶品鉴》成为山东第一本通过美国苹果商店向全世界读者销售的数字图书。山东人民出版社的《茶座》系列已上传浙江移动基地，初步实现赢利。

值得一提的是，2012年9月，广西出版传媒旗下的接力出版社和亿部文化有限公司召开"第一次发现丛书"《瓢虫》和《森林》iPhone版和iPad版两个版本的电子书发布会。这两种产品应用了仿3D技术、触控感应技术、移动定位技术等多项数字出版技术，从而使阅读过程更富互动体验性。

其次是平台建设更富有自我特色。数字出版平台是出版传媒集团延伸产业

链,实现多元化发展的根据地。无论能否赢利,通过平台输送内容、展示自我的形象都是十分必要的。但若每一家出版集团都建立大而全的平台的话,势必造成重复建设、资源浪费。因而建立独具特色的平台,并在相应领域内整合全国的资源成为出版集团的必然选择。

中国出版集团作为国家级大型综合性出版集团,由中版数据网、工具书在线、百科在线、《东方杂志》等数据库产品,手机报、文学故事报、漫画报等移动出版产品整合成的大佳网门户网已投入运营,并初见成效。中国科学出版传媒集团拥有自主知识产权的高端科技学术专著,以此为基础建立的科学e书房移动图书馆广受欢迎。中国教育出版集团所属人民教育出版社于2012年4月将该社网络公司改造为人教云汉数媒科技有限公司,以人教社的品牌优势、资源优势和市场优势为基础,以研发人教电子书包和优质基础教育数字资源为重点,全力打造中国基础教育数字出版第一品牌,受到关注。

地方出版集团也努力利用自身优势,开发建设有特色的数字出版平台。湖南出版集团借助其拥有《潇湘晨报》的新闻媒体优势开发的"一路拍"社区网、晨报3G手机正式上线、大湘网顺利上线,借助与华为合作的技术与内容优势开发的Read365移动互联阅读社区成功上线后,在中国移动阅读基地收入排行榜中位居传统出版集团第一。安徽出版集团所属的时代新媒体出版社借助其音像资源优势打造的全国首个iTV"健康频道"于2012年4月上线,仅安徽省已经拥有超过100万的iTV电视用户。江苏凤凰出版集团借助其教材优势打造的凤凰学习网注册用户数达到22.3万,累计访问量达956万。浙江出版联合集团积极推进浙江文化资源库建设项目,2012年着力完成西部文化、中国大运河文化、茶文化三大资源库的建设工程。新华文轩利用地缘优势与四川省教育厅签署战略合作协议,进行全省中小学图书馆信息系统管理平台项目建设,建成了开放的中小学数字图书管理和应用平台。

第三是生产终端立足于开发数字出版产品。数字出版轰轰烈烈,但要想获得效益,必须落实到数字出版产品。将数字出版的概念落实到数字出版产品,是2012年出版传媒集团的主要追求。

所谓数字出版产品其实就是特定数字内容与特定终端的结合。前几年,上海世纪出版集团推出了辞海阅读器,中国出版集团推出了大佳阅读器,读者出版集团推出了读者阅读器,这些尝试由于销量不尽如人意而饱受争议,似乎内容提供商就不应该做终端,做了终端就一定会失败。事实上,出版传媒集团涉足终端,与技术提供商做终端并不是同一个概念。技术提供商提供的是技术产品,而出版集团生产的则是数字文化产品,数字文化产品能否得到读者认可与技术水平、产品形态、产品价格、读者接受心理密切相关。电子书阅读器在中国市场上遭遇挫折,除了受平板电脑冲击外还有其他原因,亚马逊的电子阅读器能在国际市场长盛不衰证明电子书阅读器是有一定生命力的,只是其在中国的市场环境还不成熟。

正因为如此,出版集团打造数字出版产品的意愿似乎更加强烈。2012年10月,读者出版集团与斐讯公司合作在上海推出首款读者智能手机。这是数字化大潮下中国传统期刊"探路"数字阅读的一次有益尝试。尽管业内有不少人认为在苹果、三星智能手机引领智能手机市场潮流,中兴、联想手机群雄争霸,以小米手机、盛大手机、阿里手机等为代表的互联网手机异军突起的环境下,读者手机命运难测。但我们认为读者智能手机并不只是一种手机,而是一种内置了"读者杂志三十年珍藏合刊"内容,同时还支持《读者》最新的"云图书馆"的海量电子图书阅读下载的文化产品。如果其价格合理,内容吸引力足够强大,是有可能占有一席之地的。事实上,据读者出版传媒集团副董事长董有山介绍,读者手机已售出过万部,基本收回成本并略有盈余。

此外,辽宁出版集团的原创自主知识产权数码出版工程"大耳娃智趣学习宝典"也是内容与终端完美结合的文化产品。其在市场上广受学生与家长欢迎,证明内容提供商是可以涉足终端的,只是内容提供商更应注重文化产品的打造,而且要与读者的接受能力相适应。

将数字出版概念落实为产品,还可以有更多的形式。人民军医出版社将医学知识细化分类,通过销售卡、光盘、U盘、iPad、数据库等各种产品实现盈利,这些做法就值得出版集团学习借鉴。

第四是努力抢占核心技术的制高点。缺乏核心技术一直是出版传媒集团多媒体发展的软肋。2012年,出版传媒集团开始通过战略合作、收购股权等各种方式掌握数字出版的核心技术,通过占领技术的制高点,实现数字产品的创新,创造出适合读者消费的新的产品形态。

2012年3月,江苏凤凰出版集团子公司凤凰传媒出资7 726.5万元通过下属子公司江苏凤凰职业教育图书有限公司收购厦门创壹软件有限公司51%股权,加快推进公司职业教材数字化。凤凰传媒还出资 800 万元成功收购游侠网 54.5% 股权,涉足网络游戏。4 月 10 日,由中国电信江苏公司与凤凰出版传媒集团共同打造的"中国电信江苏凤凰云计算中心"项目正式在南京启动,全力打造全国一流的云计算应用服务体系。2012 年 12 月,江西出版集团旗下的二十一世纪出版社投资上海千陌网络科技有限公司研发少儿网游,以美德童话全书《魔法小仙子》为蓝本开发出的游戏《魔法仙踪》深受少年儿童喜爱。

2012 年 5 月,中国出版集团、中原出版传媒集团、南方出版传媒公司、人民教育出版社、云南教育出版社等八家单位,与天朗时代科技有限公司签署 MPR 数字出版战略合作协议,扩大智能语音技术在出版业的应用范围,积极开发点读笔等 MPR 数字出版物。

2012 年,二维码技术在出版传媒集团中也得到了广泛使用。许多出版社、期刊社在图书、期刊等产品上使用了二维码,将与图书、期刊内容有关的视频、音频、图片等内容链接在一起,实现了产品内容的多媒体拓展,同时也可以使读者通过扫描二维码非常便利地登录其网站,了解更多的内容。比如,上海世纪出版集团旗下的《故事会》杂志从 2012 年 7 月下旬起,隆重推出基于二维码技术的新栏目"动感地带"。通过这个栏目,读者可以利用手里的移动终端,从纸质《故事会》上获得全新的视频、音频视听体验。

九、2012 年出版传媒集团"走出去"分析——输出中国概念,注重资源整合

2012 年 1 月,新闻出版总署出台被称为"一号文件"的《关于加快我国新闻出版业走出去的若干意见》,将 2012 年确定为新闻出版业"走出去"的"布局年",首次从国家层面对新闻出版业"走出去"进行全方位布局。在这一利好政策的指引下,出版集团纷纷以全球市场为目标来运作,尝试在"走出去"方面做出新的拓展,具体表现在以下几个方面。

首先,努力输出当代题材的"中国概念"。2012 年 4 月,中国作为 2012 年的伦敦书展主宾国,在"新视角、新概念"的主题下,在全世界点亮了"中国概念"。其中各个出版传媒集团担当了重要角色。

以往，"走出去"受关注和唱主角的大都是传统文化题材类的出版物。随着中国改革开放脚步的不断迈进和国家整体实力的不断增强，中华文化特别是当代中国发展道路、时代精神风貌和未来趋势题材的出版物越来越成为包括学者、媒体、出版界乃至整个国际社会关注的热门话题。2012年伦敦书展中国主宾国活动期间，"中国概念"的主题读物受到国际社会瞩目。

吉林出版集团与中华工商联合出版社联合出版的奈斯比特夫妇撰写的新书《成都调查》英文版在伦敦书展期间受到广泛关注；新华文轩所属四川人民出版社出版的《汶川大地震》和《美好新家园》画册，展现了中国人民自强奋斗的精神，其版权被麦格希教育出版集团购买；北方联合出版传媒（集团）股份有限公司推出的《中国好人》，能让人了解中国普通百姓的实际生活，得到外国朋友的喜爱；中国国际出版传媒集团所属外文出版社出版的"中国城记系列"，深入地介绍了中国城市政治、经济、社会的文明进步，受到读者欢迎；广东出版集团所属广东经济出版社出版的《中国企业MBA案例丛书》反映了当代中国经济的发展状况和企业的管理经验，英国帕斯有限公司购买了该书版权；特别是外文出版社出版的《历史的轨迹：中国共产党为什么能？》等一系列主题出版物，在伦敦书展上受到外国读者的认同。

2012年10月11日北京时间19点，中国本土作家莫言首获诺贝尔文学奖。莫言以及莫言的作品迅速在海内外引发关注，掀起了一股"莫言热"。借此机遇，出版传媒集团加大了推动当代题材出版物"走出去"的力度。

第二，通过协同合作组成"联合舰队"共同"走出去"。长期以来，出版集团"走出去"基本上都是各自为政，单打独斗，难以形成集群优势，取得显著效果。2012年出版传媒集团开始多方寻找合作伙伴，组成"联合舰队"，共同出海。

中国出版集团旗下中国图书进出口总公司2012年把打造众多出版单位联合"走出去"的平台作为主要目标。该平台将成为连接国内外数字出版、传统出版的重要纽带。在第19届北京国际图书博览会上，中国科学出版社所属科学出版社东京公司与社会科学文献出版社、中国藏学出版社、上海交通大学出版社、青岛出版集团、人民音乐出版社、中国民主法制出版社、山东友谊出版社等国内多家出版社签署了战略合作、项目合作协议，签约的出版社将利用科学社东京公司这个平台，共同开发日文版图书市场。在北京市新闻出版局的大力支持下，民营的北京时代华语图书股份有限公司亮相第19届北京国际图书博览会，与北京出版集团、河北出版传媒集团、江苏凤凰出版传媒集团、青岛出版集团等国内出版传媒集团携手，一次性签约100部优秀图书英文版权，并冠名为"新中华文库"，从2012年秋冬季开始陆续在美国出版。

此外，中国作家出版集团与中国国际出版集团2012年5月签订战略合作框架协议，以发挥各自的优势，把更多的优秀作家和作品介绍到海外；8月，长江出版传媒股份有限公司与南方出版传媒股份有限公司正式签订战略合作协议，双方将在推动"走出去"等方面展开合作，实现合作共赢；9月，中国教育出版集团人民教育出版社与昆明新知集团有限公司签署了合作意向书，欲共同开拓东南亚、南亚国际市场。

通过联合舰队"走出去"，可以整合资源，形成集群优势，将会是中国出版业"走出去"的主要方式。希望这种联合不要流于形式，而要努力取得实际效果。

努力拓展"走出去"的新领域，除了在传统出版物的"走出去"方面着力，出版传媒集团正越来越多地和境外机构在数字出版、教育、印刷、艺术品经营等诸多领域尝试合作，呈现多元文化传播态势。

2012年4月，江苏凤凰出版传媒集团在伦敦成立境外首家实体企业，现已成长为国际文化交流平台和文化投资平台。12月初，凤凰集团在智利圣地亚哥中华会馆挂牌成立凤凰瀚融国际股份有限公司，在加拿大温哥华挂牌成立凤凰文化贸易集团公司加拿大办事处。这样，凤凰出版传媒集团将"走出去"的触角延伸到了整个文化贸易领域。2012年5月，中国出版集团公司与英国欧若拉出版公司、英国诺丁汉商学院签订战略合作备忘录，首次进军海外教育产业，开展国际合作办学新尝试。广西出版传媒集团正在向越南拓展包装印刷业务，目标是"在越南筹建一个印刷包装厂和工业用纸生产线，在东盟拥有文化产业经营实体"。2012年8月，新华文轩出版传媒股份有限公司与美国圣智学习集团举办战略合作签约仪式，积极利用圣智学习的电子参考书平台——圣智盖尔电子图书馆，为海外用户提供能够反映当代中国经济、社会、文化发展的大批量权威电子书。

2013年3月18日，新一届国务院第一次常务会议批准组建国家新闻出版广电总局，这为出版传媒集团的发展提供了发展机遇，进一步打开了发展空间。出版传媒集团的传媒产业链延伸在行政管理上将更为畅通,阻力将会减少,但真正形成大的出版传媒集团还需要借助市场的力量与市场运作。我们可以期待像新闻集团、贝塔斯曼那样的国际传媒集团的诞生,但我们不希望行政捏合。行政捏合的传媒集团越大,其活力就越小。然而,鸟笼已经打开,大门也已打开,鸟儿应该展开翅膀,迎风翱翔。

参考文献

[1] 新闻出版总署产业发展司. 2011年新闻出版产业分析报告 [M]. 北京:中国书籍出版社,2012.

[2] 郝振省,魏玉山. 2011~2012中国出版业发展报告 [M]. 北京:中国书籍出版社,2012.

[3] 马莹. 2012年中国书业大势大事 四大趋势引领出版产业走向. 中国图书商报 [N],2012-07-03.

[4] 宇澜,蓝有林,刘海颖,刘志伟. 2012年中国书业年终盘点. 中国图书商报 [N],2012-12-21.

(课题组组长:郝振省,副组长:魏玉山;成员:庞沁文、冯建辉、杨莹。本文由庞沁文执笔)

企业个案

中华书局百年的历程和发展

徐 俊

斯文在此,百年辉煌。中华书局,中国传统文化的出版重镇,在2012年迎来了它的百岁诞辰。自诞生之日起,它就秉承以社会责任为重的出版理念,承担起中华历史与文化的积累和传承职责,在百年的风雨历程中,形成了自己独特的文化基因和精神魅力,为中国百年来的人文积淀、学术发展做出了不可磨灭的贡献,也对中国传统文化和民族精神的建构发挥了不可估量的作用。

2012年3月22日下午,"中华书局成立100周年庆祝大会"在人民大会堂隆重举行。本次庆祝大会是中华书局系列局庆活动最为浓墨重彩的乐章。

胡锦涛同志致信中华书局,向全体员工和离退休同志表示热烈的祝贺和诚挚的问候。温家宝同志也向中华书局成立100周年表示祝贺。李长春同志会见中华书局成立100周年庆祝大会与会代表并讲话。

胡锦涛在贺信中指出,百年来,中华书局恪守传承文明职责,秉持守正出新宗旨,在一代又一代员工的不懈努力下,整理、出版了一大批古籍经典和学术新著,受到广大读者的普遍赞誉和充分信任,为弘扬中华文化、促进学术繁荣、提高民族素质、推动社会进步作出了重要贡献。

胡锦涛表示,我也是中华书局的一名忠实读者。中华书局出版的许多书籍,都给了我有益熏陶和深刻启迪。

胡锦涛强调,优秀传统文化是中华民族的宝贵精神财富,是发展社会主义先进文化的深厚基础。希望中华书局以成立百年为新的起点,认真贯彻党的十七届六中全会精神,大力推进体制和机制创新,始终坚持古为今用、推陈出新的出版方向,继续保持笃实谨严、精审细校的科学态度,不断推出更多代表国家最高水准的优秀出版物,在传播中华民族优秀传统文化、建设社会主义文化强国的进程中再创新的辉煌。

在此之前，中华书局已经在2011年分别于哈尔滨、香港、南京和上海举办了"百年再出发中华书局文化沙龙"活动；于2011年12月28日在上海图书馆举办"中华书局百年历程暨珍贵图书文献展"，召开中华书局创建百年座谈会；2012年3月16～31日，展览移师中国国家图书馆，受到广大观众的特别关注和好评。另外，2012年2月23日中国邮票发行总公司发行的《中华书局》特种纪念邮票及首日封，从国家的高度显示了对中华书局历史成就与文化贡献的肯定。

值得记述的是百年局庆序幕的拉开，这要溯至2009年4月8日。那一天，中华书局为它的创办者陆费逵先生的铜像举行揭幕仪式；同时，礼聘季羡林、任继愈、何兹全、饶宗颐、冯其庸、袁行霈等六位海内外学界泰斗担任学术顾问，这一尊重学者、尊崇学术的举措在图书出版界尚属首例。

以这种方式拉开百年局庆序幕，对中华书局而言是具有特殊意义的。它类似于一种文化和出版宣言，昭告了中华书局饮水思源、不忘先贤、继承传统、自觉肩负弘扬文化责任的坚定信念。

书香历经百年风雨而浸润历史，素卷穿过岁月沧桑而传承文明，时间铸就了中华书局这个百年老店的地位和风范，一步一步把它雕琢成文化的传奇和纪念碑。100年来的辉煌成就，尽在那些墨香四溢的书册中……

一、教育启蒙与社会变革的推动者

且让我们把回望的目光投向100年前。1912年元旦，中华民国在南京宣告成立，26岁的陆费逵便在当天于上海挂牌成立了中华书局，并祭起"教育革命"的大旗——"立国根本在乎教育，教育根本，实在教科书。教育不革命，国基终无由巩固；教科书不革命，教育目的终不能达也"。然后，在短短半个月内就陆续推出早已提前编好的系列"中华教科书"。这套教科书在民国时期占据了国民教育课本的半壁江山，一举奠定了中华书局在近代中国出版界的地位，也成为中华书局百年基业的柱石。

如果从更深远的社会意义上考虑，教科书在清末民初具有特别的意义，不仅传播知识，更是民主共和思想启蒙的利器。袁世凯称帝、张勋复辟之所以

"昙花一现",与这些教科书所普及的民主共和观念不无关系。

著名学者葛兆光在谈到中华书局的历史作用时说:"从1894年到1911年间,影响知识分子和整个社会最重要的变化之一是现代出版的出现,其与报刊一同形成了另外一套知识生产的系统,推动了中国从封建帝国向共和的转变,其中以改变了中国人整个知识结构的教科书影响最大。将中华书局存在的意义放到这样的大背景下来看,我们可以说,它是整个社会变化的一个重要推动力量。教科书是新知识深入到一般民众的很重要的途径。"

以陆费逵为代表的中华书局经营者,正是由于始终把教育启蒙的精神,贯注在日常的出版活动中,因而造就了绵延百年的优秀的出版品质,并使中华书局在不同的历史时期,都担当起时代思想解放的引领者。

譬如在"五四"时期,它成为中国新文化运动的滥觞之地,先后出版了一系列西方思想文化经典作品。达尔文的《物种原始》、亚当斯密的《国富论》、卢梭的《民约论》、莎士比亚的《哈姆雷特》和托尔斯泰的《战争与和平》等竞相问世,影响深远。

譬如在改革开放之初,它又成为思想解放运动的燃灯者。"文革"刚结束,"左倾"还很严重时,中华书局即讨论出版美国历史学者黄仁宇的明史著作《万历十五年》。这一举措实在需要巨大勇气,充分体现了中华书局尊重学术价值、以思想教育启蒙为己任的社会责任感。

今天我们对于中华书局百岁生日的纪念与庆祝,并不完全因为它历史长、规模大,更重要的是,它以教育精神为滋养而成就在书业上的历史地位时,也因为在文化发展上春风化雨、润物无声的作用,而造就了在中国文化史上的重要地位。中华书局的百年史,就是国家文化记忆的一部分。她已经成为这个国家现代变革的一部分。

二、文化传承的中流砥柱

在纪念中华书局创办80周年时,季羡林先生曾以"一身正气,两袖清风"对联相赠,横批为"中流砥柱"。百年的历史,见证了中华书局如何在风云变幻中,以无数优秀的出版物,成为中国文化传承的中流砥柱。

以教科书奠基的中华书局,从1917年进入稳定发展期,陆续推出了一系列气贯长虹的重大出版项目——开创现代工具书编纂的先河,推出《中华大字典》和《辞海》;最早以现代排印方式整理出版了大型古籍丛书《四部备要》,影印出版了号称"古代百科全书"的《古今图书集成》,当时原书已几近绝迹,这一出版行为具有文化抢救的意义。

新中国成立后,中华书局于1954年实行公私合营,总公司从上海迁到北京,1958年被确定为整理出版古籍的专业机构。毛泽东、周恩来、朱德、董必武、陈云、薄一波、李一氓等老一辈革命家,都对古籍整理出版事业进行过指示与重托。1959年,北京大学中文系设立了古典文献专业,最高学府为一家出版社特别开设专业培养专门人才,史无前例。

"校理故籍千载业,切磋疑义百家鸣"(齐燕铭语)。从此,涌现出无数流光溢彩的典籍书刊,奠定了中华书局的历史地位和出版个性,如《永乐大典》、《文苑英华》、《太平御览》、《资治通鉴》、《全唐诗》、《甲骨文合集》等大型图书的整理编纂;近年《天一阁藏明钞本天圣令校证》、《新获吐鲁番出土文献》、《敦煌经部合集》、《中华民国史》、《顾颉刚全集》等重要史料、学术著作的出版等。

其中最为人熟知的,无疑是从1958~1978年,组织全国百余位文史专家整理出版的"二十四史"及《清史稿》点校本。这项被公认为新中国最伟大的古籍整理出版工程,对中华文化传承有着不可估量的意义。

2006年,中华书局提出启动"二十四史"和《清史稿》点校本修订工程,温家宝同志做了重要批示:"对古籍出版事业要予以重视和支持。"2007年,修订工程正式启动,此时已住在医院的季羡林先生热情洋溢地致信中华书局:中华书局的修订版"二十四史"出版之日,就是古籍整理与出版的黄钟大鸣而特鸣之时,也是庆贺中华书局百岁华诞的二十四声礼炮齐鸣之时。

百年以来,中华书局始终关注中华历史与文化的传承,累计共出版图书3万余种,新中国成立后获奖图书500多种。南京大学新近完成的《中国人文社会科学图书学术影响力报告》称:在全国近500家出版社中,中华书局各学科图书学术影响综合排名位居第二,其中历史学、民族学、中国文学等四个学科名列第一,考古学、语言学等四个学科名列第二。

著名学者冯其庸这样评价:"近百年来,中华书局为继承、维护、发扬祖国的传统文化，起到了无可估量的作用。一个民族的思想文化，是一个民族的精神支柱，是一个民族的灵魂。中国是有五千年历史的文明古国，我们有孔子、屈原、岳飞、文天祥这样的思想文化圣哲和英雄豪杰。他们筑成的精神长城，现代主要是由中华书局、商务印书馆等出版机构传承下来的，这些出版机构对国家和民族的贡献，是无法用数字来衡量的。"

三、为大众服务的文化普及者

精良、高端的古籍整理和学术著作，是中华书局安身立命的出版主业，这是对中国文化的自觉传承；而让大众了解传统文化的精髓，涵养中国人的精神与情操，则是对中国文化的普及与传播。百年之间，服务大众、普及文化一直是中华书局的出版信念之一。

中华书局成立早期，从500余种新式教科书，到《大中华》、《小朋友》等40余种影响广泛的刊物，以及各类通俗、普及读物等，都致力于同一个文化追求——从不同角度服务大众，推进对于中华传统文化的认识和推广。

20世纪60年代，在周恩来总理的支持下，中华书局陆续出版了一套"中国历史小丛书"。它坚持"大专家写小文章"的思路，邀请很多名闻遐迩的大专家来撰写非常通俗的历史普及读物，包括吴晗的《海瑞的故事》、单士元的《故宫史话》、侯仁之的《徐霞客》等，起到了重要的文化普及作用。

秉承"大专家写小文章"思路的，还有1983年创刊的《文史知识》。王力、季羡林、任继愈、臧克家等学术文化大家都曾是它的作者队伍。这本薄薄的小刊物对中国人的文化影响力极为巨大。

进入新世纪以来，中华书局越来越认识到，大众需要从传统文化中汲取营养，因此开始把自身的定位从"传承者"扩大为"传播者"，在作为主业的古籍整理和学术著作之外，奉行"以专业的精神出普及读物"的理念，努力探索成体系、成规模、高质量的文化普及读物的出版。

这种探索以2004年阎崇年《正说清朝十二帝》的热销为起点，随后陆续推出《国史十六讲》、《万历十五年》（增订纪念本）、《兵以诈立》、"马未都说收藏"系列、《姥姥语录》、《宅兹中国》、《现代中国的历程》、《〈读书〉十年》等大众和人文学术类著作。其中2006年11月出版的《于丹〈论语〉心得》，创造了出版界近年来的奇迹——首印60万册，首发式签售突破10 000册，单本书销售过520万册，码洋过亿元，输出版税收入达10万英镑。定位于家庭基本藏书的"中华经典藏书"，也一举在同质化竞争激烈的市场中脱颖而出，销售320万册，销售码洋超过5 800万元。这股"国学热"也拓展了中华书局文化产品"走出去"的道路，再次使中华书局文化普及读物的海内外影响力上升到一个高峰。

这些文化普及方面的探索，不仅将中华传统文化的精髓推进、深入到普通中国人心中，也使中华书局的品牌形象除了权威感之外，又增加了更多亲和力。

四、知识分子的精神成长史

凡是研究中国传统文化的学者，大概都曾受到过中华书局在学术上的厚惠。"环堵半是中华书"，对于近现代中国知识分子来说，中华书局与他们的知识积累、学术成果与精神塑造是密不可分的。

中华书局自创立之初，就致力于组建庞大的超一流的学人团队，这种顶尖人才扎堆的文化现象在近代中国可以说是绝无仅有的。荦荦大者就有梁启超、于右任、范源廉、沈雁冰、马君武、李劼人、刘大杰、李达、张闻天、潘汉年、叶圣陶、朱自清、田汉、金兆梓、钱歌川、徐志摩、郁达夫、郭沫若、郑振铎、巴金、徐悲鸿、刘海粟、陈伯吹等。这些文化界"大腕"或受聘来局，或特约著述，把自己的学术成就与精神信仰融入出版物中。那些影响中国近代历史进程的风云人物，都曾吮吸过中华书局的"乳汁"，中华书局是他们的文化"乳母"。

新中国成立后，随着中华书局成为古籍整理和学术著作出版的重镇，齐燕铭、吴晗、顾颉刚、陈寅恪、陈垣、唐长孺、王仲荦、白寿彝、启功、钱锺书、张岱年、王力、唐圭璋、季羡林、任继愈等著名学者，成为中华书局的重要作者和知心好友。可以说，学界精英的支持，成就了中华书局的核心品牌和优势产品。

"中华的书买多了,便会发现,无论我想做什么题目,手边都有论题所需要的以中华的书为骨干的一个基本书目。中华的书,以体贴人心的选题为我铺就了一条读书问学的路,作为'实体',它成为了我家的一部分,作为精神,它自然更是生活的重要组成。"著名学者扬之水说。

除了以优良的图书为知识分子铺就读书学问、精神成长的道路外,中华书局还通过对作者人才的有意培养、奖掖及聚拢,而承担着更为重要的学术引导与学术评价的作用。从两个事例便可见一斑。

一是在中华书局早期,马君武在"二次革命"失败后被通缉,决定去德国攻读博士。由于他手头拮据,陆费逵就主动每月为马君武的译稿提供高额稿酬,承担了他的所有留学费用及其眷属在国内的生活开支。三年后,马君武译出卢梭《民约论》和达尔文《物种原始》,为新文化运动提供了先进的新式思想武器。

二是在20世纪五六十年代,金灿然以过人的胆识提出"人弃我取,乘时进用"的用人方针,陆续调进了错划为"右派"的宋云彬、马非百、傅振伦、杨伯峻、李赓序、傅璇琮、沈玉成、褚斌杰等著名学者近20人。能够"网罗"这样顶尖的队伍,在当时确实是令人吃惊的。

上海市新闻出版局副局长阚宁辉说:中华书局的历史,也是中国几代知识分子的精神成长史。中华书局今天赢得的口碑和荣誉,雄辩地证明,就我们所从事的文化而言,分量比数量更可贵,产品比产业更重要,价值比产值更久远。

五、百岁中华的精神遗产

中华书局已经走过了100年的历史,它留下的精神遗产是什么?究竟是什么在支撑着一个出版机构屹立百年而不倒?中华书局前总经理李岩以创始人陆费逵抱持的"坚守,执著,专一,强毅"的精神作为总结,指出中华书局以一个出版单位的坚守和努力,实现了自己的出版理想和人文情怀,对中国传统文化和民族精神的建构做出了不可磨灭的贡献。也许我们可以从以下三方面一窥究竟。

（一）以社会责任为重的出版理念

在中华书局成立的宣言书中，怀抱着"开启民智"理想的陆费逵这样表达："我们希望国家社会进步，不能不希望教育进步；我们希望教育进步，不能不希望书业进步。我们书业虽然是较小的行业，但是与国家社会的关系却比任何行业为大。"

在谈到从业者的人格时，他说："书业商的人格，可以算是最高尚最宝贵的，也可以算是最卑鄙龌龊的。此两者之判别，唯在良心上一念之差；譬如，吾人如用尽头脑和心血，出一部有价值的书，贡献于社会，则社会上的人们，读了此书之后，在无形中所获的利益，定非浅鲜；反是，如以诲淫诲盗的书籍，贡献于世，则其比提刀杀人，还要厉害，盖杀人不过杀一人，恶书之害，甚于洪水猛兽，不知要害多少人。所以我们当刊行一种书的时候，心地必须纯洁，思想必须高尚，然后才可以将最有价值的结晶品，贡献于世；否则，不但于道德方面要抱缺憾，即自己良心方面亦受责罚。"

在百年庆典之际，重读这样的文字，就能够理解中华书局百年辉煌的必然性。在它的历史源头，中华书局始终与民族、国家命运息息相关。陆费逵先生对出版业的认识与实践以及一代代中华人的努力，铸就了中华书局100年始终不渝的传统：那就是对国家民族的强盛进步、文化学术的传承发展具有强烈的责任感和使命感。

在近百年的时代变局中，中华书局一直坚持着这样的社会责任感，"像爱护眼睛一样爱护书的品质"、"从不把经济利益作为出书的主要标准"。正是这种以社会责任为重的出版理念，才使中华书局在过去激烈的市场竞争中脱颖而出，基业长青。

（二）尊崇学术、以诚待士的企业文化

在百年的时代变局中，中华书局一直秉承着尊崇学术的传统。陆费逵曾经"七顾茅庐"，锲而不舍地约请舒新城主编《辞海》，舒新城最终被感动，于1930年出任中华书局编辑所主任兼图书馆长，月薪为300大洋，而陆费逵作为总经理，工资只有220块。

陆费逵很早就意识到了人才问题。和他共过事的人多半说他"用人唯贤"，

善于用才,"爱才若渴,知人善任"。

在对人才的追求与器重,以及对职工的职业培训方面,中华书局一直持积极态度。它的"以诚待士"之风贯彻始终,能提供诸多良善条件,让编辑、作者们"自安其位"。比如中华书局的图书馆,陆费逵在任时,一度藏书六十余万册,书库与编辑室间,有"小型升降机"运送图书,以方便编辑和作者使用。

王春回忆金灿然先生如何培养刚大学毕业的青年人才时说:"对这些大学生,灿然同志的要求是严格的。首先是当面谈话,了解思想和业务水平;其次是看他们写的文章(包括毕业论文),并让他们审稿,从审稿意见中了解处理问题的能力;最后还经常听取编辑组组长对他们工作的评价。经过反复考察,实在不适合在中华书局工作的就坚决调出,以便他们在更合适的其他岗位上发挥作用。留在中华书局的同志,大部分都是今天的编辑骨干。"

这种企业文化一直延续了百年。直到现在,中华书局对员工的提携与任命,依然是不拘一格,每年对新员工进行培训也依照传统习惯,员工们都有很强的认同感与归属感。

舒新城曾经谈到,总经理陆费逵充分信任他,给予全力支持,编辑所的同事也多是"恂恂儒者",工作关系之融洽愉快,是他以前在学校教师岗位上不曾有过的。他很享受中华书局这种"独特的家庭式的企业文化氛围"。

也许正是这种"独特的家庭式的企业文化氛围",使得中华书局得以延揽大批知名学人加盟,在百年历史中具有很强的向心力和凝聚力。

(三)尊重作者、真诚服务的学者型编辑风范

在出版界,中华书局素来以具有高水平学术能力的学者型编辑而著称——范源廉、舒新城、张相、李达、田汉、张闻天、金兆梓、陈伯吹、钱歌川、金灿然、宋云彬、章锡琛、陈乃乾、徐调孚、杨伯峻、周振甫、赵守俨、李侃……这些人是这支百年相传的编辑队伍的杰出代表。他们"甘为他人作嫁",将自己的心血和智慧融入他人的学术成果,并视此为自己的历史承担和价值追求。是他们,为中国现代出版业留下了让人敬佩的编辑风范和品格。

有关中华书局编辑和作者学术情谊的佳话数不胜数。如钱锺书亲笔赠言《管锥编》责任编辑周振甫,"校书者非如观世音之具千手千眼不可。此作蒙振

甫兄雠勘，得免于大舛错，得赐多矣。"周振甫是古典诗词、文论专家。后来他在接受《东方之子》采访时，当被问到没有成为一个职业学者会不会遗憾时，他回答："中华书局给我编审，就可以了。"令中华书局上下感佩不已。

此外还有关于沈玉成润色黄仁宇《万历十五年》的佳话。黄仁宇去美国30年，很少使用中文写作，他自己翻译的中文稿遣词造句很难让人读懂，甚至有语法不规范之处。沈玉成对《万历十五年》的文字进行润色，并和远在美国的黄仁宇通过书信反复核对，使此书成为文字典雅的经典学术之作。袁行霈先生谈及，1963年，时任中华书局总编辑的金灿然向他约写《陶渊明》书稿。直到2000年，他才完成《陶渊明集笺注》，将书稿交给了中华书局。"数十年中，书局的编辑从未催促过我，只是关注着我，不断送来书局的稿纸。中华书局一直都有这样的传统，对年轻的学者很扶持，而且能体谅作者的艰辛。"

学者安作璋也表达了自己的感动，"初稿寄回来修改，除了边页上写的铅笔字和各种符号不算，单是粘在书稿里面的宽窄不等的大小纸条就有80余条，每条上都密密麻麻地写满了蝇头小字。这些都是有关修改意见和应注意的问题。"

复旦大学中文系教授陈尚君对此也深有感触，"最近几年修订正史，反复讨论体例样稿，在出校改动与否的细节把握上，每次都曾仔细推敲，历经数日，以求达成共识。正是许多这样的坚守和追求，造就中华书局的出版地位。"

1965年10月26日，顾颉刚先生因病需动手术，预立《遗嘱》，其中第六条说："我一生写作，应悉交中华书局，请他们组织委员会整理。"在历经二十多年的编纂后，2010年年底，《顾颉刚全集》终于由中华书局出版。此事所显示的学者对于中华书局编辑能力的信任，令人感喟。

金灿然曾这样说："我们有责任为作者提供和创造各种写作条件，使一切有真才实学的、下过功夫的作者的著作，都能够得到出版的机会。""编辑要尊重作者、耐心地帮助作者，和作者交朋友，建立相互间的信任和友谊，使作者乐意和我们建立经常的联系，帮助我们共同把工作做好。"

这些朴实无华的话语，都是中华书局在百年间留给我们的有关编辑文化的最值得珍视的精神遗产。

学者余英时先生说："清末以来，中国文化传统之所以危而未倾，中华书局在以往百年中之努力与有功焉。"

回望过去的100年,中华书局与中国的文化精神一直紧密相连,其经营百年的原动力,来自于恢弘的精神气象和文化格局。在百年再出发的当下,总结、回望中华书局在上一个百年留给我们的宝贵精神遗产,对于今后的发展弥足珍贵。正如中华书局前总经理李岩所说的:"中华书局将在坚持主业的基础上,不断创新传统文化传播的方式,恪守'守正出新'的理念,做有良心、有个性的百年老店。"

对于跨入新百年的中华书局来说,致力于传统文化为核心的专业出版之路,是近十年探索实践的选择,也是未来要更加专注而为的方向。无论是传统出版,还是数字出版,专业性是产品质量的基本保证,是品牌影响力的决定性因素。内容品质坚持专业评判,读者需求紧贴市场导向。在阅读多元、品种骤增的形势下,中华书局会坚持"基本书"的出版理念,以专业的水准,为不同层次的读者提供有关古代传统文化的最基本书,实现优质产品群的积累效应。正如中华书局创始人陆费逵先生所说的那样:"我们书业虽然是较小的行业,但是与国家社会的关系,却比任何行业为大。"我们与国家、社会密切相关,也必然随着国家、社会的变化而进步。我们坚持一种信念:中华文化有着光明的前景,这是由对中华民族的信心而来,由对未来社会的信心而来。唯愿文化自觉成为社会前进的助力,让阅读成为文化发展坚定的力量,出版在回到本义的坚守与创新中,成为文化繁荣发展的推动者和获益者。

(作者为中华书局总经理)

文化的追求与责任

——生活·读书·新知三联书店八十年（1932~2012）[①]

张文彦

多少年来，几乎每位中国读书人都曾阅读过生活·读书·新知三联书店的书刊，它对当代中国思想和阅读产生的影响不可估量。2012年7月，三联书店迎来了80周年店庆，这成为中国出版业乃至文化界的年度重要事件之一。

80年来，三联书店为中国出版史创造了一个独特的存在：诞生于中国近现代的黑暗时刻"九·一八"事变后，在上海"孤岛"中坚持，在国统区中奋争，在枪林弹雨中前进，怀抱着建设新中国文化的宏伟梦想，并入人民出版社后亦不曾忘理想，在20世纪80年代迸发出灼目的光华，在市场化大潮中转型、坚守，始终是中国读书人心中无可替代的出版文化品牌、"知识分子的精神家园"。在这漫长而曲折的历程中，似乎一直有一种持之以恒的力量，推动着三联自强奋进，似乎一直有一种一以贯之的气度，维系着三联的往日今昔，使其在艰苦的岁月里可以甘之若饴，使其在命运的挫折中不会颓唐失意，使其成为青春花蕾不断绽放的新中国的"准百年老店"。三联书店80年店庆，已经成为2012年一道独特的文化景观，让我们短暂回顾这一盛况，并追溯80年的往事，去寻找三联生命中一以贯之的力量与气度。

[①] 注：文中史料来源为《三联书店简史（稿本）》（张文彦、卞卓舟编著，生活·读书·新知三联书店2012年版）

一、无愧于时代——三联书店八十年盛典

2012年7月26日下午,雨中北京空气清新,京、沪、港三家三联书店齐聚人民大会堂共庆三联书店80周年华诞。这次庆典规格极高,影响甚广。胡锦涛同志发来贺信,吴邦国、温家宝、习近平、李克强等分别表示祝贺,李长春、刘云山、刘延东等亲自出席。共襄盛举的还有诸多海内外学者名家,他们是士林的中坚力量、文化的杰出代表。

在此之前,三联书店开展了数项弘扬传统、接续文脉的实际文化工作,以迎接80周年盛典,扩大文化影响力,主要有以下内容。

一是成立韬奋图书馆。这是我国首家由出版单位成立的公益社区专题图书馆,以现代出版史和出版人物研究为特色专题。成立该馆是三联的多年夙愿,最早可追溯到1944年韬奋先生逝世后,周恩来亲自主持筹备纪念和追悼事宜,组建13人筹委会,拟定了《纪念和追悼韬奋先生办法》,其中就有在重庆募捐设立韬奋图书馆一项,但因复杂的历史原因未能实现。韬奋图书馆25 000多册藏书中有1/5是1950年代之前的版本,包括上世纪30年代后出版的《资本论》、《生活》杂志等珍贵文献。2012年7月16日,该馆在北京三联书店办公楼一角落成,与韬奋三联书店、读者俱乐部一起,共同开始构建一个充盈书香的三联文化场。

二是出版《三联经典文库》。文库是三联书店80年来所出版的6 800余种图书的精选,计划出5辑,每辑100种。其中第一辑于2012年6月面世,所选图书始于1932年,截至1951年,涉及政治、经济、社会、军事、思想文化诸领域,涵盖多种体裁,有许涤新的《三民主义读本》、周立波的《晋察冀边区印象记》、艾思奇的《大众哲学》、吴晗的《朱元璋传》、张友渔的《中国宪政论》、郭沫若的《苏联五十天》等影响深远的著作。文库出版得到了国家社科基金的支持。

三是编纂《三联书店简史》。店庆当日,三联书店为嘉宾每人赠送了一本《三联书店简史(稿本)》。该著作是对三联书店80年历史的首次回顾论述,借此机会向三联老出版人、作者及读者征求意见、核定史实,集思广益后再行正

式付梓。三联书店一直有着自我修史的传统与主动意识，十余年来，陆续出版了《生活书店史稿》、《战斗在白区——读书出版社1934~1948》、《新知书店的战斗历程》、《生活·读书·新知三联书店文献史料集（上、下）》以及《生活·读书·新知三联书店大事记稿本（上编1932~1951）》等，主要对三联书店建国以前的历史进行了梳理。回顾近年来出版史研究工作，涉及商务印书馆、中华书局等出版机构及张元济、陆费逵等人的成果颇丰，但对三联的研究却是有限而单薄。三联书店在建国前的革命性及建国后的文化学术创造力，其发展脉络与转型动力，具有独特而丰富的研究价值，却尚未得到发掘。此次80年修史工作，不仅积极推动了中国出版史的完善丰富，更展现了近现代以降文化生产的多样性与创造力。

自上世纪30年代生活书店始，毛泽东、周恩来等中央领导人就多次给予三联书店亲切关怀和直接指导，80周年之际，三联书店再次得到党和国家领导人的祝贺，殊荣背后有更多值得解读的文化深意。胡锦涛同志在致信中强调：希望三联书店坚持走中国特色社会主义文化发展道路，以创建80周年为契机，创新体制机制，发挥特色优势，不断推出思想性、知识性、可读性有机统一的精品出版物，为建设社会主义文化强国贡献新的力量。其中，推出思想性、知识性、可读性相统一的精品出版物，正是三联书店多年来文化追求与品位的集中体现，铸造起读者心目中无法替代的文化品牌。来自中央的祝贺，既是对三联书店对我国革命、建设、发展文化贡献的肯定，又是对三联未来的殷切期望。大而言之，在深化文化体制改革、推动社会主义文化大发展大繁荣的时代背景下，对三联的重视与期望，正反映出国家对文化强国政策所表现出的信念和决心。

无数学者名家在三联书店80周年之际寄出心声。作家王蒙说，三联书店有"盗火"传统，燃烧革命青年的心；百岁老人周有光称，希望三联维持好的传统、进步的传统，推进社会、推进出版事业，通过出版事业推动社会，这是非常重要的历史任务；学者金冲及说，在1947年上大学时，读这三家出版社（生活书店、读书出版社、新知书店）的书比读老师指定的书还更多；学者陈来认为三联书店对1987年以后的中国学术界，特别是80年代末、90年代直到今天，中国学术大踏步的前进起了重要的支撑作用；吴敬琏称，为了中国的进步，三联书店给好几代人提供了营养……一直以来，诸如此类的评价、赞誉与期许一直伴随着三联的成长,杨绛曾归结三联的气质为"不官不商,有书香",季羡林则将三联书店的"店格"归纳为八个字:"清新、庄重、认真、求实。"这些来自写书人、读书人和爱书人的嘉许,是三联80年来对中国文化贡献的最佳明证。

二、三联书店的历史回顾

1932年之后,生活书店、读书出版社和新知书店陆续在上海成立。它们有着不同的出版宗旨与目的,但同属于左翼文化阵营;它们共同经历抗日战争、上海"孤岛"以及内战的艰苦卓绝,并肩奋斗,相濡以沫,理想与信仰日益重合,最终在1948年汇合在一起,继续共同完成传播进步思想文化、启蒙大众的使命。

(一) 生活、读书、新知三店的发展与合并

1931年9月26日,上海。在《生活》周刊的"本周要闻"中,主编邹韬奋愤笔写道:"本周要闻是全国一致伤心悲痛的国难(作者注:九·一八事变),记者忍痛执笔记述,盖不自知是血是泪。"此后,他连续写下《国庆与国哀》、《宁死不屈的保护国权》、《宁死不屈的抗日运动》、《宁死不屈的准备应战》等抗日檄文,公开谴责国民党的不抵抗政策,表明自己与《生活》的政治立场。

《生活》周刊原本是中华职业教育社的机关刊物,办公室设在辣斐德路(今上海复兴中路)的一个小过街楼里。1931年,"九·一八"国难和社会活动家、革命学者胡愈之的加盟,共同催化了主编韬奋政治思想立场的转变。这亦引起国民党当局的注意。为避免牵连中华职业教育社,韬奋决定自主经营创办出版社。1932年7月,生活书店以股份公司名义在上海注册,全部资产不到4万元、职工20余人。此时,上海已成为中国文化出版中心,拥有中国近现代出版史上的最高峰——商务印书馆。该馆盛时员工曾达5 000余人,但在1932年年初日军空袭中遭受重创,整座大楼化为灰烬,中华书局当年的营业额则上升至400万元。相比之下,生活书店可谓力量薄弱,但其经营体制却不同于一

般民营出版商,采取经营集体化、管理民主化、盈利归全体的合作社体制,每位员工都是书店持股人。生活书店见证了韬奋从进步知识分子成长为革命出版家的道路。这里也成为宣传马列主义和共产党思想的主要阵地之一。

与生活书店相同的是,李公朴1936年创办的读书出版社和钱俊瑞1935年创办的新知书店均发轫于期刊:《读书生活》半月刊和《中国农村》月刊。刊物从一开始就成为三联的优良基因。这种传播方式对思想和观点的传达更为迅捷有力,因此屡遭禁止,但屡禁屡创,与图书出版一起突破国民党的"文化围剿",扩大了共产主义思想的影响力,在国统区共同构建起了进步思想启蒙平台,团结了一大批民主人士和进步知识分子,不断壮大文化阵地,读者遍及海内外,为日后三联书店在华人世界的影响奠定了基础。

三家书店出版了一大批进步刊物与书籍。例如,1936年生活书店以"世界学术名著译丛"之名为掩护,出版了恩格斯的《反杜林论》、马克思的《价值、价格与利润》等马恩系列著作。以读书出版社名义出版的第一本书是艾思奇的《哲学讲话》,至1948年发行了32版,成为该社的品牌畅销书。毛泽东1936年曾在延安给在西安从事统战工作的叶剑英、刘鼎去电:"要买一批通俗的社会科学、自然科学及哲学书……要经过选择真正是通俗的,而又有价值的(例如艾思奇的《大众哲学》、柳湜的《街头讲话》之类)……作为学校与部队提高干部政治文化水平之用。"新知书店一直以出版进步社会科学书籍为主,系统地介绍了有关马克思主义的政治经济学理论和现实经济问题,如《通俗经济学》、《大众政治经济学》、《农村经济基本知识》、毛泽东的《论持久战》等。这些图书都深受读者欢迎,一再重版,帮助三家出身单薄的出版社站住了脚跟。

抗日战争全面爆发后,三家书店的部分人员留在上海继续坚持出版工作,主力部队辗转撤往武汉、重庆等地。虽是在国民党高压文化政策中艰难求生,但力量却迅速壮大,出版了不少进步书刊,还在桂林、贵阳、昆明、成都、广州、香港以及敌后根据地开设了分社、门店,以星星之火形成燎原之势。在上海"孤岛"中,三家书店留下的同志用租界掩护,冒着生命危险坚持出版工作,进行抗日宣传,并负担着造货供应内地几十个分支店的繁重危险任务,为三联的历史记载下了最为百折不挠、艰苦奋斗的一页。1938年,《资本论》首个中译本就是由读书出版社在敌占区上海出版,文化学术界人士争相订购。该版本多次在国统区和解放区重印。根据不完全统计，共重印六七次，发行总量达三万多部。在日寇侵占上海租界后，新知书店的工作人员还协助根据地在上海采办和疏运一部分军需物资，担任秘密运输工作，直至1944年上海办事处被破坏。

为了能更好地传播进步文化，这三家书店的领导者也一直致力于做好经营管理保障事业。生活书店经理徐伯昕以政治家的头脑和生意人的精明，采取了开门办店、精兵简政、吸收社会资金、缩短生产周期、创建多渠道多形式的发行体系、创新宣传推广方式等诸多举措，实现了事业性和商业性的兼顾，不仅使生活书店逐渐树立起形象和品格，成为新书刊的发行中心，还为新知书店和读书出版社提供了经济援助。读书出版社的同志甚至开过土式卷烟厂，做过桐油、烟叶和碘酒的生意补贴出版。即使困难重重，三家书店仍然努力降低成本减轻读者负担。据1940年6月统计，生活书店书籍定价为每面7.5厘，中华、开明为每面8.8厘，商务为每面1分1厘。这些创举的背后，是百余名职工所经历的难以想象的巨大艰辛，以及"竭诚为读者服务"的出版职业精神。

党中央领导人一直给予三家书店及时的指导与关怀。1942年8月，周恩来明确指示："在投资合营和化名自营的出版机构中，务必要区分一、二、三条战线，以利于战斗，免于遭受更严重的损失。"（见《周恩来年谱》，中央文献出版社、人民出版社1989年3月版，第538页）遵照指示，三家书店采取的策略是：将已有的机构逐一排了队，第一线的出版机构，是在政治上冲锋陷阵，准备牺牲的；第二线的机构则偏重于出版理论性著作和现实政治接触较少的历史读物和社科基础读物；第三线则以出版中外文艺读物、知识性读物和工具书为主。

三家书店还在不同程度上承担了党交给的其他任务，如筹措资金、联络社会上层等。新知书店还担任过印刷传单、编印宣传品、做联络工作的交通站和情报掩护工作等，"皖南事变"后还利用分支机构妥善隐蔽了一批地下党员。

在艰苦激越的革命出版工作中，三家出版社结下了共同的战斗友谊，明确了共同的目标和信仰，根据党的出版事业发展的要求，开始了三店合一的道路。1943年12月19日，以生活书店、读书出版社、新知书店、峨嵋出版社为核心，联合上海杂志公司、作家书屋、五十年代出版社、文化生活出版社等13家出版单位，共同组建了"新出版业联合总处"，共同反对国民党压迫，争取言论出版自由,维护出版业的正当权益、扩大民主统一战线。1945年11月1日,在党的指示下,重庆三家分店正式合并,组成三联重庆分店。1948年10月26日,三联书店总管理处在香港正式成立,1949年3月迁往北京。

据统计,新中国成立之前,国内共出版"红色读物"400余种,三家书店就出了200种,其余为解放区出版社所出。可见,三家书店是中国共产党领导下在国统区新闻出版的主要阵地。他们矢志不渝地传播先进思想,共同把革命出版发行工作推进到中小城市,在国民党官办的正中书局、中国文化服务社、汗血书店等所不曾设置分支机构的国民党统治区域,抢占了阵地。

为三联事业做出了奠基工作的出版人们,经历了经济困顿、战火洗礼、牢狱之灾乃至性命危急之后,仍然以热血、信念和勇气维护自己的文化理想和家国情怀。只有了解了三联出版人在1949年之前所付出的代价与牺牲,经历的苦难与挫折,我们才能理解他们为何能有如此执着的出版信念与三联情怀,让他们在三联被并入人民出版社后念念不忘、执着要求复社,在文化大革命后一往直前打破禁锢、以舍我其谁的勇气发出"读书无禁区"的呐喊,在垂垂暮年仍然鞠躬尽瘁校勘文章编辑书刊。三联是与他们的青春、生命紧紧相连的伟大事业,是他们推动了三联的历史,也衔接了中国文化的命脉。

(二)新中国成立后三联书店的发展

新中国成立后,出版格局发生巨大变化,历经波澜壮阔革命征程的三联书店曾经的使命告一段落。在接下来的几十年中,《傅雷家书》、《随想录》、《情爱论》、《现代西方学术文库》、《新知文库》、《陈寅恪集》、《金庸作品集》等书籍以及《读书》、《三联生活周刊》等刊物的创立出版,在新中国文化史与出版史上印下了一串串光辉而深刻的足迹。三联自身则实现了"从红色出版中心到学术文化出版重镇"(樊希安语)的重要转向,为中国的知识分子垒砌起一个散发着煦暖与馥郁的人文气息的精神家园。然而,这种转向充满艰难、乐观、奋进与坚韧。

1. 并入人民出版社后三联的作为

1951年,三联书店并入人民出版社,成为副牌,直至1986年才重新恢复独立建制,其间隔长达30余年,并且经历了"文革"中被打为"三十年代黑店"的不公正遭遇。在中国当代出版史上,这种复生是独特的、仅有的,其背后的动力,在于民主革命时期三联书店在知识界、读书界和出版界以及海外的作为与深远影响。胡乔木、三联老工作者等出版界内外人士都曾倡议三联书店恢复独立机构。1954~1957年之间,人民出版社中设立了有独立编辑方针和计划的三联编辑部,以充分发挥现有的著译力量,出版更多的社会科学及其他古典著作的译本,作为人民出版社现有出版品种的补充。这个编辑部聚集了陈原、戴文葆等出版家和何世元、刘仁济、董秋水等一批专家学者,成为"知识的大本营,也是自由知识分子的大本营"(沈昌文语)。

在陈原的带领下,三联的编辑分赴全国各地访问学者、教授,了解国内的著译力量。访问者包括陈寅恪、岑仲勉、李剑农、嵇文甫、朱芳圃等学者大家,以及新一辈的教授、年轻讲师、教员、助教等,这成为新中国成立后出版界与学术界的一次大规模接触。这次组稿行动围绕两个重点出版方向展开:一是有计划地整理、重印过去出版过的有价值的著作,如不久就出版了陈寅恪的《隋唐制度渊源略论稿》、张荫麟的《中国史纲(上古篇)》、戈公振的《中国报学史》、漆树芬的《经济侵略下之中国》、陈登原的《国史旧闻》、周纬的《中国古代兵器史稿》等一大批有价值的学术著作。这些著作此后一再重印,成为新中国学术出版史上的重要组成。二是根据不同学科门类制订出一份规模庞大的《翻译世界学术著作规划》,最终形成了《外国名著选译十二年(1956~1968)规划总目录》,共收书1 614种,计划翻译出版1.2亿字的世界学术名著。三联编辑部所承担的这项规划,标志着以国家力量有组织、有计划地规模性翻译外国作品的肇始。随后,三联还翻译出版或重印了黑格尔的《小逻辑》、《哲学史演讲录》(第一、二卷)和凯恩斯的《就业利息和货币通论》等十几种国外名著。

这份凝聚着三联出版人远大理想的世界学术名著翻译出版规划,随着1957年三联编辑部的停顿戛然而止,数年后又在商务印书馆重生,但却对三联书店文化影响力的延续和出版理念的转向产生了重要作用。

"文革"之后,在出版工作面临的新形势推动下,三联编辑部的图书出版工作开始恢复,《傅雷家书》、《干校六记》、《文化生活译丛》等大量雅俗共赏的优秀读物,缓解了人们的阅读饥渴。

1979年,《读书》杂志以振耳发聩的《读书无禁区》一文立刊,此后成为80年代最引人注目的思想启蒙读物和公共文化空间,引发了思想界许多重大问题的讨论。这份杂志也为三联书店日后的出版之路找到了方向,即以思想类和学术文化类为主,并打下了深厚的人文烙印。

1982年,纪念生活书店、读书出版社、新知书店革命出版工作50年活动举办之后,1983年11月23日,胡绳、徐伯昕、钱俊瑞、徐雪寒、周巍峙、沈粹缜六位三联老同志联名给文化部党组并中央宣传部写报告,建议恢复三联书店独立建制。1985年11月6日,国家劳动人事部核定了文化部关于三联书店申请编制的报告,三联书店作为文化部直属事业单位,开启了一段新的历程。

2. 复社后三联书店的再出发

三联恢复独立建制后,首先重拾的是老三联的学术译著传统。其中最引人注目,也是最早为三联奠定了学术品牌根基的,是与来自社科院及北京大学等院校的青年学者们组成的"文化:中国与世界"编委会合作出版的著名学术译丛《现代西方学术文库》。在短短几年内,文库出版了一系列西方现代学术大师的著作,有《悲剧的诞生——尼采美学文选》、海德格尔的著作《存在与时间》,萨特的《存在与虚无》、韦伯的《新教伦理与资本主义精神》、弗洛伊德的《摩西与一神教》、亨廷顿的《变化社会中的政治秩序》等等。这部译丛成为80年代学术出版最高水平的力作之一。这批青年译者中的多人,此后成长为我国当代著名学者,多年后,他们仍然是三联书店的忠实读者、优秀作者。

20世纪80年代的《读书》杂志,以开放办刊、博采众长的方针,吸引了老中青、海内外众多知识分子,向读者介绍各种新书目、新知识,既有有关传统文化研究的笔谈专栏,也有阐释西方文化思想脉络的"哈佛读书札记"专栏,还有畅谈金庸、梁羽生、亦舒、唐人、林燕妮等香港武侠小说和言情小说作家的文章,等等。无论在"出版家办刊"时期,还是在"学者办刊"时期,介绍新知一直是《读书》杂志的重要内容。在90年代后期,《读书》也在一直跟踪、评论当代戏剧、艺术、考古、名物、文学、电影、人文地理、历史研究的一些新的现象和成果,让杂志在保持一定取向的基础上具有"杂"的特点。

三联书店在恢复独立建制不久,即迎来90年代后市场经济的风起云涌。市场的竞争与压力不断增大,社会效益和经济效益如何兼得成为三联书店时时需要直面的问题。学术书是三联的品牌,但也是"小众出版"。为摆脱经济困境，三联进行了种种尝试，并采取了"一主两翼"的发展方针，指在以期刊、发行渠道建设为双翼的辅助下，继续以学术文化出版为主业和根基。改革开放和国家建设对知识结构提出了新要求，三联的学术书籍开始从人文向社科方向转变，组织出版了《学术前沿》、《社会与思想丛书》、《美国文库》、《宪政译丛》等译丛，以及《三联·哈佛燕京学术丛书》及陈寅恪、钱锺书、黄仁宇、钱穆、吴宓、王世襄等重要学者的文集。这一时期三联的学术出版工作，更加专业、全面、精准，对学科发展做出了重要贡献。在保证学术品牌的同时，三联还采取了"分层一流"的原则，于是就有了《蔡志忠中国古籍漫画系列》、《金庸作品集》等一流大众读物的出版，但其出版是以不影响三联学术出版为前提的，例如坚持《金庸作品集》不上订货会，从而在经销商订货款有限额的前提下保证学术书的定购量。这种思路在新世纪之后演变成学术、文化、大众、旅行四条产品线的开拓，在出版优秀学术书籍之外，也向普通大众不断传播着新知识、新文化以及新的生活方式。

2002年，三联书店并入中国出版集团，实现了转企改制，并将经营方针确立为学术、文化、大众、旅行四条产品线。在学术方面，三联书店进一步加强对西方学术思想的引介，出版了"西学源流"系列、"剑桥哲学指针（英文版）"系列等，同时组织出版了一批在各学科专业堪称领军人物的著名学者如汪晖、陈来、李零、茅海建等的力作。此外，三联书店还出版了《Lonely Planet旅行指南系列》、《巨流河》、《目送》、《镜中爹》等各类图书排行榜上的畅销书，引领着阅读潮流并成为经典作品。《读书》、《三联生活周刊》、《爱乐》、《竞争力》共同构成了三联的期刊方阵。这些刊物也无一例外地带有三联独特、浓厚的人文气息，向读者介绍新知识，传递新思想，开启新视角，并紧密相扣着现实脉搏的律动。

社会变革和阅读习惯的改变亦为三联带来了诸多挑战，甚至危机。例如，各地三联书店分销店因营业压力纷纷歇业，《爱乐》和《竞争力》经营状况不佳等等。对此，三联书店又推出了更大动作的改革创新，以去积弊，求发展，包括与上海三联书店、香港三联书店一起共同投资组建"北京三联国际文化传播公司"，成立学术、生活、文化三家出版分社。这成为三联书店创新机制、打造"大三联"品牌的重要举措。

3. 三联书店出版物的品格与特征

新中国成立后三联的译著出版工作，勾勒出学者们从青涩走向成熟的道路。从50年代的名著翻译规划，到80年代以翻译西方现代名著，扩大文化积累，扩展中国学术思想资源为目的的《现代西方学术文库》，到90年代以期促进中国的学科建设和学术反思的《学术前沿》丛书和"寓创造于学习，变后进为先进"的《宪政译丛》，再到2000年之后提出"健康阅读西方"理念，知其利弊得失所在，形成自己权衡取舍视野的《西学源流丛书》。可以看出，这些出版物连贯起一条层层递进的出版发展路线：从最初的开放怀抱引介西方先进思想以谋求促进现代化建设，到细读诠释、精深专业以促进学科建设、社会进步，再到辨析梳理、追根溯本以批判的接受。在这个过程中，三联出版的学术书籍起到了一个累积渐进的过程，建立起一方方基石，成为中国知识分子不息地追求强国富民的真理之路。

"文章合为时而著，歌诗合为事而作"。作为一家对中国知识分子有着莫大影响力的文化机构，三联书店一直殷切而强烈地关照着现实，这需要追求、传播真理的胆识、气魄和眼光。在"文革"后思想禁锢仍在，还未完全开放的年代，三联书店屡屡有突破束缚之举，以呼应时代发展的要求、读者阅读的心声。其中有在阅读史上具有里程碑意义的《读书无禁区》所引发的轩然大波；有《干校六记》作为"历史的证言"或"历史的侧记"（范用语），"悱恻缠绵，哀而不伤，怨而不怒，句句真话"（胡乔木语），以致于要放在柜台地下卖，但"风行一时，至今行销不衰，为士林所喜爱"（范用语）；有林达《历史的忧虑》一书的出版，使"出版界在这一言论层次上的困扰也在无形中消失，大家又往前走了一步。走在前面的是三联"（林达《一九九六年的那个门槛》）；有《读书》杂志在90年代后期开展的一系列针对时代变革、思潮变化、社会问题的讨论，如民主与宪法、"三农"问题、户籍制度、农民工权益等，由此也为"新农村建设"等提供了有效的社会学理论支撑；有《三联生活周刊》凭借出色的独家采访能力与分析能力，一次次全面而深刻地挖掘着国内外重大事件的来龙去脉，预测其未来影响……三联书店出版的这些书刊，紧密与现实相连，屡屡开风气之先，对阅读风向起着有力的引领作用。回溯新中国成立后三联书店的出版史，正是中国出版业从封闭走向开放，逐步与世界接轨的进程，并不断专业化历程的缩影。

三、三联书店的文化意义与启示

三联书店 80 年庆典不只是出版界、知识界的一件年度盛事，在国家民族文化层面更有其深远的意义，可归结为三方面。

其一，支撑三联书店历经岁月沧桑茂盛成长至今的，是一种一以贯之的气度，进而滋生出来的绵绵不绝的力量。这种气度，发自于中国知识分子最宝贵的品格——追求真理、心系家国的文化责任感。正是这种文化责任感，邹韬奋、胡愈之、徐伯昕、陈原、范用等老一辈出版家和新生代三联人，以矢志不移、舍身忘我的精神不断开拓；正是这种文化责任感，促使三联成为文化战士、成为红色出版中心、成为思想的启蒙者、成为文化的公共空间、成为知识的殿堂；正是这种文化责任感，造就了三联超前的洞察力、敏锐的思想力；正是这种文化责任感，催动着三联的出版人永不放弃、感染着三联的读者们永不忘记；正是这种文化责任感，成为通贯在三联脊梁中的强大动力，推动她总是挺立在时代的前沿，引领着社会的思潮；正是这种文化责任感，让三联一直秉承着"竭诚为读者服务"的精神，绵密持久地与读者接触，进而拥有了把握时代阅读脉搏的能力，成为中国先进文化当之无愧的生产引领者。

其二，三联的发展史中容纳了太多的革命家、知识分子、学者专家，可以说，三联的发展史，是出版企业革命史、思想启蒙史、知识分子精神发育史的缩影，在一定程度上代表着新中国文化的成长方向。对其进行深入研究和剖析，有助于深入理解国家文化建设的任务、使命和规律。从三联的发展轨迹看，她是一个由共产党培育、在新中国成长的文化品牌。在她 80 华诞之际，中国共产党走过了 91 年，共和国成立了 53 年。对比这三个数字，犹能凸显出三联书店历史醇厚与独特的意义，对于这样一个滋养于红色土壤、成长为知识文化殿堂的文化品牌，社会应该给予更多的关注、支持、监督与保护，让其在文化的繁荣发展中受到更多锤炼，发挥更大的创造力。

其三，80 年来，三联书店遇到了各种困难和挫折，经济困顿、战争危机、国民党的政治高压、新中国成立后的建制问题、市场浪潮的冲击以及转企改制的考验等等，她走过弯路，受到过批评，但更得到了来自党组织、民主人士、学者大家以及普通读者等社会各方力量的支持保护与鼎力相助，才能够成为坚强的阵地、知识的沃土和精神的家园。今天，挑战和危机仍在，出版技术、阅读习惯的改变和市场竞争、企业变革不断带来压力。在"做大做强"、"出版企业上市"的呼声中，作为一家学术文化出版机构，三联的出书品种与赢利能力并未占据前列，而是一直依靠精品路线，出版学术著作和大众文化读物的一流作品，来获取社会声誉与文化影响力。一方面，这是三联立足的根本，但另一方面，也带来了始终困扰三联发展的经济难题。革命时期，可以不计成本、不求发达，上世纪八九十年代，出版业还带有"事业属性"的保障，但在转企改制、出版以产业的面貌投入到市场发展中的今天，经济效益比以往任何时候都更加突出，虽然三联不断改变机制、努力提高经济效益并取得了不少进展，目前正在试图发挥《三联生活周刊》的良好效益组建新媒体公司、发掘更具市场意义的大众选题办刊等，但政府和社会的支持更加重要。建议通过国家出版基金的适当倾斜、政府和社会各种学术文化出版奖项的支持等，给予三联书店的学术文化出版以更大的空间、更舒缓的氛围、更多的资源与经济支援，使其能够争取到更多的海内外一流作者、吸引来更多的一流出版人才，从而更加从容地迸发出超越往昔的文化创造力。

愿三联华茂如青松，永远守护中国文化！

（作者单位：中国新闻出版研究院出版研究所）

港、澳、台地区出版业报告

平凡中的不平凡

——2012年香港特区出版业回顾与展望

李家驹

2012年香港特区的出版业，相比过去几年，无论是传统出版还是电子出版，一般出版或教育出版，都"看似"较少令人感到特别或惊喜的事情。在图书销售上，缺少超级畅销书或话题书，甚至莫言获得诺贝尔文学奖，在香港也没有引起特别轰动。其中人们谈论较多的，只有台湾诚品书店8月在香港开业以及中华书局庆祝百周年局庆。2012年香港出版业这种"超稳定"，在很多人眼中，是"平凡"的一年。但实际上，看似平凡的一年，又预示了一些不平凡的"兆头"。在此分析总结，并对2013年作一些前瞻。

一、2012年的出版概况

（一）相对稳定的出版格局

在两岸三地中，相对于内地和台湾地区，香港面积小、人口小、市场小。内地每年新书出版量达20多万种、台湾新书有3万~4万种。香港除去教科书，每年综合类的新书，出版量估计最多不到3 000种，从数量上讲，实在是微不足道。虽然如此，由于香港的独特历史环境和传统，它是一个国际城市，中外文化并存。特区政府一直奉行出版自由，出版图书的门坎较低、限制较小。在此背景下，香港形成了出版自由、多元丰富、百花齐放的格局。在如此狭小的市场中，充满选择，这是读者之福，同时充满竞争，却是本土出版社之苦。过去在缺少特区政府关顾（关注①）和资助下，香港业界一直是自力更生，不同规模、不同资本背景的出版社和图书零售经营者，努力自强，各放异彩。

在图书出版方面，香港只有综合出版（指一般出版）和教育出版两个范畴。在过去几十年，香港业界用创意、策划能力、优质的设计和制作，出版了不少优秀作品，影响香港，并透过（通过，下同）版权合作和不同方式，影响两岸，推动华文出版，推动文化发展。时至今日，香港出版在某些领域仍保持很高水平，例如在教育、生活百科、历史文化、英语学习、时潮（时尚，下同）等范围，香港还有相对的优势。

（二）创意文化产业转型的努力

香港特区政府曾提倡以六大产业发展作为香港未来的重心，创意文化产业是其中一项。出版业作为文化产业之一，也在努力开拓外地市场，展示香港出版及印刷业界的创意成果，塑造更大的发展空间。2012年香港业界继续争取到特区政府"创意办公室"的支持，分别在2012年伦敦国际书展、北京图书博览会、法兰克福国际书展和台北书展设立"腾飞创意——香港馆"。香港馆以书展为平台，为业界开拓向外拓展商机，成果获得特区政府和业界的一致肯定。

（三）出版社庆典——传承与发扬

2012年适逢两家老牌出版社中华书局100周年及商务印书馆115周年的庆典。商务及中华是中国近代最早的两家民营出版社，与时代共同发展，也见证了近现代中国的蜕变。百年老店，说来不易。香港中华为庆祝100周年，除配合北京中华外，在香港也举办了多种具有文化意义的活动，包括出版了《中国经典文库》、《香港散文典藏》等巨著，邀请著名学者陈鼓应教授主讲庄子等。商务2012年重新布置铜锣湾旗舰店并增设二馆，又在香港中文大学开设书店。另外，专业音乐社百利唱片2012年也迎来50周年。香港虽属弹丸之地，却传承了中国文化的发展，具有悠久历史的出版社在此根植，表现了香港出版的多

---

① 为编者所加。因两岸用词不同，一些比较有特点的词保留原用词，另括号标注内地读者更熟悉的词语。下同。

元内涵。

(四) 教育出版的风起云涌

由于教科书价格问题，特区政府教育局于 2010 年提出"教材分拆方案"，要求业界将教材分拆定价，希望能降低教科书的开发成本，令教科书价格下降，引发了教科书业界与教育局争议。2012 年教科书风波未停，矛盾更进一步激化。教科书业界认为政策一刀切，已出版教科书的教材多年来已送予学校，学校在没有额外经费情况下，根本不会购买。若因教材分拆定价，教科书要下调价格，出版社会因此蒙受损失。另外，学校历年都习惯了接受出版社赠送教材，要畅顺（顺利）实行教材分拆，需要教育局作出明确通知，规定学校改变做法。因此，业界对于教材分拆方案的一贯立场是：要求局方分阶段推行，并要有合适的配套机制，特别是向学校提供购买教材的额外拨款。

虽然经过两年多的冗长讨论，教育局仍拒绝接受业界以上的要求，并提出考虑推行教材招标及自行出版教科书，令业界与教育局谈判破裂。

谈判中断，但业界基于公众利益，仍决定信守承诺，于 2012 年起逐步推行分拆方案：先将新出版的教科书分拆定价，再推及至初中及小学其他已出版的教科书。但是，在业界 5 月初公布实行教材分拆方案后，教育局单方面宣布学校仍可自行决定是否可免费收受出版社教材，此举无疑令分拆方案难产。教育局的"出尔反尔"，令业界哗然和不满。业界最终向特区政府属下的申诉专员公署投诉教育局行政失当，双方关系彻底破裂，成为当时的新闻头条。此后，教育局"反击"，提出"电子教科书市场开拓计划"（EMADS），鼓励学校与各方业界发展电子教科书，为学校及家长提供更多选择，以减少学校过份依赖教科书的情况，令教科书书价受压。同时，又推出电子教科书送审和限价等措施，教科书业界觉得局方事前未有咨询，政策对业界也不公平，没有积极参加，令"电子教科书市场开拓计划"成效存疑。

电子教科书是教育出版的新趋势，近年来亚洲多国及地区如日本、韩国、台湾地区、内地都积极发展电子教与学。电子学习是一种范式转移，需要作长远的部署规划和投资。但压低书价、有损教科书业界的利益，又缺少完整的发展蓝图和配套，成效如何令人存疑。同时，发展电子学习成本不小，学生或学校需要购买硬件及软件，也需要有相应的基建与培训，支出或许不比教科书便宜。教育局与业界过去的合作伙伴关系破裂、教材分拆是否继续下去、电子教材如何推展（推广），很多问题及政策悬而未决。恐怕香港的教育出版会风起云涌，变化难测。

（五）电子出版：预期的并未发生

一两年之前，香港的电子书出版曾经被炒得热哄哄，但近年话题已很少再被谈论。电子阅读器及无线流动网络的进一步发展未能惠及出版，也没有改变使用者的阅读习惯。香港的一些调查显示，使用智能手机或平板计算机的主要功能，仍是上网及收发邮件。香港部分出版社都曾努力尝试推出电子书，但市场未成规模，电子书至今还没有明显的商业模式。因此，我们看到两岸的一些情况，香港都没有出现：既无内地的手机书市场，也无台湾地区的网络杂志市场。此外，由于香港特区政府及学校无政策或经费来推动电子书图书馆，因此香港也缺乏海外电子书的集团采购。可以说，香港电子书预期可以发生的，都未发生。

二、多元的阅读风貌

（一）"喜阅指数"透视香港的阅读习惯和风气

2012年6月，一家机构进行了名为"喜阅指数"的阅读调查，可视作为最近香港的阅读面貌做点脚注，反映了在现阶段，功能性和实用性的阅读仍然是香港的阅读主流，但同时，阅读也正在蜕变中。这项调查将阅读定义为：任何报章和杂志以外，并且和学业考试无关的书本。任何从头阅读到尾、或最少阅读十页的书本。"有阅读习惯"与"没有阅读习惯"的定义分别为：在"进行调查前的半年内曾经阅读"、"在进行调查前的半年内完全没有阅读、或表示没有阅读习惯"。调查重点包括：有阅读习惯的人口比例、"喜阅指数"（受访者个人对阅读的喜爱程度），以及香港阅读风气指数（受访者对香港整体阅读风气的评价）等。

7月，调查结果公布。数据显示：香港有阅读习惯的受访者约占60%，而没有阅读习惯的受访者约占40%。"我的喜阅指数"平均数值为4.81，香港阅读风气指数则为4.77。全香港市民平均每周阅读的时间为1.8小时、平均每半年阅读1.9本书。有阅读习惯的香港人，则平均每周阅读3.9小时、平均每人每半年阅读4本书。虽然受访者中认同"看书可以提升自信"和"看书可以提升个人气质"排名靠前，但受访者同时表示阅读的主要原因是为了"娱乐消闲"。虽然有超过一半受访者认同"看书有助职场发展"，但"增加晋升机会"及"提升社会地位"却是受访者阅读较为次要的原因。由此可见，受访者对读书的看法和读书的原因并不一致。印刷（纸质）书依然是受访者较倾向选择的阅读模式，但同时不能忽视的，是较年轻的受访者对阅读电子书的兴趣。有阅读习惯的年龄层集中在15~44岁。主流阅读口味，例如小说、散文、生活百科、心理、健康、保健、旅游等类图书仍然根深蒂固。调查同时显示，读者阅读层面愈来愈广，而且转变得很快。此外，美学意识逐渐抬头，以视觉元素为主打的生活品味、文化艺术类图书，阅读群体逐渐扩大。①

（二）从2012年畅销书榜看阅读实况

上述调查是一些受访香港读者的自我描述及表态，是否能反映整体实情，可进一步以2012年香港主要书店的畅销书榜，用实质的数据相互引证。根据香港联合出版集团属下书店（包括三联、中华和商务）的图书零售数据（畅销书榜前20位），2012年的香港阅读有以下一些特征。

1. 2012年缺乏重点或话题书，也没有超级畅销书

在中文前20位排名的图书中，不乏是上一年出版的畅销书，或旧有题目的更新，包括严浩的《严浩特选秘方集》4本；旅游系列更新版3本、《苏民峰2013蛇年运程》、《酸痛拉筋解剖书》、《超值靓汤王》、《正义——一场思辨之旅》、《那些年，我们一起追的女孩》等。

2. 功能性或实用性阅读仍占主流

从畅销书的分类看，医疗、旅游、命理、生活类占有一定的数量，前20位中有12种。其中关于健康类的图书，最受港人喜爱。由内到外，包括食疗偏方、自然养生法、酸痛拉筋等内容，反映出在大城市生活的现代人的期望和压力。难怪2013年港人对新年来临的第一大愿望是身体健康。无论如何，香

---

① 参考2012年香港出版学会讲座，叶佩珠的"书店经营理念"PPT。

港人阅读重视实用，仍是一个主要特征。

3. 网络小说或作品令人瞩目

此类作品中较令人瞩目的，如网络作家向西村上春树（笔名）的《一路向西》、《杂文·西》上榜。他的作品在网络广泛流传，后集结出版并改编成电影，带动了图书销售。相比之前香港的网络作品很少能转到正式的商业出版，这已是一次突破，但说是趋势也言之过早，还要看日后能否持续。

4. 名家作品较受追捧

李怡出版的几本感悟人生的小品，都有很不错的销路，反映出名家的作品，特别是久未出书的，容易受香港人欢迎。

5. "奇怪地"能上榜的图书

实事求是地说，2012年香港的大部分畅销书，除了《秦始皇最恐怖的遗言》和《正义———一场思辨之旅》几种外，都没有什么惊喜，更可以说是年年大致如此。前者与当年一些事件有关，如香港举行大型的秦始皇展览，带动了阅读的兴趣。《正义———一场思辨之旅》一书，应与口碑相传有关。此书连续两年在香港销得不错（英文版也如此），但作者迈可·桑德尔的新作《钱买不到的东西》却未获同样的垂青。

在畅销书榜中，年年相同的反映着趋势，不同的则显示了个性或特殊性。曾有香港资深出版人以历年书店的销售数字为依据，形容香港的阅读是呈葫芦形：底层最大，属学习、消闲、实用或生活类的阅读；中层较小，是中阶（中端）的文化阅读；上层又变大，是一群高水平高学历者对高阶（高端）、前缘（前沿）图书的追求，包括中文及英文书。这不啻（无疑）是香港的另一阅读特征。

三、诚品对书业带来的影响

（一）两种截然不同的反应

很多事情都有好与不好的两面。台湾的诚品进入香港对书业的影响也如此。从出版社角度看，希望能因诚品而增加图书的曝光机会，同时提高全城阅读风尚，都是好事。从书店的角度看，一方面是增加了竞争，另一方面因有强劲对手而要精益求精，自我改进，也非坏事。香港素来是自由竞争的势态，业界已习惯在竞争中奋发生存。因此，香港业界大多是以平和、期待的心态，去等待诚品。

8月11日诚品在铜锣湾开业。诚品早已广为港人熟悉。它代表了一种文化符号和生活态度。其书店的陈设和文化宣传出色，创造了舒适的阅读空间。诚品来香港前后，成为当时的重要新闻和副刊题目。媒体和文化界从好奇、从崇拜、从批判等角度进行评论，写出感受，对诚品有赞有弹，好不热闹。当时大家所关心的问题，除了诚品自身外，还有香港书店业界的态度及应对策略。其中，占了香港零售业界最大份额的香港联合出版集团就不断强化及改进，包括将铜锣湾商务重新装修并改设一、二馆作专业分区，以优质图书种吸引读者；中华与日本动漫专门店 Animate 合作，在旺角开设动漫专门店；三联重新安排湾仔与中环等店的图书品种布局；加强文化活动的宣传等。从个人角度观察，诚品来临与商务努力，反而令铜锣湾更添书味。

更值得注意的，是传媒、文化和出版界因诚品而集中、客观地思考、讨论、探索书店在社会中的角色，以及如何经营、如何转型、如何定位、产品如何布局等问题。这个过程，一方面令社会重新认识书店、重视书店，另一方面令业界明白网络以外的最大挑战，可能是自身的与时并进（与时俱进）。

由于诚品的经营策略以销售台版图书为主，又以台湾地区的发行与零售条件套于香港，未完全符合香港出版社的期望。诚品进入香港不足半年，未来发展如何尚需观察。

四、香港的定位：可争取的角色

如果认同2012年是"平凡"，这种"平凡"对出版业界来说不一定是好事，显示出在互联网，特别是无线宽带、智能手机及平板计算机等应用设备迅速发展、普及的形势下，出版业仍无法借科技的助力，扩大阅读需求和份额，改变阅读或学习的风尚。出版只是在勉力（尽力）维持老本行，大部分出版社仍然是以出版为经营的主体。没有突破，本身或已预示是一种"倒退"。或许，这种不进则退的状况，与背后更大的课题——香港如何定位有关。由于近年来出版本质和市场的变化多端,在看不清情况,不能准确定位的背景下,要发展或转型不是步步惊心,就是举步维艰。因此,应该不断思考香港本身的定位问题。[①]

(一) 未来的三个立足点

无论从什么角度看,香港只是中国的一个城市,但香港出版业在过去近二三十年间,特别是上个世纪90年代到2000年,在两岸三地扮演着重要的角色。曾经有台湾地区出版人说过,当时的香港拥有的是"比台湾懂内地,比内地懂台湾,比两岸懂世界,比世界懂两岸"的优势。这是一种相对的优势。但是,随着时代的发展,两岸互通开放,时移势易,这种相对优势是否不再?香港仍拥有什么优势?香港出版的定位在哪儿?

我们相信,香港仍然拥有以下的一些优势,包括:独特的中西文化传承、图书发行网络健全、图书流通快、设计及印刷精美、法律制度及金融体系健全(如货币政策自由,特别是近年来的人民币政策)、版权条例完善及意识较高(执法也较严谨)、网络设备优良(流动网络覆盖率高及带宽够)、双语优势、较具国际视野、较易掌握各地讯息和发展动向等。

在以上一些外围因素作用下,香港在数码(数字,下同)时代中的出版角色是什么?香港的出版业,首先应充分应对未来重要的发展方向,定下立足点,包括以下三个方面。

1. 应配合内地出版及图书市场的整体发展,配合内地"走出去"的政策,立足香港,以香港经验走向华文世界,走入世界。

2. 应对数码时代出版的特征及需求。

3. 应从香港本身和业界的优势出发。

(二) 争取成为枢纽的角色

基于以上的分析,香港可以争取在某些方面,逐步发展成为数码时代华文实体及电子图书业的枢纽(hub)角色,在出版产业供应链的上中下游中,争

[①] 以下由笔者在2012年两岸五地华文出版联谊会议及2012年香港与北京出版集团座谈会上的发言改编而成。

取转型的创值和增值。

（三）上游

1. 香港可作为传统/电子出版的策划、创意和包装的试验场

在图书市场变化，数码发展的趋势下，出版社的角色应从单纯的内容供应者，转变为服务供应者。出版的供应链需从横向方向延伸和拓展。过去单纯的版权合作，已不能满足。香港有中西文化背景及传承，较易了解世界潮流及动向，出版讲求叙述和说明能力。香港若能与内地合作，深度挖掘，调动跨地域的资源，优势互补，以香港较熟悉海外的市场和阅读口味，以创意、策划、设计和表述技巧、能力，可与内地业界共同策划更多能"走出去"的选题。

在电子阅读及出版方面，全球目前处于起步阶段。踏在相同起跑线上，能否领先不在技术，而在于能否结合内容、技术和新表达方式的综合能力。纸本（纸质，下同）及电子两种截然不同的载体，对内容剪裁、筛选、表述和运用均不尽相同，容易分辨出创意及综合能力的高低。

香港重视创意、包装，设计兼重美感及实用性。业界也掌握跨媒体的制作经验，具有较强的意识（sense）。香港的出版、设计、动漫、音乐、电影均出色，若能结合跨界别的合作，在特定选题上可创造出一片天地。例如教育、实用生活、历史文化、英语学习、时潮等范围，香港仍具有相对的优势。香港读者对内容、选题、版面、表达方式、用户接口素有高要求，反应快，是测试读者的试验场，可有效测试电子出版的可行模式（包括出版及商业模式）。

2. 香港是版权贸易与合作的重要平台

随着图书市场开放，电子出版兴起，业界会更加重视合作及版权沟通。香港书展发展至今，影响已超越本地直至珠三角地区。据主办方公布，2012年香港书展入场人次达93万多，内地参观人数不断增长。可见，香港书展已逐步发展成为立足香港，面向内地、世界的平台和窗口。香港是国际城市，仍是各地图书，特别华文图书展销、洽谈版权合作的重要平台，可为内地业界"走出去"助力，例如争取优质外文书的中文版权和输出版权。

3. 亚洲印刷及内容资产的管理角色

香港印刷实力及技术都较强，且不断自我改进完善。在数码时代，印刷的角色转型为内容资产管理、服务提供商及增值者。在数码时代，内容是出版社最重要的资产。印刷肩负出版社内容资产管理（Digital Access Management）的责任。出版社极可能要同步/同时出版纸本书及电子书。在原有印刷优势下，香港可继续扮演亚洲地区印刷及数码资产管理的角色，为出版社提供专业及可信的服务。

（四）中游——华文地区英文图书及海外华文图书的批发中心

香港具有中西文化背景，双语、地利、交通运输便捷，在筛选题材，交易运送、仓存物流上仍有优势（连接珠三角的优势），可发展为华文地区英文图书及海外华文图书的批发中心之一。

（五）下游

1. 电子书交易的中心点之一

电子书兴起，但版权保护是重要问题。香港的网络发展好，电子商贸系统及技术成熟，版权条例及执法也完善。电子书在香港透过电贸闸口（payment gateway）进行交易，正好利用了香港以上的优势和保护。香港图书业行规规范，在港交易，付款相对可靠及便捷。在香港交易受香港版权法例所监管，对出版社有较强的版权保护，安全度较大。如果有侵权事件发生，追讨及跟进也较容易。

以上归纳的，只有方向、坐标，或说是努力的起点，一个可争取的角色。可喜的是，在业界努力下，以上一些项目正在推动中。但时不我待，需要更加把劲。可以肯定地说，香港出版业的发展需要有特区政府的政策、人材、具体计划等支持，才能逐步达到以上的目标。

2013年，愿香港业界共同努力。

（作者为香港联合出版集团助理总裁。本文感谢香港联合出版集团业务发展与公关部副总经理谢力清女士的支持及帮助）

2012~2013年台湾地区出版业报告

黄昱凯

一、台湾地区出版产业概况

台湾地区人口数量约2 300万,登记的报纸出版业家(机构[①],下同)数超过2 000家,杂志出版业家数超过7 000家,有声出版业家数超过9 000家,图书出版业家数则超过12 000家,每年出书量约为43 000种。根据台湾"行政院统计局"最新的调查数据,台湾报纸普及率(每百户份数)约为22%,杂志普及率(每百户份数)约为11%,上网人口比例则超过46%。每年每人用于购买书籍的金额约为4 200元新台币(女性购买金额超过男性购买金额),每年每人用于购买杂志/期刊的金额约为1 700元新台币(男性购买金额超过女性购买金额)。

台湾书店仍以连锁书店为主。其中诚品(41家)与金石堂(68家)是台湾最重要的两大连锁书店体系,其他如何嘉仁、垫脚石、三民书局、诺贝尔等也是常见的连锁书店;国外书店在台设点则均依附在百货公司内部,如纪伊国屋(微风广场)、淳久堂书店(SOGO)以及PAGE ONE(台北101)等。网络书店则以博客来网络书店独大,金石堂网络书店居次,读册生活(TAAZE)则是台湾最大的二手书买卖交易平台。随着智能手机与平版计算机的逐渐普及,数位(数字,下同)阅读也开始成为出版社的一个出版希望。目前台湾的重要数位阅读通路(渠道,下同)有Hami书城、mybook书城、远传e书城、随身e册、POPO原创、PUBU、UDN、HyRead阅读网等。然而数位阅读普遍来说仍没有超过纸本阅读营收的2%,显示数位阅读仍属

---

① 为编者所加。因两岸用词不同,一些比较有特点的词保留原用词,另括号标注内地读者更熟悉的词语。下同。

于新兴的导入期。

出版社与书店的交易除了部分重要出版社会与书店进行直接交易外，大多数中小型出版社均会透过（通过）图书经销公司来处理与书店间的交易。台湾重要的图书经销公司包括联合发行、黎明、红蚂蚁、高见、如翊等。其中高见与如翊是由便利商店所投资的图书经销公司。随着图书杂志大环境的变化，这些图书经销公司均面临旧市场萎缩、新市场开发不易的困局。原本由全家的日翊文化主导并由全家、莱尔富以及OK便利店所合资的如翊营销，由于台湾杂志整体营收持续下滑，让莱尔富以及OK便利店决定在2013年退出如翊营销的经营，让如翊营销改为仅由日翊文化经营，显示台湾图书经销公司是杂志市场式微[①]下最先受到冲击的组织。

"新闻局"原本为台湾出版产业的管理机关。该机构于2012年5月20日起裁撤，原本属于广播、电视、出版（流行音乐部分）的业务移拨"文化部"所属的"影视及流行音乐产业局"。"文化部"是台湾有关文化事务的最高主管机关，隶属于台湾"行政院"，负责各项文化、艺术、出版相关业务，以及广播影视产业的推广辅导工作（审查工作由台湾"通讯传播委员会"NCC负责）。出版产业重要的民间组织则包括台湾图书发行协进会、台湾图书出版事业协会、台北市出版商业同业公会、台湾数位出版联盟等。

图书馆可以说是台湾图书出版产业最重要的采购单位。目前台湾共有公共图书馆308座，另有211座图书分馆。2012年图书馆购书经费约为新台币505 020 000元；图书馆借阅人数为15 964 060人次，年度借阅册数为57 348 294册；图书馆总藏书量高达33 232 288册，中文书32 396 997册，外文书835 291册，中文期刊53 533种，外文期刊2 586种，报纸137种。在非书资料方面，全台湾图书馆收藏地图26 579（张）、微缩单片943 433（片）、微缩卷片96 936（卷）、录音资料48 782（片、卷）、录像资料96 775（片、卷）、静画资料26 544（幅）。在电子图书资料方面，台湾图书馆共收藏在线（自购或自行建置）770种数据库、光盘数据库4 182（种）、其他类型数据库17 570（种）、电子书253 356（种）。

---

① 原指天将黄昏，现指事物由兴盛而衰落。编者加。

二、2012年台湾图书出版产业轮廓

　　台湾图书市场往往在上半年销售不佳，但到了下半年就会出现一些热销书来补足上半年的销售缺口。尽管2012年的台湾出版市场整体营收不及2011年，然而一部分的衰退原因来自当局对出版品（出版物）采购的金额下降。扣除当局的采购，2012年的图书市场整体营业额与以往差异不大。一般来说，一本新书可在台湾通路卖2~3个月，畅销与长销书则可在通路销售半年以上。但台湾2012年的图书出版产业受到整体景气不佳的冲击，出版社遇到比金融海啸更糟糕的一年。往年网络书店业绩均有两成幅度的成长，2012年连网络书店的整体营收都出现罕见的衰退，台湾整体新书退书率高达六成。由这个现象可以观察到，2012年台湾图书市场虽然整年度与以往差异有限，但是整体新书在通路的销售周期明显下降，造成新书的经营更为困难。

　　目前实体书店仍是台湾最具渗透力与影响力的出版销售型态。以诚品书店为例，2012年诚品书店的年度营业额已经超过100亿新台币，并在香港成立实体门市。但是网络书店的销售金额在台湾的图书市场的重要性却不容忽视。博客来网络书店是台湾第一家也是营收最大的网络书店。2012年博客来年度营业额也超过55亿新台币。金石堂与诚品是台湾最重要的两家实体书店。不过诚品书店在网络书店方面的进展较为缓慢，相对地，金石堂则是在2012年宣示要虚实整合，进行数位书店转型。目前金石堂网络书店的会员已经达到200多万，而实体书店的会员却只有约25万，且金石堂网络书店的营业额已经是金石堂68家实体门市的年度营业额的1/3。虽然未来金石堂实体展店的发展仍会以每年5~10家的速度进行，但以现在每年网络书店的业绩以两位数增长，而实体书店只有个位数的增长来看，预计在2015年后，金石堂网络书店的营业额可望超越金石堂实体连锁书店。目前金石堂网络书店凭借虚实整合的成果，已经达到3小时送货到府的服务目标。只要读者在金石堂网络书店于早上9点到下午5点之间下单（含假日时间），就可以享有3小时送货到指定地点的服务。目前已有超过10万种书籍品项（品种）提供这项服务。

　　由于实体书店与网络书店分别在台湾图书通路扮演相当重要的角色，因此

本文分别以金石堂书店以及博客来网络书店所公布的 2012 台湾图书销售资料，来说明 2012 年台湾图书市场轮廓。首先是金石堂书店部分。金石堂公布 2012 年重要的出版社名单，这些出版社分别是三采、时报、尖端、东立、远流、天下文化、大块、天下杂志、商周、皇冠文化、台湾角川、高宝、方智、盖亚文化、耕林、春天出版、联经、世一、碁峰信息以及天使等 20 家出版社。2012 年度十大男作家分别是安倍夜郎、九把刀、南派三叔、金泽伸明、川原砾、尾田荣一郎、侯文咏、雷克·莱尔顿、S.J. 华森与杨定一；2012 年度十大女作家分别是御我、护玄、张廉、一世风流、水泉、苏珊·柯林斯、笭菁、郑多莲、苍葵与 E. L. 詹姆丝等人。

金石堂同时也选出 2012 年度十大最具影响力的书。这些书分别是《钱买不到的东西：金钱与正义的攻防》（作者为迈可·桑德尔，先觉出版社）、《过得还不错的一年：我的快乐生活提案》（作者为葛瑞琴·鲁宾，早安财经出版社）、《真原医：21 世纪最完整的预防医学》（作者为杨定一，天下杂志出版社）、《你要如何衡量你的人生？哈佛商学院最重要的一堂课》（作者分别为克雷顿·克里斯汀生，詹姆斯·欧沃斯、凯伦·狄伦，天下文化出版社）、《生命是长期而持续的累积：彭明辉谈困境与抉择》（作者为彭明辉，联经出版社）、《只剩一个角落的繁华》（作者为陈文茜，时报文化出版社）、《汉字百话》（作者为白川静，大家出版社）、《父亲与民国：白崇禧将军身影集》（作者为白先勇，时报文化出版社）、《学习的革命：从教室出发的改革》（作者为佐藤学，天下杂志出版社）、《快思慢想》（作者为康纳曼，天下文化出版社）。

观察博客来网络书店 2012 销售前 100 名的书单可以发现，华人作家的比例为 32%、欧美作家占有 36%、日韩作家则是 32%。另外，销售前百大的书中有 53% 为 2012 年出版的新书，2011 年出版的书也占销售前百大的 39%，2010 年出版的书有 3 本，2008 年出版的书有 2 本，2009 年、2006 年与 2007 年出版的有书各有 1 本。值得注意的是，销售前百大中有 5 本书为限制级的图书（限 18 岁以上读者阅读）。另外由畅销书前百大的数据分析来看，图书价格在 300 元以下的占比为 54%，300～400 元区间的占比为 36%，400 元以上的图书只有 10%，其中，250、280、300 与 350 元是最常出现的图书价格。若以销售前 100 名的书单来看，台湾网络书店销售的重要出版社，则可以发现新经典文化有 9 本，先觉与方智分别有 8 本与 6 本，其他出版社依次为上榜 5 本的推守文化与采实文化；上榜 4 本的三采文化与时报出版社；上榜 3 本的出版社则有天下杂志、天下文化、大块文化、究竟出版社与大是文化；上榜 2 本的出版社则分别为寂寞出版社、商周出版社、悦知文化、库立马媒体科技、柿子文化、春光出版社、早安财经、尖端与出版菊等出版社。

博客来网络书店将 2012 年该通路的主要阅读族群区分为"青春少女"、"维特少年"、"女高校生"、"男高校生"、"女大学生"、"男大学生"、"粉领OL"、"上班族男性"、"40 世代男性"、"40 世代女性"、"50 岁以上女性"以及"50 岁以上男性"等类型。这些不同族群购买的畅销书籍平均价格分别是青春少女 242 元、维特少年 226 元、女高校生 253 元、男高校生 234 元、女大学生 305 元、男大学生 241 元、粉领 OL288 元、上班族男性 352 元、40 世代女性 290 元、40 世代男性 325 元、50 岁以上女性 293 元、50 岁以上男性 338 元。从上述数据分析可以发现，平均购书金额较高的三个族群依次分别为"上班族男性"、"50 岁以上男性"以及"40 世代男性"，平均购书金额最低的族群则为"维特少年"，而学生时代的女性购书金额普遍比男性高，进入社会工作后则刚好相反，进入职场后男性的平均购书金额则比女性高。

三、台湾数位阅读现况

为了了解台湾数位出版阅读行为的轮廓，台湾"文化部"委托台湾数位出版联盟进行了一系列台湾数位阅读行为调查。该调查共收集台湾在最近六个月内有从事数位阅读经验的读者问卷共 3 036 份。这份报告可以说是台湾较具规模，也是最新的有关台湾读者数位阅读行为的资料。这份资料的读者样本资料如下：男性与女性的比例约为 1∶1。在年龄方面，15 岁以下有 44 人，占 1.4%；16~18 岁有 116 人，占 3.8%；19~22 岁有 497 人，占 16.3%；23~29 岁有 652 人，占 21.4%；30~39 岁有 1 011 人，占 33.2%；40~49 岁有 506 人，占 16.6%；50~59 岁有 163 人，占 5.4%；60 岁以上有 56 人，占 1.8%。

调查结果显示，台湾有数位阅读经验的人约有 47.6% 拥有平板计算机，61.5% 拥有智能型手机，67.5% 拥有桌上型计算机，57.2% 拥有笔记型计算机以及 5.5% 的人拥有专用阅读器。受测者中有 83.6% 的人曾经阅读过电子杂志，

83.5%的人曾经阅读过电子书,46.1%的人曾经阅读过电子漫画。最常阅读的电子杂志内容依次为商业理财、旅游美食、3C科普、流行时尚与语言学习类;最常阅读的电子书内容依次为文学小说、商业理财、休闲旅游、语言计算机、人文科普类。

受测者中最常在平板计算机上阅读电子书籍的比例最高,占整体样本的29.8%;其次则是智能型手机,占整体样本的23.3%;至于在专用阅读器上阅读的只有1.9%。最近一个月观看过的电子杂志的样本以1~4本比例最高,占整体样本的69.7%;最常阅读的电子杂志内容依次为商业理财、旅游美食、3C科普、流行时尚与语言学习,此五类内容占全部曾经阅读过电子杂志的受测者中的81.8%。在阅读时间方面,这五类内容的阅读者均表示以16~30分是最常见的阅读时间,显示快阅读是数位阅读的一种现象。另外每个月花在该类电子杂志上的金额,除了语言学习类之外,均以1~250元比例为最高。

在曾经阅读过电子书的受测者分析方面,最近一个月看过的电子书数量以1~4本比例最高,占整体样本的70.6%。最常阅读的电子书内容则依次为文学小说、商业理财、休闲旅游、语言计算机、人文科普。此五类内容占全部曾经阅读过电子书的受测者中的80.3%。下面针对文学小说、商业理财、休闲旅游、语言计算机与人文科普五类内容,进一步分析读者阅读该类电子书的阅读时间。在所有类别里面,文学小说,商业理财、人文科普及语言计算机类有较多读者每次阅读时间在31分钟以上。在电子书取得方式的分析方面,结果显示,商业理财和语言计算机类以单本购买为主,文学小说、人文科普和休闲旅游类则是单本租借的比例较高;每个月花在该类电子书上的金额均为1~250元比例最高。

在阅读电子漫画的分析方面,受访者表示,最近一个月内阅读电子漫画的本数以1~4本比例最高,占整体样本的53.7%,其次是5~8本,占总样本的19.0%;每次阅读的时间以16~30分钟的比例最高,占整体样本的42.5%,其次则是31~60分钟,占样本的24.2%;最常取得电子漫画的方式为单本租借,占总样本的33.5%,其次为单本购买,占样本的22.0%;每次购买电子漫画的金额以250元以下为最多,占整体样本的42.6%,看免费漫画的比例则高达38.1%。

若将电子杂志、电子书以及电子漫画等三种电子书籍的阅读行为共同的部分进行汇整，可以发现最近阅读过的电子书籍数量。这三类均是 1~4 本的比例最高，其占比分别是电子杂志 69.7%，电子书 70.6%，电子漫画 53.7%。每次进行数位阅读的时间则都是以 16~30 分钟的区段所占比例最高。电子杂志为 50.4%，电子书为 41.2%，电子漫画则是 42.5%。在数位阅读内容的取得方式方面，电子杂志、电子漫画的读者最常使用的方式均是单本租借，其比例分别为 28.1%、33.5%，电子书的读者以单本购买的比例最高，占整体样本的 32.4%。至于每月花费在数位阅读的金额分析方面，三种类型的读者均有 4 成多的比例表示，每月花费的金额在 250 元以下，而阅读免费数位内容的比例约为 3~4 成。

四、没有声音的电子书产业

尽管出版产业都知道电子书一定会在台湾图书市场扮演重要的角色，但对于台湾出版产业而言，2012 年的电子图书市场可以用一句话来形容，那就是"看不到希望的希望"。电子书在台湾为何是一个"看不到希望的希望"，要从几个角度来看。电子书要在台湾取得实质的经济效益需要三个因素：阅读器、内容以及交易平台（商务机制）。首先是电子阅读器。电子阅读器在台湾地区 2012 年已经有很大的进展，主要是智能型手机与平版计算机在台湾已经相当普及，因此对于许多图书消费者而言，阅读器的普及已经不是大问题。其次是阅读内容的多元。这要分两个指标来讨论：数量与价值。数量是指电子图书的种类，价值是指所提供的电子版本的图书是否是大多数消费者所喜欢与愿意付费阅读的内容。以 Hami 书城为例（Hami 书城是中华电信所提供的手机付费阅读平台，根据 2012 年台湾数位出版联盟发表的数据，Hami 书城是台湾电子书读者最多使用过的电子书城，比例高达 39%，且 Hami 书城的读者服务满意度也是最高），Hami 书城在 2009 年上线，当时合作的出版社为 20 家，2013 年已经突破 250 家，上架书籍也由原本的 12 000 本增长至超过 70 000 本。看起来电子图书的数量是有了，但是价值呢？从 Hami 书城累计使用人数超过 100 万人、书籍下载总数超过 600 万次来看，台湾电子书占整体图书市场的营收比例仍在 1%~5% 上下，就可以知道目前台湾所提供的电子图书普遍存在价值不高的问题。最后一个因素就是交易平台与商务机制了。这个因素其实是台湾电子书产业是否可以在2013年有所起色的关键。可惜的是这个因素在2012年的台湾图书市场毫无进展。销售固然是电子书交易平台很重要的功能，但是除了销售外，电子书制作与商务（与出版社拆账）机制也是电子书交易平台的两大基石。以中华电信的Hami书城为例，该平台并未提供给出版社一个有效的电子书制作工具，而是在商务模式方面，Hami书城的月读包采用"读到饱"概念，用户每月月付149元就可以有当期杂志、小说、漫画无限畅读的服务，而这样的机制则是大大影响到提供数位内容的出版社每个月所能分得的利润。这样的结果当然也注定了2012年台湾的电子书是台湾图书产业一个"看不到希望的希望"了。

虽然2012年台湾的电子书市场没有产生任何一个具有实质性商业效益的交易平台，但是展望2013年，台湾电子书产业却有可能在交易平台的质变下对图书市场产生量变的影响。第一个变化来自中华电信。中华电信于2013年1月发表电子书云端数位出版平台（Hami Publisher）。该平台是以国际数位出版联盟（International Digital Publishing Forum，IDPF）的ePub 3规格为基础，提供台湾出版业者一个便捷的数位内容制作与出版的工具。Hami Publisher的出现，有机会降低台湾图书出版业者制作电子书的门槛与成本，若能达到良性循环（制作出的电子书有一定程度的销售收入），便有可能进一步扩大出版社对电子书的出版意愿。另一个变化则是苹果与Google两个公司在台湾图书市场的进展。苹果的iBookstore交易平台有望于2013年上半年进入台湾。若台湾成为iBookstore正式的图书销售通路，那么随着iPhone、iPad与iPad mini等具有阅读功能的载具（载体，下同）在台湾的普及，势必会成为台湾图书出版产业在电子书的重要销售通路。此外，Google的Play商店原本在台湾因为七天鉴赏期[①]的争议也有可能在2013年获得解决。这样，全球两大图书数位内容交易平台：苹果的iBookstore与Google的Play商店均有可能对2013年的台湾电子图书市场带来相当值得期待的变化。由于台湾的电子阅读载具已经有一定程度的普及，若iBookstore、Play商店以及Hami Publisher等数位出版平台发挥其功能，将有助于带动台湾电子出版产业的良性循环。台湾的电子书产值在2014年年

---

① 一种商业营销手段。指顾客正式购买产品之后，如果不满意，可以在期限内退货，业者须把一定的金额归还。编者加。

底若能达到占整体出版的 8%~10%，重要图书销售通路的百大畅销书都有过半比例提供电子版本，那就可以视为台湾电子书产业已经成形，并已经进入产品生命周期的成长期了。

五、结语

总体来说，2012 年的台湾图书市场可以说是较为平淡的一年，没有什么大亮点的书。整个图书销售虽然不是很好，但也没有太坏，每年的新书出版仍然超过四万种，网络书店仍有一定的成长，实体书店的经营同样日益困难，被视为出版产业重要创新技术的电子书产业更无重要进展。尽管如此，电子书仍在 2013 年被寄予期望。随着电子阅读器的普及、信息科技技术与电子图书交易平台的发展势必会使台湾的图书产业在 2014 年可望结合 Social、Local、Mobile（SoLoMo）等行动商务的特性，让图书产业链的成员（作者、图书经销商、出版社、通路与读者）均可以在电子书产业技术的平台下找到新的市场定位。展望 2013 年及今后一段时期，哪一个议题是台湾出版产业的重要课题？电子书绝对是其中一个重要的答案。然而更令我们关心的不是这个答案而是台湾的出版业要拿这个答案怎么办？

（作者为台湾南华大学文化创意事业管理系助理教授）

澳门出版业的新希望

陈雨润

尽管 2012 年欧洲、美国经济危机，产业低迷挥之不去，然而澳门受惠于内地访客持续增加，旅游娱乐博彩支柱行业屡创新高，特区政府有条件在世界经济不景气下保持对本土文化出版活动的支持等，令澳门出版品（出版物，下同）在 2012 年有超过 500 种的数量，与 2011 年大致相当。自 1999 年回归祖国至今，总计出版的新书超过 5 000 种。

根据澳门出版协会副理事长王国强作的统计，2012 年澳门出版的 553 种新书，按出版主体分类，政府出版物仍占主导，有 247 种；民间社团、机构如往年一样排行第二，有 143 种；私人出版 83 种；公立大学有 53 种；私立大学有 9 种；中学出版有 17 种。另有数本出版主体不详。

如按内容细分，则艺术类有 78 种；法律类有 61 种；公共行政类有 59 种；经济类有 45 种；社会类有 42 种；教育类有 37 种；科学类有 31 种；文学别集类有 25 种；历史类有 24 种；旅游类有 23 种；宗教类有 13 种；交通类有 11 种；文学总集类、博彩类各 10 种；综合类、医学类各 9 种；音乐类、摄影类各 8 种；语文类、体育类各 7 种；饮食类有 6 种；图书馆类有 5 种；统计类有 4 种；电影类、文学研究类各 3 种；传播类、地理类、人口类、戏剧类各 2 种；心理类、医学类、安全类、治安类、建筑类、哲学类、书目类、博物馆类各 1 种；另有两种出版物内容不详。如按作者来分，则本地作者有 111 种；本地编者有 85 种；非本地人有 28 种；非本地作者有 1 种；非本地编者有 7 种；团体编者有 324 种。如按语种来分，则中文书有 315 种；中英文书有 45 种；中葡文书有 37 种；中英葡文书有 78 种；英文书有 29 种；葡文书有 52 种。

虽然澳门的出版数字，受惠于经济"风景这边独好"，没有如其他地区那样下跌，但仍停留于文化活动、非商业行为的阶段，主要是澳门本土人口只有五六十万人，而且就业充分，自我增值，持续进修的压力较少，专业作家寥寥可数。

为了打开文创局面，开拓出版物销售市场空间，澳门文化界过去二十多年已在不断努力，作出多种尝试，力图逐步与亚洲、与华文世界接轨，特别是与大中华、内地市场接轨。其中包括积极参与两岸四地大型书展，华文出版年会、研讨会等。

例如自2011年7月起，澳门文化局、澳门基金会就开始支持澳门民间文化单位，有系统、有规模地参与香港书展和台北国际书展，还斥资赞助装修澳门展摊成为全场最具中西文化特色、最亮丽的展摊之一，力求向外地读者推介澳门的特色出版物，逐步打造文化澳门新形象，希望扭转澳门只是赌城的负面旧风貌。

再如2011年年底，澳门出版协会轮任主办了第十六届华文出版年会。大会在澳门博物馆会议室举行，近50名两岸四地代表出席。澳门出版协会理事长陈雨润、中国出版协会副理事长李宝中、台湾图书出版事业协会理事长陈恩泉、香港出版总会理事冼国忠分别致词。陈雨润表示，本届年会再度探讨实体书店的出路，主因是中国、欧美及英国等图书市场不乐观。出版年会除研究交流宏观的学术讯息外，更重要的是协助四地业界解决实际问题，所以再以实体书店前景作主题，借此平台让四地业界阐述探讨转型及改革。

李宝中指出，华文出版年会作为两岸四地出版界交流的平台，多年来四地出版界同人尽心尽力，为做大做强华文出版业、促进华文图书走向世界做了大量工作。他寄望业界未来加强合作，继续推动华文出版的繁荣发展。

陈恩泉称，现阶段两岸合作出版与交流，应着眼以"十二五"规划与台湾中长期经济发展构想（黄金十年）为契机，积极落实ECFA（海峡两岸经济合作框架协议），扩大两岸合作领域，提升合作层次，完善合作机制，促进共同发展与繁荣。他还谈到，结合两岸四地出版相关协会与总会，争取参加亚太出版商联合会的文化交流活动，促进实现"大中华出版共同体"。冼国忠介绍了香港近年的出版情况，认同透过（通过）参加每届年会，集思广益，改善不足。

上、下午时段，四地出版界派出代表发言。澳门代表王国强介绍澳门出版业时指出，2011年出版约490种书刊，每天约1.3本书刊出版；出版物内容以社科类居多，其次为艺术类、应用科学等。值得关注是语言文学类出版品仅31种，文学作品25种，艺术主题书刊则有稳定增长。虽然澳门定位为世界旅游休闲中心，更作为中国与葡语系国家重要的交流平台，但图书出版仍以中文书为主，有必要改善。预计未来五年，澳门出版及图书市场发展将开创新里程，为针对每年近3 000万游客的市场，商业旅游及广告的书刊将大量激增，面对年轻人市场的电子出版将是出版业另一销售渠道。

会议结束后，四地代表互签会议纪要，均充分肯定本届年会的作用。

经过多年探索、商讨，2012年拓展本土出版品市场空间的努力，终有了一点新进展。为此，澳门写作人、出版界寄予厚望。

澳门特区民政总署及其辖下的澳门艺术博物馆坚持了十多年与内地著名单位合作，包括故宫博物院等，每年出版一二十种大型艺术画集，无论艺术、学术、专业、装帧设计都达到较高水平，很具欣赏及收藏价值。例如近两年出版的《意会中西——饶宗颐博物馆书画作品集》、《故宫百年 皇园千秋》、《版印留青：北京大学赛克勒考古与艺术博物馆馆藏版画》、《海月星辉：邓散木艺术》、《云林宗脉——安徽博物院藏新安画派作品集》（全三册）、《山水正宗——王时敏、王原祁及娄东派绘画精品集》、《玉貌清明——故宫珍藏两宋瓷器精品集》等高质量的图册已成为澳门出版业的代表产品，定价也较低。

由于澳门特区民政总署、艺术博物馆这批数百种大型图册的市场反应热烈，所以出版单位有信心进一步推介给内地读者，并初步与故宫博物院达成出版简体字版的艺术图册协议，率先进军内地市场。如果一切顺利，相信澳门特区政府会乐意协助澳门文化界，逐步将数千种澳门出版的其他类别的优秀书籍，以与内地出版单位合作出版简体字版方式呈献给内地读者。

（作者为澳门出版协会理事长、澳门文化广场总经理）

附录

2012年中国出版业大事记

于秀丽

1月

1日　《〈中国标准录音制品编码〉国家标准实施办法》和《音像电子出版物专用书号管理办法》即日起实施。2010年2月，我国修订实施了新版《中国标准录音制品编码》国家标准。为保证新版标准的顺利实施，新闻出版总署制定以上两个办法。1992年《新闻出版总署关于实施〈中国标准音像制品编码〉的通知》中所附《中国标准音像制品编辑管理暂行办法》同时废止。

1日　根据中国版权保护中心2011年12月27日发出的《关于免征小型微型企业软件著作权登记费的通告》，自即日起至2014年12月31日止，在计算机软件著作权登记环节暂免征收小型微型企业登记费用。《通告》规定对申请免征计算机软件著作权登记费的小型微型企业实行登记备案制。

4~6日　"全国新闻出版工作会议"在北京召开。新闻出版总署党组书记、署长、国家版权局局长柳斌杰作了题为《落实党的十七届六中全会精神推动新闻出版业跨越发展》的主题报告，指出了2012年8个方面的重点工作。

5日　全国"扫黄打非"办公室公布了2011年度"扫黄打非"十大数据及十大案件。2011年，全国收缴各类非法出版物5 200万件，查处各类案件1.8万余起，侵权盗版出版物案件10 932起。

6日　全国首家专业版权评估中心——"中国人民大学国家版权贸易基地版权评估中心成立仪式"在北京举行，标志着我国版权评估从理论探索向实践领域迈进。

6日　由《中国电力报》转企改制组建而成的"中国电力传媒集团"在北京揭牌成立。中国电力报社成立于1982年，先后隶属于电力部、水电部、能源部、电力工业部、国家电力公司，目前隶属国家电力监管委员会。中国电力传媒集团成立后，将负责经营《中国电力报》、《中国电业》、《网络导报》、中国电力新闻网、中国电力网络电视台、电力手机报、电力PAD等业务，同时涉足文化旅游项目。

7日　中华全国工商业联合会书业商会组建的"华图易和投资基金"正式启动。这意味着民营书业有了自己的产业投资基金，民营书业出版传媒企业也在华图基金的服务下开启了进军资本市场的计划。

8~11日　"北京图书订货会"在北京举办。本届订货会提出了"回归订货本质"的口号，采取多种措施提高参展商参展效益。订货会展位总数2 280个，参展单位762家，122家民营批发单位参展，数量创历史新高。订货会共实现订货码洋33.16亿元。

8~9日　"第七届（2011）中国传媒年会"在杭州召开。本届年会由《传媒》杂志社、中国新闻文化促进会、中国广播电视协会及多家高校新闻传播学院共同主办，由浙江传媒学院、浙江日报报业集团承办。本届年会的主题为"文化强国建设：传媒业的机遇与挑战"。中国新闻出版研究院在会议期间发布了《2011中国传媒创新报告》。中国新闻出版研究院还在年会上宣布，在浙江传媒学院设立杭州科研基地，并举行了签字和揭牌仪式。

9日　新闻出版总署发布了2012年"一号文件"——《关于加快我国新闻出版业"走出去"的若干意见》。《意见》提出了今后一段时期新闻出版业"走出去"的主要目标与8项重点任务，提出推动新闻出版业"走出去"的10条"新政"。

10日　人力资源和社会保障部、财政部、新闻出版总署、北京市人民政府联合下发《关于中央各部门各单位非时政类报刊出版单位转制后参加北京市基本养老保险有关问题的通知》，明确中央非时政类报刊出版单位转制后，从2012年7月1日起参加北京市企业职工基本养老保险。

10日　新闻出版总署出版管理司、全民阅读活动组织协调办公室、中国新闻出版研究院和深圳读书月组委会办公室在北京联合发布了《中国阅读：全民阅读蓝皮书（第二卷）》。该书由中国书籍出版社和海天出版社联合出版。

17 日　由新闻出版总署全民阅读活动组织协调办公室组织开展的"2011年度'大众喜爱的50种图书'"在北京揭晓。《从怎么看到怎么办：理论热点面对面 2011》等 50 种图书最终入选。

18 日　由《中国版权》杂志和《中国新闻出版报》联合评选的"2011 年中国版权十大事件"揭晓。《著作权法》修订名列榜首。

2 月

1~6 日　"2012 台北书展"在台北举办。本届书展以"绿色阅读"为主题，为业界提供了版权交易和文化交流的平台。本届书展参观人次超过 60 万，创历史新高。

6 日　中南出版传媒集团股份有限公司与法兰克福书展在北京签署了战略伙伴框架协议。根据协议，双方将在资源共享、版权交易、出版培训、业务交流等方面展开合作。这标志着中南传媒继与日本角川公司、美国圣智出版公司达成战略合作后，在"走出去"方面又迈上一个新的台阶。

6 日　山西出版传媒集团与太原钢铁集团在太原签订了战略合作框架协议。太原钢铁集团是山西领军型企业，山西出版传媒集团希望借鉴太钢集团在股份制改造方面的成功经验，完善体制机制，推动上市工作的完成。

8 日　为了减轻中小学生过重的课业负担和学生家长的经济负担，规范中小学教辅材料的使用，教育部、新闻出版总署、国家发展改革委、国务院纠风办联合下发了《关于加强中小学教辅材料使用管理工作的通知》，对教辅材料评议推荐办法等内容提出了要求。《通知》中的"限价、授权、资质、一教一辅、评议公告、CIP 数据核对"等一系列政策，引起业界关注。

9 日　时代出版传媒股份有限公司与英国 Opus 传媒集团在安徽合肥签署了战略合作协议。根据协议，双方在纸质出版、数字出版、服务印刷、资本合作等方面达成全方位合作，将共同开拓中英及全球文化产品市场业务。

11 日　商务印书馆发官方微博，祝福 115 岁的商务印书馆生日快乐。网络纪念文短期间内广为传播。同时，商务印书馆以一系列活动庆祝 115 周年。

13 日　"首届中法两国媒体论坛"在北京召开。论坛由国务院新闻办公室和法国驻华使馆主办、五洲传播中心和法国中国学院共同承办。会议围绕"媒体在促进和推动中法全方位宽领域合作和交流中的作用"和"传统媒体与新媒体的关系及发展前景"两个议题进行了交流讨论。

14日 在2012年德国莱比锡"世界最美的书"评选中,由中国选送的《剪纸的故事》获得银奖,《文爱艺诗集》获得荣誉奖。《剪纸的故事》由人民美术出版社出版,作者赵希岗,由吕旻和杨婧设计;《文爱艺诗集》由作家出版社出版,作者文爱艺,由刘晓翔和高文设计。

15日 《国家"十二五"时期文化改革发展规划纲要》正式发布。《纲要》明确了"十二五"时期我国文化改革发展的指导思想、总体思路、目标任务和重大举措,对各项工作进行了全面部署,提出了到2015年我国文化改革发展的10项主要目标。

16日 "中国ISRC(国际标准录音制品编码)中心揭牌仪式"在"2012CPCC中国版权服务年会开幕式"上举行。该中心是新闻出版总署批准设立的中国标准录音制品编码(GB/T13396-2009)国家标准的执行机构,由中国版权保护中心建设和管理,具体负责录音制品和音乐录像制品的国际唯一标识符——ISRC编码的分配、管理与维护以及相关数据库的建立和运行维护。

16日 由中国版权保护中心主办的"2011CPCC十大中国著作权人年度评选"在北京揭晓并举行颁奖典礼。本次评选以"资本的新源泉——版权价值"为主题,评选出了中国电视剧制作中心有限责任公司等十大中国著作权人。

16~17日 "2012CPCC中国版权服务年会"在北京开幕。本届年会以"整合·突破"为主题,通过各种专题活动展示中国版权保护中心版权公共服务体系建设的新业绩。国家版权局在年会活动中公布了2011年全国软件著作权登记数据:2011年我国软件著作权登记量109 342件,首次突破十万件。

17日 "全国版权交易共同市场发展论坛"在北京举行。全国版权交易共同市场是国家版权局指导下的全国版权交易市场协同性联盟,于2009年年底正式成立,目前有八家会员单位。

17日 中国版权保护中心在北京启动了"2012CPCC软件服务年"活动。本次服务年活动以"促创新、促发展"为主题,展现了以软件版权登记为核心的各项公共服务内容,旨在全面提升版权公共服务能力和水平,进一步增强软件产业自主创新原动力,促进软件版权登记工作可持续发展。

20 日　京东商城启动了电子书刊业务。随着京东电子书城及其 PC 客户端、安卓系统客户端同步上线，京东商城正式宣告进入电子书 B2C 市场。

当当网同日宣布对电子书业务平台进行升级，将"数字周刊"平台更名为"数字馆"，并将电子书品种扩充至 10 万种。并表示，更名为"数字馆"，是因为未来当当网数字馆将为用户打造成包含电子书、期刊、视频等一系列的线上娱乐生态链条。

21 日　杭州出台了《关于扶持民营书店健康发展的暂行办法》。《办法》规定：只要是杭州市内经营两年以上的人文类和学术类民营实体书店，都可以向杭州文广新局申请每年最高额度为 30 万元的扶持资金，资金总额为 300 万元。

24 日　新闻出版总署印发了《关于加快出版传媒集团改革发展的指导意见》，这是总署首次针对出版传媒集团的改革发展出台专门的指导意见。《指导意见》共分为 8 个部分 32 条，明确了今后一个时期出版传媒集团发展的战略方向，提出了推动出版传媒集团发展的指导思想、原则要求和主要目标。

28 日　上海市政府召开专题新闻发布会，正式向社会发布《上海市出版物发行网点建设扶持资金管理办法》及《上海市出版物发行网点建设引导目录》，宣布从 2012 年起从新闻出版专项资金中划拨 1 500 万元支持出版物发行网点建设。其中 500 万元用于定向支持各类实体书店，尤其是已形成专业定位和品牌影响的中小微、专精特民营实体书店。这是国内首次出台的综合配套扶持实体书店发展的地方政府规范性文件。

28 日　汉王科技发布业绩快报：2011 年公司亏损 4.34 亿元。汉王科技表示，报告期业绩出现亏损，主要原因是电子书产品价格大幅下调导致收入和毛利出现较大幅度下降，研发项目调整导致研发费用大幅增加，以及计提大额存货跌价准备。

29 日　国家出版基金项目绩效考评成果公布。国家出版基金启动 3 年来，共评审资助项目 493 个。其中，有 120 个项目已办理结项验收。为进一步加强监管，国家出版基金规划管理办公室根据有关年检和结项情况，对已结项的 120 个项目进行了尝试性绩效考评。其中，有 37 个项目得分在 90 分以上，被评为优秀项目。

本月　新闻出版总署确定了"全面落实《国家"十二五"时期文化改革

发展规划纲要》"、"继续积极稳步推进非时政类报刊出版单位转企改制"等15项2012年新闻出版改革发展工作要点。

3月

1日 《出版物发行术语》正式实施。这是出版物发行领域的第一个国家标准，是全国出版物发行标准化技术委员会升格为国家级标委会后完成的第一个国家标准。该标准包括出版物发行基础术语等共450个术语，涉及管理、业务和技术，涉及商流、物流、资金流和信息流等方面。

2日 起点中文网推出了主流中文杂志的在线阅读，近千种杂志陆续登陆网站，内容涵盖游戏、时尚等30多种类型。起点中文网数字化期刊的推行，意在整合更多形式的网络阅读内容资源，打造综合网络阅读平台。

5日 经国家出版基金管理委员会批准，2012年度国家出版基金拟资助项目名单自即日起公示7天。2012年度共收到414家出版单位的项目申请579项，最终有171家出版单位的205个项目将获资助，资助总额为3.46亿元。

5日 国务院总理温家宝代表国务院向十一届全国人大五次会议所作的《政府工作报告》中谈到，要大力发展公益性文化事业。以农村和中西部地区为重点，加强基层文化设施建设。推动哲学社会科学繁荣发展，积极发展新闻出版、广播影视、文学艺术和档案事业。加强文化遗产保护，繁荣发展少数民族文化事业。强调深化文化体制改革，继续推动经营性文化单位转企改制。提高文化产业规模化、集约化、专业化水平，推动文化产业成为国民经济支柱性产业。深入开展对外人文交流，促进中外文化相互借鉴。

10日 为期20天的"十七大以来中国动漫产业发展成果展"在中国国家博物馆开幕。此次成果展是对十七大以来中国动漫产业发展经验的全景式总结。展览涉及政策与扶持、平台与企业、品牌与产业、技术与未来四个方面，内容涵盖动画电影、动漫出版物等各产业环节。

13日 中南传媒公告，该公司与国家开发银行股份有限公司湖南省分行签订了《推进中南出版传媒集团繁荣发展开发性金融合作协议》。双方同意建立新型的产业集团与金融集团全方位深度合作的新型战略合作伙伴关系，并明确了双方的合作基础、合作内容与合作机制。双方同意,根据中南传媒的业务发展规划和融资需求,以及国开行湖南分行对中南传媒的信用评审结果,自2012～2017年间,双方在各类金融产品上的合作融资总量为50亿元人民币。

15日 文著协发通告:"中国文字著作权协会高度关注苹果公司网上应用商店涉嫌侵犯中国作家和出版社合法权益的问题,正在进行调查取证工作,将在政府主管部门的支持下,在适当时候向苹果展开维权行动。"据了解,苹果应用商店中提供的电子书收费下载中包括大量中国作家的作品,这些作品的使用既未事先获得授权,也未支付报酬。文著协为此相继采取了开设热线号码专供作家和出版社投诉维权等一系列措施。苹果公司此后通过邮件表示,"作为一个拥有知识产权的公司,理解保护知识产权的重要性。当苹果接到投诉时,会给予及时和恰当的回应。"

16日 新闻出版总署发出通知,将组织实施社会主义核心价值体系建设"双百"出版工程,计划分3年推出优秀理论读物、优秀通俗读物各100种。新闻出版总署将组织评审专家对上报的选题和书稿进行审核,评议出优秀选题和书稿列入"双百"出版工程计划,并根据《国家出版基金资助项目管理办法》的有关规定遴选资助。2012年计划先推出优秀理论读物和优秀通俗读物各50种,2013年、2014年再推出100种。

16日 "第32届巴黎图书沙龙"在巴黎凡尔赛门展览中心开幕。本届图书沙龙共邀请1 200多家出版商参与,展会面积达4万平方米。中国图书进出口总公司率10多家中国出版商参展,共有260种、约500册图书,包括中国当代文学作品、书法、篆刻、少儿读物等。

19～22日 "意大利博洛尼亚少儿书展"在意大利博洛尼亚举办。该书展致力于儿童的出版和多媒体产业,2012年已是第49届。我国二十一世纪出版社在前两届邀请民营经销商企业领袖的基础上,本届新增了来自一线工作的业务经理,再次率领17家民营经销商参展,展出了72种、150余册适合中国孩子阅读的优秀童书。

21日 由新闻出版总署组织的"全国报刊管理工作会议"在苏州召开。会议提出,2012年要完成把握正确舆论导向,为党的十八大胜利召开营造浓厚氛围的任务;继续积极推进报刊改革,如期完成非时政类报刊改革的阶段性任务;推进发展,创新精品,增强报刊服务社会的能力;加大新闻采编队伍建设力度，为建成新闻出版强国提供可靠人才保障；开展打击"新闻敲诈"等5项重点工作。

22日 "中华书局成立100周年庆祝大会"在北京人民大会堂举行。胡锦涛致信中华书局，向全体员工和离退休同志表示热烈的祝贺和诚挚的问候。温家宝也向中华书局成立100周年表示祝贺。李长春会见中华书局成立100周年庆祝大会与会代表并讲话。中华书局于1912年由陆费逵在上海创办，为中国近现代最负盛名的文化出版机构之一。截至目前，中华书局共出版图书3万余种，1978年以来获奖图书累计563种。

25日 中国出版协会在北京举行"第十一届韬奋出版奖颁奖大会"。胡守文等20名长期在出版界工作、在编辑出版岗位作出突出贡献的人员获此殊荣。

29日 "中国图书对外推广计划"工作小组发布2011年度工作报告：2011年"中国图书对外推广计划"共与29个国家的124家出版机构签订了240个资助协议，全年共向海外输出版权3 236项（不含港澳台地区），比2010年增长25%，创下历史新高。"中国文化著作翻译出版工程"2011年共与8个国家的16家出版机构签订了18个资助协议，资助金额超过3 600万元。

30日 北京昊福文化传播股份有限公司在天津股权交易所挂牌，成为天交所第一家上市的文化企业，也是国内首家纯经营教辅图书业务而能够上市的企业。

本月 凤凰传媒先后公告，为加快实施公司的数字化转型和推进职业教材数字化，出资7 726.5万元通过下属子公司江苏凤凰职业教育图书有限公司收购厦门创壹软件有限公司51%的股权；同时再次加强对区域业务的整合，对旗下控股子公司海南凤凰增资11 041万元至占比51%，扩大其规模和经营范围。

本月 全国政协委员张抗抗向"两会"提交了《建议政府对实体书店的生存与发展加大政策性支持的提案》。她在接受采访时谈到，政府可考虑对实体书店进行大幅度减税（小书店以营业税为主，大一点的书店主要是增值税）。也可参照目前新华书店享有的返税政策，使民营书店享受同等的"国民待遇"，让民营实体书店能够健康发展。

4月

6日 "云南新闻出版版权贸易洽谈暨滇版图书推介会"在新知图书金边华文书局举行。洽谈推介会集中展示了云南人民、云南大学、云南科技等出版社出版的1 000多种、10余万码洋的图书,内容涉及云南自然风光、风土人情以及水果、花卉、农业种植、养殖等类别。本次活动受到柬埔寨出版机构的关注,柬埔寨王国乌多匹等多家出版机构参加洽谈并达成合作意向。

7日 "时代新媒体出版社有限责任公司"在合肥正式揭牌。该公司由安徽电子音像出版社更名而成,是我国首家主动战略转型至新媒体出版领域的音像电子类出版单位。据介绍,转型后的时代新媒体出版社将以"新媒体、新技术、新业态、新产业链"为经营方向,以手机出版、网络出版和应用出版为三大主攻方向。

7~8日 "第九届中国民营书业发展高峰论坛"在北京举办。与会代表就民营书业发展、多元化延伸、战略合作、未来发展方向及实体书店生存现状等热点问题进行了探讨。《2011年度中国民营书业发展报告》同时发布。该报告概述了2011年民营书业总体情况,指出2012年民营书业将呈现多元、转型、数字三大趋势。

8日 "新华联合物流中心奠基典礼"在北京举行。该中心位于北京顺义区北小营镇宏大二三产业基地,由中国出版集团和江西新华发行集团共同投资兴建。据介绍,新华联合物流中心建成后,将实现商流、物流、信息流、资金流的全面整合,实现作业的自动化和运营管理的信息化、现代化。

9日 "2012年中国·中部春季馆藏图书订货会"在武汉开幕。据报道,近年来,馆藏图书市场成为图书行业争抢热点。本次订货会展场面积1万平方米、展位794个,全国400余家出版社参会。各高校图书馆、公共图书馆、中小学图书馆及企事业单位图书馆500余家,采购预期目标5 000万元。该订货会由2011年的"湖北省馆藏图书订货会"提升而来。

11日 全国首家数字出版实体店——文轩数字出版体验店在四川成都正式营业。体验店由新华文轩旗下的四川数字出版传媒有限公司创办。据报道,用户通过网站直接提交断版绝版书的印制订单，或通过在线工具制作相册、日历等个性化印品，只需几分钟，电子产品便可转变为精致印刷品，享受"一本起印，立等可取"的自助出版服务。

11日　中国新闻出版传媒集团有限公司与安徽新华传媒股份有限公司在合肥签署了《战略合作协议》，拉开了双方携手进军中国数字出版领域的序幕。双方将发挥各自在内容、创意、资本、渠道和终端等方面的优势，共同推动经新闻出版总署已立项批复的"中国数字发行运营平台"项目落户安徽并实现产业化。

16~18日　"第42届伦敦书展"在英国伦敦举办。本届展览主题为"让文字走得更远"。中国以"市场焦点"主宾国身份参展，举办了300多场活动，展出图书1万多种，为伦敦书展历届主宾国活动中规模最大的一次。中国展台设计将"金、木、水、火、土"五行元素融入五个展区，在强调艺术性和实用性的同时，突出了中国设计、中国形象的理念。

17日　"中英数字出版论坛"在伯爵宫会议中心举行。新闻出版总署署长柳斌杰出席论坛，并作了题为《加强国际合作，推动数字出版产业繁荣发展》的主旨演讲。

19日　由中国新闻出版研究院组织实施的"第九次全国国民阅读调查初步成果"发布。调查显示，2011年我国18~70周岁国民各媒介综合阅读率为77.6%，比2010年增加0.5%。全国国民阅读调查项目已持续开展9次。本次调查增加了对电子书、电子报纸和电子期刊阅读情况的调查。

20日　由国家知识产权局、中宣部、国家版权局等25部门联合主办的"2012年全国知识产权宣传周启动仪式"在北京举行。宣传周围绕"培育知识产权文化，促进社会创新发展"主题，举办论坛、讲座、咨询、开放日、报告会等多项活动。

21日　天津出版传媒集团与天津市红桥区签订了战略合作协议。根据协议，红桥区与天津出版传媒集团将在文化创意、文化会展、版权贸易、文化外包等领域开展广泛合作。其中东北角新华书店提升改造、流动书香岛、西沽文苑等三个首批合作项目将于近期启动。

21日　由首都图书馆联盟主办，首都图书馆、国家图书馆、北京市区县图书馆联合承办的"北京换书大集"在首图一层多功能厅开集，持续到当日

16∶30。本次"北京换书大集"邀请到多家出版社提供新书免费交换；邀请多位文化名人持签名图书参与交换；国家图书馆也将提供近年的文津图书奖获奖图书参与活动。为了方便市民参与活动，首都图书馆联盟成员馆的北京市23家区县图书馆也加入到前期的书刊收集行列。

23日 上海市出版物发行网点建设扶持资金第一批资助企业名单正式公布。鹿鸣书店、季风书园、上海图书公司、千彩书坊等35家实体书店获得共计500万元专项资金资助。

23日 中英双语版《中国文学》创刊出版发布会在北京举行。中英双语版《中国文学》由作家出版社和新世界出版社联合出版，中国作家出版集团管委会主任、作家出版社社长何建明担任编委会主任。中英双语版《中国文学》以发表中短篇文学作品为主，第一辑中的作家作品包括铁凝的《逃跑》、韩少功的《第四十三页》等。何建明表示，为推动中国文学"走出去"，《中国文学》将定期出版和选择当代作家的优秀作品，并关注年轻作家。除中英双语版外，还将推出中法双语版、中西双语版。

23日 "文明中国"全民阅读活动启动仪式在北京举行。该活动由中国文明网联合浙江出版联合集团、广东省出版集团、人大数媒科技（北京）有限公司、中国新闻出版研究院等单位共同主办。活动将围绕"三大平台、三大项目、三大工具"的建设，构建"纸质阅读——在线阅读——移动阅读"的完整体系，为读者提供优秀的阅读内容产品及服务。

24日 为迎接第12个"4·26"世界知识产权日，充分展示我国"扫黄打非"、打击侵权盗版工作的成果，全国"扫黄打非"工作小组在全国31个省（区、市）同时举行了2012年侵权盗版及非法出版物集中销毁活动，并开展了以"拒绝盗版，助力创新"为主题的"绿书签行动"。

25日 国家发改委、新闻出版总署、教育部联合印发了《关于加强中小学教辅材料价格监管的通知》，规定从2012年秋季学期开始，对中小学生使用的主要教辅材料实行政府指导价管理，大幅降低价格标准。据介绍，按照此次拟定的指导价水平，大部分教辅材料价格将比目前市场价降低近40%~50%。

25日 江苏凤凰印刷数字技术有限公司正式开业，凤凰数字资产管理中心同时揭牌。该公司整合国际领先的印刷数字化技术，建成了包括创作、编辑、设计、校对、排版、印刷在内不间断的"数字流"，是我国第一条书刊印刷数字化全流程。

26日 "2011年度全国知识产权保护评选活动"结果揭晓。该活动由国家知识产权局、国家工商总局、国家版权局共同主办。《著作权法》启动第三次修订工作等入选十大事件;安徽滁州"骑士音乐网"侵犯著作权案等入选十大案件;中国文字著作权协会总干事张洪波等入选10名最具影响力人物。

26日 全国"扫黄打非"办公室向社会公布了十起涉及出版物种类繁多、销售范围广泛、性质恶劣的非法出版物案:浙江杭州"3·08"非法期刊印刷窝点案、新疆和田"12·26"非法图书案、湖北咸宁六合彩非法出版物案、北京"3·06"非法出版物批销案、北京"3·20"非法出版物案、广州"1·06"印刷非法出版物案、新疆乌鲁木齐"4·05"批销非法出版物窝点案、上海网络制售非法出版物案、河南洛阳"1·20"网络销售非法出版物案、江西"4·11"销售非法出版物案。

29日 "杭州国家数字出版产业基地授牌仪式"在浙江省人民大会堂举行。据介绍,杭州市近三年来,每年扶持数字出版企业资金近3000万元,通过积极营造良好的产业发展环境,促使数字出版产业呈现加速发展态势。

本月 人民教育出版社将该社网络公司改造为人教云汉数媒科技有限公司。该公司以人教社的品牌优势、资源优势和市场优势为基础,主要开展数字出版、网络出版、教学软件和工具开发、数字平台和终端开发等业务,意欲打造中国基础教育数字出版第一品牌。

5月

3~6日 "第30届巴塞罗那国际漫画节"在西班牙举办。本次中国作为主宾国应邀参展。漫画节除设260平方米中国馆外,还包括中国精品漫画推介会,漫画家签售等一系列主题活动。

7日 二十一世纪出版社与上海千陌网络科技有限公司就网络游戏投资事宜达成共识,正式签署合作协议,标志着二十一世纪出版社正式进军网游产业。据了解,二十一世纪出版社斥资数千万元购买上海千陌网络科技有限公司35%股权,成立了"上海二十一世纪千陌网络科技有限公司"。

8日 重庆出版集团与华展国际（香港）公司正式签署文化输出战略合作协议，双方将共同拓展东南亚文化市场。重庆出版集团是"中国图书对外推广计划"工作小组成员单位之一，华展国际具有20多年的国际贸易经验。重庆出版集团的文化资源和华展国际的渠道优势相结合，通过跨行业联合共同拓展东南亚文化市场，是文化输出工作的创新。

8日 中国出版集团公司与吉林出版集团有限责任公司在北京签署战略合作协议，并宣布成立中吉联合文化传媒（北京）有限公司。其中中国出版集团占51%股份，吉林出版集团占49%股份。据介绍，双方将从内容资源整合、数字出版、物流、印刷材料、国际合作、人才培训等六个方面进行战略合作和互惠支持。

9日 以"少儿精品·阳光阅读"为主题的"2012年少儿图书专场订货会"在北京开幕。本次订货会汇集了华东六省少儿出版社、中国少年儿童出版社、童趣出版社等国内近70家出版社的3万种作品、重点少儿图书及5 000余种新版少儿图书，吸引了全国200余家批发商、机关团体等单位前来交易订货。

11日 "2012年全国出版专业学位研究生教育指导委员会工作（扩大）会议"在南京召开。2010年，出版硕士专业学位经国务院学位委员会批准设立，北京大学、南京大学、复旦大学等14所院校获得学位授予权。2011年9月，我国第一批出版硕士专业学位研究生正式入学。

18~21日 为期4天的"第八届中国（深圳）国际文化产业博览交易会"在深圳会展中心举办。展会期间，新闻出版馆以"中国出版：传承文化、改革创新、拥抱未来"为主题，举行了签约仪式、展览等活动30多项文化活动，重点反映了新闻出版业的发展趋势和最新成果。截至21日，新闻出版馆总成交额达30.20亿元，同比增长22.76%。

18日 中宣部、新闻出版总署等五部门联合发布了"首批国家级文化和科技融合示范基地"。北京中关村国家级文化和科技融合示范基地等16家被认定为首批国家级文化和科技融合示范基地。

18日 长江出版传媒股份有限公司与华中师范大学举行战略合作签约仪式。长江出版传媒通过增资方式，与华中师范大学共同主办华中师大出版社。重组后双方各占出版社50%股份；华中师大出版社继续由教育部主管，原社名、办社宗旨与办社方向保持不变；长江出版传媒将在出版主业创新、产品结构调整、品牌拓展、扩大市场份额等方面提供支持。

18日　为期十天的"第十届北京国际图书节"在北京地坛公园开幕。应组委会邀请，法国、希腊等七个国家驻华使馆参展，并带来了各具特色的文化活动。"北京图书节"于1991年9月创办，自本届起更名为"北京国际图书节"。

20日　《今晚报》与日本《中日新报》在中日新报社共同举行了《今晚报·日本日文版》创刊号开版仪式，标志着《今晚报·日本日文版》正式创刊。即日起，日本关西地区的十多万日文读者都将能定期看到来自中国天津的经济、社会、文化等方面的新闻报道。这是继《今晚报·澳洲英文版》之后，该报创办的第二个外文海外版，也标志着《今晚报》走向国际传媒市场的步伐正在加速。

24日　新华文轩出版传媒股份有限公司与中国国际出版集团旗下新世界出版社在成都签订了"战略合作协议"、"实施走出去战略合作协议"和"图书供销合作协议"。双方表示，将开展资本、数字出版、"走出去"和传统出版发行等多领域、多模式的战略合作，提升利用海内外资源及市场的能力，增强企业实力。

24日　"北京数字出版云中心"在"第四届中国云计算大会"上宣布成立。这是继2011年天津建立数字出版云中心以来，国内第二家将云计算与数字出版产业进行融合的云中心。

28日　新闻出版总署公布了入选社会主义核心价值体系建设"双百"出版工程首批重点出版物的100种选题名单。新闻出版总署于3月启动"双百"出版工程，4月下旬召开选题论证会，评选出理论类选题和通俗类选题各50种。

28日　新闻出版总署下发通知，公布了入选迎接党的十八大主题出版重点出版物的100种选题名单，其中图书选题80种，音像与电子选题20种。迎接党的十八大主题出版，是新闻出版总署2012年的重点工作之一。新闻出版总署将从6月开始，分阶段、有重点地指导相关出版单位做好出版、宣传工作，扩大重点出版物的社会影响，为迎接党的十八大胜利召开营造良好的舆论环境和文化氛围。

28 日　西藏传媒集团有限公司在拉萨举行成立及揭牌仪式，集团旗下的《西藏手机报》也于当天上线运行。西藏传媒集团有限公司是西藏日报社整合党报经营资源组建的一家文化传媒企业，是西藏文化体制改革和文化产业发展的首家国有文化试点单位。2012 年 1 月，西藏自治区文化体制改革和文化产业发展领导小组批复同意成立西藏传媒集团有限公司。

29~30 日　由北京发行集团和中国图书馆学会高等学校图书馆分会主办的"北京台湖出版物会展贸易中心·2012 年全国图书馆采购订货会"在北京举行。订货会的主题为"汇聚出版精华，助推馆藏建设"。全国各地图书馆、图书经销商、零售书店等近 1 200 家客户到场交易交流。开幕当天，北京发行集团和中国图书馆学会举办了"共建馆配市场生态环境发展论坛"，与会者现场签署了《馆配市场生态环境建设共识》。

29 日　2012 年度"经典中国国际出版工程"评审会议在北京举行。119 家出版社申报了 369 个项目，经评审专家组评选，91 个项目 189 种选题拟获"经典中国国际出版工程"资助。

29 日　英国出版科技集团与北京中文在线数字出版股份有限公司共同签署了"海外数字图书馆"项目合作协议。中文在线的版权资源和服务平台将与英国出版科技集团所拥有的英捷特全球数字图书馆平台实现对接。前者的数字内容将通过英捷特平台实现在 2.5 万家海外图书馆的可见、可售，并通过跨库检索技术、用户行为分析技术，及时获知国外数字图书馆用户的使用情况，不断优化内容和服务。英捷特全球数字图书馆平台是世界三大数字图书馆平台之一，覆盖 170 多个国家，拥有 2.5 万多家图书馆和机构用户。

29 日　"海南凤凰新华出版发行有限责任公司揭牌仪式"在海南省海口市举行。该公司前身为 2008 年海南新华书店集团和江苏新华书店集团共同组建的"海南凤凰新华发行有限责任公司"。此次合作是江苏凤凰出版传媒股份有限公司和海南省教材出版有限公司共同向海南凤凰新华发行有限责任公司进行增资。增资后，"海南凤凰新华发行有限责任公司"更名为"海南凤凰新华出版发行有限责任公司"。

29 日　中国出版集团公司与欧若拉出版公司、诺丁汉商学院在北京签订战略合作备忘录，将共建商务同声传译和国际出版硕士专业；按需定制，开展高级出版管理人才培训项目；合作遴选、开发相关专业教材、中国本土原创教材和其他文化专著,并在中英两国同步出版发行等三个方面开展合作。

本月 中国文字著作权协会近30位会员的200余部经典作品正式接入中国移动手机阅读基地。读者登陆中国移动手机阅读门户即可付费下载叶圣陶的《过去随谈》、王梓夫的《花落水流红》等优秀作品。据介绍,首批入驻中国移动手机阅读基地的会员作品以文学类为主,文著协将根据实际销售情况,以季度或半年为周期向作者支付数字出版"稿费"。目前文著协也在与中国电信、中国联通进行接洽,推广其会员作品的数字版权。

6月

1~4日 "第二十二届全国图书交易博览会"在银川举办。本届书博会展位2 130个,展出各类出版物30多万种,其中新书和重点图书占60%以上。书博会期间,组委会组织开展了"中国出版发展论坛"、"书博会会旗交接仪式暨大型文艺晚会"、"向农家书屋和图书馆捐赠图书仪式"、"第五届读者大会"等主题活动。各参展代表团举办了112项自办活动,各分会场组织了书博会主题文艺晚会、出版物成果展览等一系列主题活动。

1日 由新闻出版总署和宁夏回族自治区人民政府主办,中国新闻出版传媒集团有限公司、宁夏回族自治区新闻出版局、江苏凤凰出版传媒集团有限公司共同承办的"中国出版发展论坛"在银川举行。本届论坛的主题是"阅读·生活·传承"。论坛围绕阅读与生活、阅读与社会、阅读与文化传承、阅读与文化产业发展等话题进行了讨论。

1日 儿童主题书店青少年阅读体验大世界与当当网签约合作。根据协议,大世界专门为当当网设立销售专区,当当网少儿频道畅销图书在此由大世界负责包销。当当网可在大世界开展各种与阅读相关的推广活动。同时,大世界登陆当当网少儿频道主页,定期提供图书推荐、活动预告等阅读服务。大世界的特色阅读服务产品也将登陆当当网的平台,实现线上的展示和销售。

4日 过云楼藏书拍卖在北京国际饭店尘埃落定。凤凰出版传媒集团以1.88亿元的价格成功竞购了这批国宝级藏书。苏州的过云楼始建于1873年,第一位主人为清末官员顾文彬。经过6代人150年传承,过云楼收藏了大量的古籍书画,成为苏州一座享誉海内外的著名藏书楼,藏书共集宋元古椠、精写旧抄、明清佳刻、碑帖印谱800余种。过云楼藏书的四分之三早已被南京图书馆等机构收购,现存的四分之一共179部(近500册、1 293本)于2005年被匿名藏家买走,这次整体打包出售。

6日 "西安国家数字出版基地、西安国家印刷包装产业基地揭牌仪式"在西安举行。前者是经新闻出版总署批准组建的第九个国家级数字出版基地,将重点发展手机出版、电子书、传统出版数字化、数字动漫与网络游戏、网络教育、数据库出版等六大业务板块。西安国家印刷包装产业基地是经新闻出版总署批准组建的第二个国家级印刷包装产业基地。该基地将以"立足陕西、面向西部、兼顾中部、辐射中亚"为目标,到"十二五"末,预计实现工业总产值320亿元。

12日 "'十二五'国家重点出版物出版规划增补项目论证会"在北京举行。来自学术界、科研界、创作界、出版界的70余位专家参加了会议。据介绍,规划项目数量将由原来的2 000多种扩充至3 000种。

14日 淘宝网天猫商城的图书品类商城——天猫书城上线。该网络书城包括50家国内外出版社、20多家独立B2C购书网站、5家杂志社、9家大型新华书店、8家城市地标书店等在内的1 000多家图书网店,将推出130万种在线图书,在售图书超过6 000万本。由于天猫商城的图书商家遍布全国各地,配送网络覆盖全国的县、乡镇,天猫商城的图书在三四线城市的成交比高达44.5%。这有别于当当网、京东商城等大型网上书城。

14日 中信出版社、作家出版社、博集天卷等多家机构提出抗议:当当数字图书馆未经授权即免费供社会阅读使用,涉及侵权,要求当当立即下架涉嫌侵权的电子书。对此,当当网声明:当当"数字图书馆"是当当网为机构用户提供数字内容阅读的一款新产品,其中包含的所有图书均为正版,并已对内容进行数字版权保护,所有内容不允许任何形式的下载。

15日 由中国版权保护中心主办的"2012 CPCC十大中国著作权人年度评选"活动在北京正式启动。本届评选活动主题为"关注设计",旨在为各领域的优秀设计企业和个人搭建展示设计成果的平台。

17日 由新闻出版总署、福建省人民政府主办的"第四届海峡新闻出版业发展论坛"在福建厦门举办。论坛以"扩大民间交流、加强两岸合作、促进共同发展"为主旨,以"加强两岸出版合作、共同提升中华文化竞争力"为主题,共商推动新闻出版业创新发展大计,共绘中华文化繁荣发展蓝图。

20日 "世界知识产权组织保护音像表演外交会议"在北京开幕。此会议为近16年来世界知识产权组织在版权领域召开的首个外交会议,也是新中国成立以来首次承办的第一个涉及版权条约缔结的外交会议。会议为期7天,来自154个世界知识产权组织成员国和49个国际组织的720余名代表将就《音像表演条约》的缔结进行商讨。

22日 "世界知识产权组织(WIPO)版权金奖颁奖盛典暨第四届中国国际版权博览会开幕式"在北京人民大会堂举行。《于丹〈论语〉心得》、二十一世纪出版社、山东省青岛市文化市场行政执法局等15个作品或机构分别获得版权金奖分设的作品奖、推广运用奖、保护奖。版权金奖是WIPO在版权领域设置的全球表彰机制,从2008年开始,国家版权局与WIPO合作将这一奖项引入中国,每两年评选一次。该奖项是目前WIPO在中国颁发的版权最高奖项,此次是第三届。

22日 国家版权局发布了"2007~2009年中国版权相关产业经济贡献调研成果"。调研报告表明,我国版权相关产业的行业增加值及其占当年GDP的比重保持增长态势,到2009年已占当年GDP的6.55%。特别是核心版权产业的行业增加值及其占当年GDP的比重增长较快,到2009年已占当年GDP的3.50%。"中国版权相关产业的经济贡献调研项目"是国家版权局委托中国新闻出版研究院逐年开展的连续性重大科研项目。自2007年开始,相关调研活动已开展三次。

26日 由世界知识产权组织(WIPO)主办,新闻出版总署和北京市人民政府共同承办的"世界知识产权组织保护音像表演外交会议"在北京闭幕。会议正式签署了《视听表演北京条约》。该条约填补了视听表演领域全面版权保护国际条约的空白,标志着谈判了近20年的视听表演者版权保护的国际条约终于修成正果。《视听表演北京条约》是关于表演者权利保护的条约。该条约赋予了电影等作品表演者依法享有许可或禁止他人使用其在表演作品时的形象、动作、声音等一系列表演活动的权利。《视听表演北京条约》是在新中国诞生的第一个国际条约,将大大提升中国版权事业的国际地位和北京在国际社会的知名度。

26日 中国证监会公布了最新的首次公开募股（IPO）申报企业基本信息表，其中中国科技出版传媒位列"初审中"行列。中国科技出版传媒股份有限公司于2011年7月成立，是中国科技出版传媒集团有限公司的核心企业，以科学出版为基础，由中国科学院国有资产经营有限责任公司、中国科学出版集团有限责任公司、人民邮电出版社、电子工业出版社共同发起设立。

28日 新闻出版总署发布了《关于支持民间资本参与出版经营活动的实施细则》，就民间资本参与出版经营活动发出明确支持信号，具体扶持内容达十项。总署有关负责人称，此举意在充分调动民间资本参与文化建设，促进出版行业科学发展，推动社会主义文化大发展大繁荣。

28日 "全国新闻出版标准化技术委员会成立大会"在北京召开。标委会是由国家标准化管理委员会直接管理的一级国家标准化技术委员会，将负责书、报、刊、音像电子出版物、数字出版物、网络出版物领域的国家标准制修订工作。经过委员审议，大会原则通过了标委会的《章程》和《秘书处细则》，并对《工作计划》提出了修改意见。

7月

1日 国家版权局、公安部、工业和信息化部、国家互联网信息办公室宣布：即日起至10月底，在全国启动2012年打击网络侵权盗版专项治理"剑网行动"。该行动主要针对提供作品、表演、录音录像制品等内容的网站、提供存储空间或搜索链接服务的网站以及提供网络交易平台的网站中存在的侵权盗版行为进行专项治理。这是我国政府部门自2005年以来开展的第八次网络侵权盗版专项治理行动。

2日 新闻出版总署与中国联通集团公司在北京签署了《推进数字出版产业发展战略合作备忘录》。2010年、2011年新闻出版总署先后与中国电信、中国移动签署了战略合作备忘录。至此，新闻出版总署已经和国内三大运营商皆达成战略合作协议，并对分成比例作出明确规定：出版方和内容提供方获得的分成不低于60%。

3日 新闻出版总署与中国进出口银行在北京签署了《关于扶持培育新闻

出版业走出去重点企业、重点项目的合作协议》。根据协议，在今后5年的合作期内，中国进出口银行将为新闻出版企业提供不低于200亿元人民币或等值外汇融资支持，扶持推动新闻出版企业"走出去"。

5~8日 "第19届东京书展"在日本东京举办。中国出版代表团的19家单位，携带296种、400余册图书参加展览，图书内容涉及文学、科普、教育、医学、建筑、传统文化、美术等领域，均为近两年出版的新书。

6日 由时代出版传媒股份有限公司投资拍摄的史诗巨片《甲午大海战》在全国院线公映。《甲午大海战》是时代出版进军影视业投拍的第一部电影，也是首部由出版文化企业投资拍摄的史诗巨片。

7日 河南省出版物批发交易中心——中原出版物交易中心揭牌试营业。该中心以图书、电子出版物批发零售、图书选题、出版策划、文化创意、文化产业学术交流活动为主体，将打造集文化会展、现代物流、大型文化商业项目运营、会展、版权交易、数字印刷以及出版物的创意、研发、储运于一体的大型文化产业基地。

9日 新闻出版总署发布了《2011年新闻出版产业分析报告》。报告显示，2011年全国出版、印刷和发行服务实现营业收入14 568.6亿元，较2010年增加2 193.4亿元，增长17.7%；增加值4 021.6亿元，较2010年增加518.3亿元，增长14.8%。这是继2009年、2010年之后，新闻出版总署第三次向社会发布新闻出版产业分析报告。

10~11日 "2012年全国新闻出版局长座谈会"在北京举行。会议指出：迎接、宣传、学习、贯彻党的十八大是下半年新闻出版工作的主线和重点。下半年全行业必须完成农家书屋实现全覆盖，启动第二批非时政类报刊出版单位改制工作和编辑部改革，以及软件正版化工作向地市、县级政府推进三项硬任务。

10日 全国"扫黄打非"办公室向社会公布了八起"扫黄打非"重点案件的判决结果。八起案件分别是：贵州贵阳"2·22"贩卖盗版淫秽光盘案，海南海口"2·16"非法出版期刊案，云南昆明"7·08"贩卖淫秽光盘案，云南昆明"11·17"贩卖淫秽光盘案，湖北武汉"1·05"销售盗版、淫秽音像制品案，四川成都"10·12"批销盗版音像制品案，江西上饶"6·24"侵犯著作权案，广东东莞"8·26"批发非法音像制品窝点案。

11日 "全国新闻出版系统援藏援疆工作会议"在北京召开。会议通报总结了2010年以来新闻出版援藏援疆工作情况，研究部署了当前和今后一个时期的工作任务。据不完全统计，自2010年以来的两年多时间里，已经安排和确定的新闻出版援藏援疆各类专项资金、捐赠款物、直接投资等合计超过17亿元。

12日 山西出版传媒集团与中国建设银行山西省分行在太原举行了战略合作签约仪式。此次合作创造了山西省文化产业集团与金融企业深度合作的范例。按照战略合作协议要求，双方将发挥各自优势，在项目融资、财务顾问、资本运作、企业文化等方面开展持久、广泛的合作。

18~20日 "2012中国数字出版年会"在北京举行。本届年会以"数字出版：新发展 新举措 新期待"为主题，发布了《2011~2012中国数字出版产业年度报告》。报告指出，2011年我国数字出版全年收入规模为1 377.88亿元，较2010年增长31%。年会通过主论坛、分论坛、国家数字出版基地建设圆桌会议、出版集团数字传媒公司发展圆桌会议、贸易签约、成果展览展示等多场活动，全面反映了中国数字出版产业的最新进展。

13日 中国新闻出版研究院发布《2011~2012中国出版业发展报告》。《报告》从政策环境、主题图书、重大工程等七个方面总结归纳了2011年出版业的发展状况及特点，预测了2012年出版业发展的六大趋势。

16日 "辽宁新华书店发行集团暨辽宁新华书店发行集团有限公司"在沈阳正式成立。新组建的辽宁新华书店发行集团为法人联合体。该联合体由辽宁新华书店发行集团有限公司、辽宁北方出版物配送有限公司、新华书店北方图书城有限公司、辽宁省外文书店有限责任公司，以及辽宁省各市、县新华书店等成员单位组成。辽宁新华书店发行集团有限公司由出版传媒对所属的北配公司、北方图书城、辽宁省外文书店资产实施重组后注入辽宁省新华书店，再由辽宁省新华书店更名后组建。

20日 新闻出版总署、全国古籍整理出版规划领导小组发出通知，正式印发实施由全国古籍整理出版规划领导小组组织编制的《2011~2020年国家古籍整理出版规划》。《规划》共列入491个项目，分为文学艺术、语言文字、历史、出土文献、哲学宗教、科学技术、综合参考、普及读物和古籍数字化等九个门类。

25日　当当网在北京发布电子书阅读器"都看"(Doucon)。

25~29日　由新闻出版总署、上海市政府等部门联合指导举办的"第十届中国国际数码互动娱乐展览会"在上海开幕。本届展会主题为"开放、转型、突破，迎接新纪元"。展览会展出了来自全球30多个国家和地区的349家企业、600余款游戏。展会期间还举办了"中国游戏商务大会"等专题会议以及"张江杯"电子竞技大赛等一系列活动。

26日　"三联书店创建80周年庆祝大会"在北京人民大会堂举行。为庆祝书店创建80周年，三联书店举办了一系列纪念活动，活动之一的"韬奋图书馆"于7月16日开馆。图书馆开馆向公众开放后，将在美术馆东街形成以"生活·读书·新知三联书店"、"三联韬奋书店"和"韬奋图书馆"为核心的"三联文化场"，打造阅读新地标。

27日　全国"扫黄打非"办公室为了提醒广大群众警惕假报刊、假记者诈骗钱财，扰乱视听，特公布了五起各地"扫黄打非"部门查处的不法分子利用非法出版的报纸、期刊谋取不法利益的典型案件。

8月

5日　山西出版传媒集团与交通银行山西省分行签署了《战略合作协议》。根据协议，双方将在已有的合作基础上进一步提高合作的层次，加强金融衍生品方面的合作，拓展合作的范围和领域。

6日　新闻出版总署发布了《2011年全国新闻出版业基本情况》。2011年全国出版图书369 523种、期刊9 849种、报纸1 928种。本次发布的新闻出版业基本情况从图书、期刊、报纸、音像制品与电子出版物、出版物发行、印刷复制、出版物进出口、版权管理与版权贸易等方面作了分类统计和对比。

7~8日　"2012民进全国出版界会员座谈会"在北京举行。这是中国民主促进会近年来召开的第二次关于出版方面的全国性会议。全国人大常委会副委员长、民进中央主席严隽琪出席会议并讲话，全国政协副主席、民进中央常务副主席罗富和主持开幕式。新闻出版总署署长柳斌杰出席会议并讲话，民进中央副主席兼秘书长朱永新出席。严隽琪主席在会上结合民进的历史和民进出版界先贤的业绩对"出版人精神"作了深刻解读。

13日 "台儿庄国家版权贸易基地揭牌仪式"在台儿庄举行。台儿庄古城成为国内第四个、山东省唯一的综合性版权交易服务平台。

15~21日 "上海书展"在上海展览中心开幕，全国近500家出版社展出了15万余种图书。2004年，"沪版图书交易会"更名为"上海书展"，2011年升格为国家级展会。本届书展以"我爱读书我爱生活"为主题，并与全民阅读活动结合起来。书展期间举办了400余场文化活动。

17~23日 "2012南国书香节暨羊城书展"开幕。本届书香节以"让阅读成为时尚"为主题，共设19个主题展馆、8个互动体验专区，举办300多场文化活动。本届书香节首次推出吉祥物和会歌，新设了台湾文化主题馆区。

18日 "2012学术出版上海论坛"在上海召开。有关学术出版规范的话题引发热议。新闻出版总署副署长邬书林在论坛上表示，新闻出版总署将从六个方面加快推进学术著作出版规范建设。

21日 "荣宝斋呼和浩特分店"在呼和浩特民族美术馆开业。呼和浩特分店是继天津分店后，荣宝斋投资设立的第二家控股分店。

27日 新闻出版总署在北京召开了"迎接十八大主题出版工作座谈会"。十八大主题成为出版界热点，9月底前列入新闻出版总署计划的重点出版物将全部与读者见面。迎接党的十八大主题出版工作自2011年下半年启动，从报送的1240种选题中选出了100种重点出版物选题。

28日 "第六届中华图书特殊贡献奖颁奖仪式"在北京举行。本届共评出六名获奖人。该奖项由中国政府2005年设立，主要表彰在介绍中国、翻译和出版中国图书、促进中外文化交流方面作出突出贡献的外籍作家、翻译家和出版家。迄今共有14个国家和地区的27人获奖。

8月28至9月1日 "第十九届北京国际图书博览会"在北京举办。本届博览会参展国家和地区75个，参展商2010家，展示图书20多万册。博览会期间，开展了1000多场文化活动。其中，以"数字环境下出版企业的生存与发展"为主题的"2012北京国际出版论坛"探讨了数字化背景下出版社的发展之路。博览会首个主宾城市为北京，主宾国为韩国。

29日 新华文轩出版传媒股份有限公司与美国圣智学习出版集团在北京签署了战略合作协议。根据协议，双方将在数字出版领域开展深度合作。这是新华文轩继与美国麦格劳-希尔教育出版集团开展战略合作后,再次与国际知名出版机构达成的战略合作。

30日 "人民教育出版社与昆明新知集团合作意向书签约仪式"在北京举行。此举意味着人民教育出版社授权昆明新知集团在东南亚、南亚销售包括中小学教科书在内的人教社所有出版物。昆明新知集团为民营企业,2011年、2012年分别在柬埔寨金边、老挝万象开设了华文书局。

31日 中国出版协会与俄罗斯出版协会在北京俄罗斯文化中心签署了合作框架协议。根据协议,中俄双方将在四个方面加强合作。

31日 中华书局诉北京国学时代文化传播股份有限公司侵犯点校本"二十四史"及清史稿著作权一案,由北京海淀法院宣判。法院判决被告自判决生效之日起,停止生产、销售含有涉案作品的"国学电子馆M218C+"电子书,同时判决被告自判决生效之日起10日内,赔偿中华书局经济损失及合理支出2万元。判决发布后,中华书局对此判决作出了六点回应。

本月 "第19届北京国际图书博览会"期间,科学出版社东京公司与社会科学文献出版社、中国藏学出版社、上海交通大学出版社、青岛出版集团、人民音乐出版社、中国民主法制出版社、山东友谊出版社等国内多家出版社签署了战略合作、项目合作协议。签约的出版社将利用科学社东京公司这个平台,走全球化经营之路,共同开发日文版图书市场。

9月

2日 "《全国少年儿童图书馆基本藏书目录》新闻发布会"在北京召开。国家图书馆历时近两年编制完成该《书目》。入选书目的图书4 103种、14 295册(件),期刊185种、报纸50种、音像制品545种、网络数据库30种。据悉,今后国家图书馆将结合文献出版情况和目录使用反馈情况,每年对《书目》进行持续研究修订,使其具有长期指导意义。

3~7日 "首届中国—亚欧出版博览会"在乌鲁木齐开幕。该博览会是"第二届中国—亚欧博览会"的一部分,由新闻出版总署、新疆维吾尔自治区政府共同主办。本届展览面积500平方米,55个展位,我国30个出版集团、俄罗斯等11个国家的18家出版机构展出图书近6 000种。博览会今后将每两年在乌鲁木齐举办一次。

4日 为了进一步提高我国学术著作出版质量，新闻出版总署下发了《关于进一步加强学术著作出版规范的通知》。根据《通知》，学术著作出版规范的执行情况将作为中国出版政府奖评奖、国家级优秀图书推荐、国家重大出版项目和国家出版基金申报与验收，以及出版单位年检、等级评估等工作的重要条件。

5~10日 "第25届莫斯科国际书展"在莫斯科举行，展销图书超过20万种。中国有约20家出版社参展，展出了几十种中文书籍。近年来俄罗斯读者对中文书籍的需求旺盛。本次展销，中国图书进出口（集团）总公司带来的儿童读物和《新华字典》一摆出来即售讫。

8日 全国"扫黄打非"办公室要求全国各地"扫黄打非"机构和相关部门抓住新学期开学之机，严厉查处非法制售活动，确保中小学教辅材料市场健康有序，并通报了十起非法销售盗版教材教辅案。

10日 "第八届平壤国际科技图书展"在朝鲜人民大学习堂开幕。该书展创办于2001年，每两年举办一次，由朝鲜对外文化联络委员会主办。本届中国代表团共有12家单位携2 000余种科技图书参展。

11日 "全国少儿图书交易会"在河北承德举行。来自全国36家专业少儿出版机构和全国少儿图书销售渠道的代表共400余人参加。交易会期间召开了"少儿图书数字出版的商业模式论坛"。代表们从不同角度探讨了数字背景下少儿出版的数字化生存和发展之路。

13~16日 "第八届海峡两岸图书交易会"在台北开幕。本届交易会以"书香两岸·情系中华"为主题。此次交易会设立展位390个，中国出版集团等来自大陆的24家集团参展，参展的大陆图书10.5万种、31万册。江苏省为本届图书交易会主宾省。本届交易会还在台中、台南和高雄设立了三个分会场。

13日 "海峡两岸出版高峰论坛"在台北世贸中心举行。本次论坛的主题是"合作发展，走向世界"。据统计，2011年，两岸图书、报纸、期刊、音像、电子等出版物进出口品种累计达48.66万种，进出口额为2 243.76万美元，分别同比增长16.67%、22.66%。2011年，两岸图书版权贸易达到

2 939种。

14日 "首届全国人文社会科学期刊高层论坛"在沈阳召开。论坛由中国社会科学杂志社、辽宁社会科学院联合主办。与会代表就"建构面向世界的学术期刊与学术评价机制"等主题进行了讨论。《中国社会科学》、《社会科学辑刊》等65家与会期刊签署《沈阳宣言》,共同倡导学术期刊自律。

17日 "第八届中韩著作权研讨会"在韩国召开。研讨会由中国国家版权局与韩国文化体育观光部主办、中国版权保护中心与韩国著作权委员会承办,主题为"中韩建交20周年,著作权领域新合作"。

18日 商务部、新闻出版总署等六部委联合发布了《2011～2012年度国家文化出口重点企业和重点项目目录》。中国国际图书贸易集团有限公司等485家企业入选重点企业目录,北京国际图书博览会等108个项目入选重点项目目录。在重点企业目录中,直接从事新闻出版的企业约占25%;在项目目录中,新闻出版项目约为40%。

23日 国务院办公厅发布了《关于第六批取消和调整行政审批项目的决定》。其中取消行政审批项目171项,调整行政审批项目143项。其中,新闻出版总署取消"期刊出版增刊审批"项目。此外,省级人民政府出版行政部门取消了"被查缴非法光盘生产线处理审批"、"电子出版物制作单位接受境外委托制作电子出版物审批";县级人民政府出版行政部门取消了"设立专门从事名片印刷的企业审批"。另外,教育部取消了"中小学国家课程教材编写核准"。据了解,《决定》表示,凡公民、法人或者其他组织能够自主决定,市场竞争机制能够有效调节,行业组织或者中介机构能够自律管理的事项,政府都要退出;凡可以采用事后监管和间接管理方式的事项,一律不设前置审批。

24日 "第十二届精神文明建设'五个一工程'颁奖晚会"在北京举行。《解放战争》、《大平原》等30部文艺类图书获得殊荣。

26日 "《中国出版物在线信息交换》系列国家标准应用与推广调研工作启动会"在北京召开。会上,中国出版集团公司、科学出版社、新华文轩出版传媒公司等21家出版、发行、信息技术服务单位,向全国新闻出版业各单位发出了应用推广该系列标准的倡议书,共同表示支持标准的推广和应用。

26～28日 "首届中国国际新闻出版装备博览会"在天津市举行。展会主题为"新媒体、新技术、新平台",国内外共560多家参展商参展。博览会由新闻出版总署和天津市人民政府共同主办,是新闻出版行业首个以展示技术装备为特色的展会。

27日 "全国农家书屋工程建设总结大会"在天津举行。"农家书屋工程"是社会主义新农村建设的文化工程,2005年在甘肃等西部地区试点,2007年纳入党和政府民心工程。截至2012年8月底,农家书屋已覆盖全国具备条件的行政村,提前三年完成了"农家书屋村村有"的任务。

27日 "首届中国按需出版论坛"在天津召开。论坛由中国印刷及设备器材工业协会、中国新闻出版研究院、中国图书商报社主办。与会专家围绕"新挑战、新思维、新机遇"探讨了按需出版与产业转型等问题。

9月28至10月8日 "第五届中国国际漫画节"在广州举行。漫画节由新闻出版总署和广东省人民政府联合主办。漫画节期间举办了"第9届金龙奖颁奖典礼"。本届比赛共评出漫画类奖项11个,动画类奖项5个,单项奖7个,并有1部作品获得组委会特别奖。本届金龙奖评选首设的"中国漫画大奖"奖项空缺。

本月 本年度秋季新学年,新版义务教育课程标准正式启用,中小学生用上据此修订的新教材。据了解,此前中小学使用的课标是教育部2001年颁布的。2011年12月28日,教育部公布了义务教育阶段19个学科科目的新课程标准具体内容。

10月

8日 "第二十二届中国新闻奖和第十二届长江韬奋奖评选结果"开始公示。

本届共评选出获奖作品293件,获奖者20位。其中长江系列10位、韬奋系列10位。

10~14日 "第64届法兰克福书展"在法兰克福举行。中国代表团输出版权2 409项。这是中国出版界自2009年在法兰克福书展担任主宾国之后,连续两年在这一国际最大书展上版权输出超过2 000项。

10日 为做好迎接党的十八大出版工作,中宣部和新闻出版总署下发了

《关于开展迎接党的十八大优秀出版物展示展销活动的通知》,决定在全国统一组织开展迎接党的十八大优秀出版物展示展销活动。

11日　瑞典文学院宣布,2012年诺贝尔文学奖授予中国作家莫言。莫言成为首个获得诺贝尔文学奖的中国籍作家。诺贝尔奖评审委员会给其的颁奖词为:莫言将魔幻现实主义与民间故事、历史与当代社会融合在一起。每年的诺贝尔文学奖公布后,都会在国内引发诺奖图书市场热、出版热、版权争夺热。莫言的作品图书也骤然热销。

14日　"2012年全国出版专业职业资格考试"在全国统一举行。这是该项考试自2002年开展以来第11次开考,报考人数达到20 693人,比上一年增加2 248人。

22日　为了惩戒少数不参加其促销活动的供应商,上海世纪出版集团等四家出版机构的图书被当当网宣布下架。电商价格战硝烟又起,而此次最先受波及的是"图书供货商"。当当网图书供货商被要求必须参加促销活动,不同意承担促销费用的机构图书遭"下架"。在此期间,多家当当网图书供货商收到当当网关于应对恶性促销价格战的通知。该通知称,为应对某网站挑起的低于成本的促销价格战,被迫发起反击,各个供货商必须承担部分促销费用。

24日　首都出版发行联盟召开常务理事会,通过了外文出版社、化学工业出版社等30家出版企业入盟。自此,加入首都出版发行联盟的出版发行企业已近200家。

25日　盛大文学与百度、搜狗、腾讯搜搜、奇虎360四家搜索引擎公司签署了《维护著作权人合法权益联合备忘录》,并展开联合反盗版行动。2012年9月6日,盛大文学旗下逾百名作者曾公开发表联合声明,呼吁百度、360、搜狗、搜搜等搜索引擎正视社会责任、履行法律义务、保护网络环境下著作权人的合法权益。声明中提出"搜索引擎降低盗版网站权重"等三点要求。

30日　新闻出版总署、国家版权局在北京召开了"《著作权法》修订工作领导小组第二次会议"。修订工作领导小组就即将呈报给国务院的《著作权法》(修改草案第三稿)进行了讨论。这标志着《著作权法》第三次修订工作已近尾声,为国务院以及全国人大常委会审议和完善《著作权法》修订草案奠定了基础。《著作权法》第三次修订工作2011年7月13日启动。修法专家委员会自成立以来,共召开了四次全体会议,并于2012年3月31日和7月6日两次向社会征求意见。第一稿收到社会各界意见1 600多份；第二稿收到中外意见200余份。

30日 阿里集团旗下天猫事业部和当当网联合宣布，即日起当当网正式入驻天猫。当当网的80万种图书品类和30多万种百货品类同时入驻天猫。

31日 新闻出版总署在北京举办"加强学术著作出版规范座谈会"，贯彻落实总署《关于进一步加强学术著作出版规范的通知》精神。座谈会上还向出版界发出了《倡议书》。《倡议书》由5家发起单位及48家参与单位共同签署，表示将尊重学者的原创劳动，以学术质量为第一要义，确保具有高水平的学术著作的出版。

本月 由广东省出版集团剥离重组、联合南方报业传媒集团共同发起成立的南方出版传媒股份有限公司正式加入了首次公开发行（IPO）初审大军。根据中国证监会发行监管部最新发布的首次公开发行股票申报企业基本信息情况表，南方出版传媒拟登陆上海证券交易所，保荐机构为长城证券有限责任公司。目前审核状态为"初审中"。

11月

3~5日 "第25届全国大学出版社图书订货会"在青岛举行。本届订货会由中国大学出版社协会主办，中国大学出版社协会发行工作委员会承办。100多家大学出版社、教育部直属出版社参加订货会。本届订货会突出了"数字化"特色：邀请了全国电子音像数字出版物发行商参会、大学出版社带来的精品图书及音像电子数字出版物数万种。以"大学出版的功能与责任"为主题的"大学出版论坛"在订货会上举办，论坛探讨了大学出版社在企业体制和市场环境下的出版方略以及大学出版的定位和前景。

5日 由韬奋基金会、中国新闻出版研究院、中国新闻出版报社共同举办的"首届韬奋出版人才高端论坛征文评奖"揭晓。共有61篇论文获奖，一等奖5篇、二等奖10篇、三等奖15篇，31篇作品获优秀奖。论文围绕人才建设主题，从编辑人才、数字人才等角度深入探讨了文化大发展大繁荣形势下出版业人才工作的状况、任务、经验和对策。

6日　新闻出版总署与交通银行在北京签署了《支持新闻出版业发展战略合作协议》。根据协议，交通银行将在未来三年内为我国新闻出版产业发展提供500亿元的意向性融资支持。双方将建立长期稳定的战略合作关系，共同以政策引导和金融支持相结合的方式，推进政府、金融机构和文化企业间的共赢合作。

12日　天津出版传媒集团与天津市东丽区签署了合作协议。根据协议，双方将合作建设大型文化科技产业园——华悦文化科技产业园，以此推动出版产业转型升级，促进传统经济开发区的提升改造。

13日　知识产权局、国家版权局等九部门联合制定了《关于加快培育和发展知识产权服务业的指导意见》，这是我国第一部知识产权服务业的指导意见。《意见》提出，到2020年，要把知识产权服务业发展成为高技术服务业中最具活力的领域之一。

14日　苏宁易购电子书正式上线，成为电子书市场的又一电商平台。2012年2月，京东启动电子书业务；4月，淘宝书城成立。随着电商们的加入，让原本已经由内容商和运营商占有的几近饱和的市场更显拥挤。

16日　中华人民共和国新闻出版总署与土耳其共和国文化旅游部在土耳其伊斯坦布尔市签署了《新闻出版合作谅解备忘录》。根据备忘录，中国将于2013年担任伊斯坦布尔国际书展主宾国，土耳其将在2014年到北京国际图书博览会担任主宾国。备忘录还就推动两国版权贸易等内容进行了具体约定。

17~20日　"第31届伊斯坦布尔国际书展"展出单元之一的"中国图书展"举办。"中国图书展"是"2012土耳其中国文化年"的重要活动项目之一，由中国新闻出版总署主办，共有53名参展代表，分别来自全国各地25家新闻出版单位。这是继2007年中国首次参加伊斯坦布尔国际书展后第二次参展。书展期间，中土双方还举行了以"交流、合作、共赢"为主题的"中土出版论坛"，100多名来自出版业的精英分享了关于合作、发展的真知灼见。

19日　"2012年度'中国最美的书'"在上海揭晓，《一个一个人》等20种图书荣获本年度"中国最美的书"称号，2013年春天将代表中国赴德国莱比锡参评2013年度"世界最美的书"。

20日　时代出版传媒公司在上海浦东外高桥保税区"国家对外文化服务贸易基地"注册设立了"时代国际出版传媒（上海）有限责任公司"，成为国内首家"境内关外"出版文化企业。"境内关外",是指在我国境内,海关辟出一个专门区域,进出的货物就相当于进口和出口,让企业不出国门,就能享受有关优惠政策,通关速度和便利程度大大提升。新设立的"时代国际出版传媒(上海)有限责任公司"是时代出版传媒公司全资子公司,将以版权贸易、图书衍生产品开发和出口为经营抓手,同时开展期刊、印刷、文化会展、国际交流等业务。

21日 "党的十八大文件及学习辅导读物首发式"在北京西单图书大厦举行,十八大报告、党章和十八大文件汇编的电子书也与纸质图书同步上市。这是党和国家重要文件、文献出版物首次以数字方式出版并公开发行。

21日 新闻出版总署印发了《关于公布首批国家印刷复制示范企业的通知》,公布了我国首批国家印刷复制示范企业名单。北京华联印刷有限公司等25家印刷企业、北京保利星数据光盘有限公司等四家光盘复制企业上榜。

22日 "中国电信天翼阅读'腾飞计划'启动暨天翼阅读文化传播有限公司揭牌仪式"在杭州举行。公司化后,天翼阅读除继续专注数字出版及手机阅读业务外,还将进一步开拓互联网市场空间,向网络化、数字化等方向发展。据了解,作为最早与新闻出版总署签订《共同推动数字出版产业发展战略合作备忘录》的电信运营商,中国电信集团利用天翼数字阅读基地与出版业开展了一系列合作。天翼阅读平台聚集了超过20万册图书,实现了覆盖手机、PC、阅读器、IPTV等终端的"三屏双媒"解决方案。

23日 中华人民共和国新闻出版总署与乌克兰国家广播电视委员会在乌克兰签署合作协议。这标志着中乌新闻出版业即将迎来全面深化合作的新时期。根据协议,双方将在七个方面努力推动两国新闻出版领域加强合作。

23日 经国家发改委批准,我国出版行业的第一只企业债券——2012年重庆出版集团公司公司债券公开发行。这标志着我国出版业在企业债券市场融资方面取得了实质性突破。本期债券总额为4亿元,主要用于发展"重庆出版集团公司数字传媒出版平台项目"。

23日 湖北少年儿童出版社举办建社30周年庆典。该社表示计划组建长江少儿出版集团,组建幼儿教育公司、数字及网络出版公司、动漫公司和儿童成长体验馆等。

23～25日 由中国出版协会、台湾图书出版事业协会主办,中国图书进出口（集团）总公司、新疆维吾尔自治区新闻出版局承办的"第十三届大陆图书展（新疆主题展）开幕式"在台北市举行。新疆维吾尔自治区12家出版社、8家期刊社、2家印刷发行单位以及相关协会会员单位参展，展出图书1 200多种、音像制品20多种、报纸期刊67种。本届书展集中了新疆各民族的文化精粹和多年来的出版成果。书展期间，新疆民族服饰展、民族乐器展、魅力新疆摄影图片展同时展出。

23日 "第十七届两岸四地华文出版年会"在"第十三届大陆图书展"期间举行。本届年会由台湾图书出版事业协会、中国出版协会、香港出版总会、澳门出版协会共同主办。会上，来自大陆、台湾、香港、澳门的出版界人士达成了"针对开发华文出版市场、华文出版走出去及全球化经营策略、举行定期研讨"等多项共识。

24日 "第26届墨西哥瓜达拉哈拉国际书展"在墨西哥瓜达拉哈拉开幕。该书展是拉美地区最大的图书博览会。中国国际出版集团携550余种图书参展，五洲传播出版社等来自全国17家出版单位的代表也参加了书展。

24日 "第十八届亚太出版商联合会图书奖"在斯里兰卡首都科伦坡颁发。中国图书获两金两银。三联书店的《鲁迅箴言》荣获普通类金奖，译林出版社的《迷戏》荣获少儿类金奖，上海译文出版社的《平家物语》与上海人民出版社的《东京昆虫物语》分获学术类和普通类银奖。会上，中国和斯里兰卡等国一同当选为新一届APPA副主席国。

29日 京沪港三地三联书店合资成立的"三联时空国际文化传播（北京）有限公司"在北京举行揭牌仪式。据悉，三联国际公司将整合京沪港三联的高端人才、独有资源、出版创意、市场经营理念和新的管理考核机制，努力创新合作模式和经营模式。

29~30日 "数字环境下版权集体管理国际研讨会"在杭州举办。研讨会探讨了数字技术对版权集体管理和版权保护带来的挑战，交流了数字环境下各国版权集体管理组织的经验，并就中国及国际关注的版权立法、执法实践等议题进行了讨论。本次研讨会是国家版权局与国际复制权组织联合会首次合作在华举办的国际会议。

本月 时代出版企业技术中心通过了国家发改委的审核与答辩，获批成为第19批国家认定企业技术中心之一。这是文化企业首家获批入选国家认定企业技术中心。国家认定企业技术中心是国家为提升企业科研创新能力的重要举措，入选后将获得相应优惠政策。时代出版表示，企业技术中心将进一步加大资金投入，发展数字版权保护核心技术、数字印刷技术，争创行业领先、科技推动的跨国文化传媒企业。

12月

1日　北京万达文化产业集团在北京举行成立仪式。万达文化产业集团注册资本50亿元，资产310亿元。近年来，文化创意产业已成为北京经济的重要支柱产业和新的经济增长点。新成立的万达文化产业集团旗下共有11家公司，涉及9个行业，包括中国万达院线、财经类周刊《华夏时报》、商业类月刊《全球商业经典》和《大众电影》杂志等。

1~9日　由文化部、北京市政府、中国人民对外友好协会联合主办，中国图书进出口（集团）总公司等承办的"首届国际动漫博览会（北京2012）"在北京举行。博览会以"欢聚北京，享受动漫"为主题，举办了中国台湾主题日、动画片主题日、动漫企业主题日、国际动漫主题日、漫画主题日等九个主题日活动。

2日　"2012年尼泊尔中国书展"在尼泊尔加德满都开幕。此次书展受新闻出版总署委托，由西藏自治区新闻出版局、西藏人民出版社承办，西藏自治区新华书店、自治区对外文化交流协会、中国西藏书店协办。八家中国出版机构参加此次书展。尼方文化、教育、宗教界等代表参观了书展，购买了西藏人民出版社的大批反映中国西藏文化、历史、宗教等方面的图书及其他民族出版社的图书。

3日　时代出版发布公告，与青海人民出版社有限责任公司签署《战略合作框架协议》和《投资合作协议书》，拟共同出资组建"时代雨露出版传媒股份有限公司（暂定名）"，共同策划和打造重大出版项目，在全媒体出版发行、中小学教材教辅发行批发零售、印刷复制、文化贸易、文化产品进出口、第三方物流、各类培训以及数字出版、影视制作等领域展开合作。

3日　"第二届全国出版物供应链论坛"在广西南宁举行。本届论坛以

"互联网经济下的信息化建设"为主题,围绕网络环境下的信息技术发展、传统出版发行业向数字出版转型等问题,探讨了出版物供应链的现状,并展望了未来的信息化建设与出版物供应链技术。论坛由全国出版物发行标准化技术委员会和中国图书商报社联合主办,北京中启智源数字信息技术有限责任公司与广西新华书店集团股份有限公司承办。

4日 中国文字著作权协会于2012年11月29日宣布:将联合数十家出版社和报刊社向苹果网上应用商店开展维权行动。对此,苹果公司总部即日主动与文著协联系,磋商中国著作权人权益保护问题。

5日 "外研社——王金战战略合作签约暨外研社全学科教育出版启动仪式"在北京举行。此举标志着外研社出版领域从单一的外语转向全学科,为学生群体提供多元服务,实现向综合性教育服务提供商的转型。

7日 为期一周的"京港出版交流活动暨北京出版集团精品图书展"在香港开幕。此次活动是内地出版集团首次独家在香港举办精品图书展销活动。北京出版集团展出了500余种优秀图书。开幕式上,北京出版集团与香港天地图书公司签订了战略合作框架协议。

8日 凤凰出版传媒集团在智利圣地亚哥中华会馆挂牌成立"凤凰瀚融国际股份有限公司"。这是凤凰出版传媒集团在南美成立的首家境外机构,也是该集团继凤凰传媒国际(伦敦)有限公司后成立的又一家境外实体企业。

8日 由《中国三峡工程报》、《中国三峡》杂志和《中国三峡建设年鉴》组建而成的"长江三峡集团传媒有限公司"在北京揭牌成立。这是第一家新闻出版总署批准的由报刊编辑部合并组建而成的新闻出版企业。

10日 国家版权局有关负责人约谈了苹果公司,要求苹果公司积极解决其网上商店存在的涉嫌侵权问题。这是国家版权局就苹果网上商店涉嫌侵权问题,于3月21日、5月2日之后第三次约谈苹果公司。

10日 "《汉语大词典》(第二版)编纂出版启动大会"在北京召开。本次修订工作预计2015年出版第二版第一册,2020年完成全书25册、约6 000万字的编纂出版工作。《汉语大词典》(第一版)于1993年编纂完成,全书12卷,共收词目37.5万条。

12日 "全国新闻出版信息化工作会议"在北京召开。会上,新闻出版总署发布了《新闻出版信息化"十二五"时期发展规划》,提出了"十二五"

时期新闻出版信息化发展的指导思想、基本原则、发展目标和主要任务,并明确提出将"新闻出版电子政务综合平台"、"新闻出版信息资源库"、"出版发行信息服务云平台"、"新闻出版总署信息化基础环境建设"等四大工程作为落实规划的重要抓手。

20~23日 "第七届中国北京国际文化创意产业博览会"在北京台湖出版物会展贸易中心举办。本届博览会主题为绕"交流、交易、发展、共赢",展示了60余万种内地及港台地区近年来出版的图书产品。博览会期间举办了海峡两岸业务研讨会等文化活动。

28日 "《中国古籍总目》出版座谈会"在北京举行。《中国古籍总目》是现存中国汉文古籍的总目录,1992年该项目被列入国家古籍整理出版重点规划。该项目吸收了古代文献研究的最新成果,通过迄今最大规模的调查与著录,第一次摸清了我国的古籍家底约20万种。《中国古籍总目》共26卷,由中华书局和上海古籍出版社出版。

28日 "华中国家版权交易中心"在武汉正式运营。该中心与首批会员单位代表签订了战略合作协议和版权代理协议,并进行了首场版权交易活动。华中国家版权交易中心是继北京之后,经国家版权局批准建立的全国第二家国家级版权交易中心。

本月 当当网发布消息称,双12终极大促再续2天:60万种图书5折封顶。2012年,除了"周年庆"外,各种节日都成为电子商务网站促销理由,各大电子商务网站都拿图书赚吆喝:亚马逊中国、当当网、京东商城、苏宁易购等隔三差五"满300元减100元"、"满150元减40元"、"满50元减15元",折扣之大让传统图书销售渠道咋舌。

(作者为中国新闻出版研究院出版研究所助理研究员)

2012年中国香港特别行政区出版业大事记

香港联合出版集团

1月

5日 香港三联书店出版的《剩食》获选台湾《中国时报》"开卷"举办的"2011开卷好书奖"十大好书(中文创作)。这是港版书首次获取这个奖项,该书是香港记者陈晓蕾探讨厨余问题的专著。

7~8日 由香港书刊业商会主办的第七届"湾仔书展——阅读在铜锣湾"在铜锣湾东角道、记利佐治街及白沙道闹市举行,时间为每天下午2时至晚上9时。

11日 香港八和会馆与香港大学教育学院中文教育研究中心联合出版的《粤剧编剧基础教程》新书发布会在香港大学邵仁枚楼四楼402室举行。该教程是香港第一本粤剧编剧课程专书。

14日 为庆祝香港中文大学崇基学院60周年校庆,中大建筑学系教授顾大庆特意撰写了《崇基早期校园建筑——香港华人建筑师的现代建筑实践》一书,以送给学院作"生日礼物"。

18日 由香港浸会大学中医药学院赵中振教授和副教授陈虎彪博士合著的《中药材鉴定图典》被选为第三届"三个一百"原创图书,属于科学技术类100本获选作品之一。"三个一百"原创图书出版工程活动由新闻出版总署每两年举办一次,从人文社科类、科学技术类及文艺少儿类图书中,各评选100本佳作。获推荐参选的作品必须为首次由国内出版社出版的原创作品。

2月

1~6日　2012年台北书展举行。值得一提的是，过去一向由业者自行组团方式到台湾的香港馆，本年度首次由香港出版总会筹办，以香港展团方式参展，被视为首次以官方色彩参展。

1日　中华书局在台北书展开幕首日，在场馆内举行"百周年局庆酒会"，海峡两岸三地的出版人云集致贺。

2日　香港理工大学（理大）与北京师范大学（北师大）所属的《高中数理化》杂志编辑部达成合作协议，向全国省市中学推广理大因应（适应①）香港新高中课程而设计的数理比赛。

9日　朗文（培生香港）宣布成立教育方案团队，为中小学量身定造教育方案，除了提供教师培训及电子教材外，更为个别学校设计校本教材。这是该企业锐意进军电子课本和教学市场，准备在伙拍（联合）苹果iPad开拓美国市场后回马香港，瞄准学校有资源但欠专才的时机实施的规划。

20日　香港特区政府统计处公布2011年香港公共图书馆的登记读者人数接近400万名，比2010年增加10万名，但外借书籍数目不增反减，年度下降约3%。有教育界人士估计，可能与年轻人多用电子产品阅读有关。

25日　曾担任香港中文大学讲座教授的台湾著名散文学家陈之藩病逝，享年86岁。

27日　中国香港数码音像协会（DAVA）在香港举行成立典礼暨粤港音乐文化合作项目启动仪式。

28日　香港大学饶宗颐学术馆及学术馆在尖沙咀（亦作尖沙嘴）洲际大酒店举行晚会，庆祝国学大师饶宗颐荣获第一届"中华艺文奖终身成就奖"，及荣任有"天下第一社"之称的西泠印社第七任社长。大会还宣布成立"饶学研究基金"，协助推动中国传统文化、学术及艺术的发展。

---

① 为编者所加。因两岸用词不同，一些比较有特点的词保留原用词，另括号标注内地读者更熟悉的词语。下同。

3月

5日　新闻出版总署署长柳斌杰透露，按照中央对港澳的扩大开放政策，继广告经营和制作业务方面，新闻编辑、策划等领域将会对港澳开放，预计年内会有突破。

21日　香港生产力促进局与天下出版有限公司首度合作，制作《力创骄阳》漫画，以轻松和趣味性的手法，讲述香港工业发展的故事，并介绍生产力局成立40多年来对工商业界的支持。

4月

2日　香港历史学者高添强的新作《高山景行》一书，近由华人永远坟场管理委员会出版，介绍了香港仔华人永远坟场的建立过程，以及在这里安葬的多位名人，从中也可以看到香港的地位和角色。

2日　前港区人大代表吴康民举行新书《人生感悟录——吴康民八十后的沉思》发布会。该书由新民主出版社有限公司出版，邀请候任行政长官梁振英、立法会主席曾钰成等担任主礼嘉宾。全国人大常委范徐丽泰也出席了发布会。

3日　香港著名舞台剧演员、导演、戏剧教育家钟景辉的自传《宽实清和·钟景辉》举行名人读书分享会。

16日　香港特区政府首次参与伦敦书展，并向参观人士展现香港九七回归后15年以来的成就。香港特区政府透过（通过，下同）由香港出版总会与香港印刷业商会合办的香港馆参展，有关项目由特区政府创意香港赞助。

20～27日　为响应"4·23世界阅读日"，与市民共享阅读之乐，香港联合出版集团所属的三联书店、中华书局和商务印书馆合办"旧书回收大行动"。这项活动的受惠机构是救世军。

20～25日　由光华新闻文化中心主办的第一届"台湾童书节"举行。

5月

4日　香港联合出版集团发表严正声明，指遭冒充名义在一些招聘网站上刊登招聘办公文员或兼职人员的消息、招聘程序不明，该公司将通过法律途径予以追究。

7日　香港教育局局长孙明扬宣布，将拨款5 000万元资助非牟利机构开拓电子教科书。自2月香港教育局建议的课本教材分拆出售方案夭折后，特区政府转而推动发展电子教科书，认为可以借此降低书价。预计2013年的电子教科书可推出市面。

10日　香港大学从2011年起花费超过20万元，研发一套无线互动电子学习平台，向中小学教师收集教学材料，制作"德育及国民教育"科跨平台电子教材，供48家中小学试用。

11日　原全国政协常委、香港《文汇报》前社长李子诵因病在香港逝世，享年100岁。

14日　香港书展以广州为首站，开展两岸三地巡回路演（推介、宣传活动），希望吸引更多华文读者参与。本届书展将设年度作家也斯专区，还邀请白先勇、温瑞安等作家开设讲座，并设内地读者门票优惠。

18日　香港中华书局为庆祝建局100周年，在铜锣湾世界贸易中心会举行志庆酒会，并在中华书局油麻地分局举办"中华书局百年局史展"。

21日　为协助独立作家增加销售渠道，香港中小企书刊业商会开始举办"夏日书籍展销会"，并计划以厂厦作为长期展销场地。

21日　上世纪90年代中举家移民大温地区的香港《新报》创办人兼社长罗斌，因肾衰竭逝世，享年89岁。

6月

8日、12日　著名作家白先勇到港，出席由天地图书公司主办的新书《父亲与民国》座谈会。

9~17日　为庆祝香港回归15周年，深港两地地方志机构特合作在香港举办"百年中英街"图片展览，希望大众透过中英街个案，能够对国家的发展和深港关系的变化多一些了解。展览由深圳市盐田区文体局、中英街历史博物馆、三联书店（香港）有限公司与和平图书有限公司协办。

13日　由香港电台文教组、香港出版总会合办，康乐及文化事务署与香港公共图书馆协办的"第五届香港书奖"颁奖礼在香港电台一号录音室举行。

14日　《大公报》在会湾仔会议展览中心举行建报110华诞庆祝酒会。

25日　香港特区政府积极推行电子教科书市场，希望借此打破书商垄断教科书市场。负责计划的督导委员会主席兼教育局副秘书长陈嘉琪即日在开拓计划简报会上，介绍电子教科书的遴选准则。

7月

3日　《信报财经新闻》成立39周年。

11日　香港出版印刷唱片同业协会执行会长、香港出版总会副会长、香港图书文具业商会永远名誉会长沈本瑛因病辞世，享寿92岁。

18日　第23届香港书展开幕，为期7天，至7月24日闭幕。本届书展以"从香港阅读世界读通世情，书出智能"为主题，超过530家来自世界各地的参展商参展；书展还安排超过350项文化活动，其中包括内地的资中筠，台湾地区的白先勇、黄春明，香港特区的温瑞安、马家辉；马来西亚的黎紫书、印度裔英语小说家Chetan Bhagat、英国儿童小说家Holly Webb等。书展还特别请本土作家也斯（梁秉钧）出任"年度作家"，在文艺廊以"人文对话"为题设展，展示也斯的文学作品和跨媒体创作。

19日　国家出版基金在会展中心举行的国家出版基金座谈会上，向香港大学及香港公共图书馆赠书2 000多册。

24日　香港出版总会与香港印刷业商会宣布本年度再获特区政府"创意香港"赞助，将在稍后举行的北京国际图书博览会、法兰克福书展和台北国际书展设立"香港馆"，向世界推广本港出版及印刷业的创意文化及成就。

27 日　第 14 届香港动漫电玩节开锣（开幕）。

8 月

2 日　香港联合出版集团所属的香港中华书局"动漫世界"在弥敦道 740 号利华大厦地下 A 铺正式开业。该店是中华书局与日本动漫连锁店 Animate 合办的香港首家动漫专门店，专售香港特区及日本、欧美的漫画和精品。

3 日　为庆贺商务印书馆创立 115 周年，向读者提供更优质的文化服务，港岛区旗舰店铜锣湾图书中心进行全面扩充，并开设以教育图书及学习产品为定位的铜锣湾副馆（教育馆）。

7 日　香港艺术发展局本年度首次推出"ADC 艺评奖"，以奖励和嘉许（赞许）优秀的艺评文章作者，并借此发掘具有潜质的艺评人。

11 日　台湾诚品来港开设的铜锣湾店正式开业。初期因品牌效应、通宵营业等因素，成为媒体的新闻重点，以及市民的参观热点。一个月后热潮消退，该店营业时间从周四、五及六通宵改为周五、六、公众假期前夕延长营业至凌晨 2 时。

13～19 日　观塘 apm 商场第七年举办"达人夜书市"，本届主题为潮流文化，并首在周四至六试行通宵活动。

20 日　《新晚报》复刊，成为香港第七份免费报纸。

26 日　牛津大学出版社（中国）有限公司区域董事总经理、香港出版总会副会长、中英文教事业协会副会长、香港版权影印授权协会主席、香港及国际出版联盟召集人、香港书刊业商会副会长李庆生先生病逝，享年 57 岁。

本月　香港知识产权新闻网访问 510 名作家、作曲家等知识产权持份者（所有者）后发现，大约 83% 受访者对知识产权认识不足。

9 月

5 日　香港商务印书馆位于沙田中文大学康本国际学术园一楼 101 室的香

港中文大学书店隆重开幕,并由香港中文大学校长沈祖尧教授主持开幕典礼。该店面积达500多平方米,并有逾百平方米的活动区,配合师生们对学术研究和阅读的需求。

11日 香港《文汇报》发表声明,停止与《日中新闻》的新闻合作业务,并将《日中新闻》从由香港《文汇报》发起的海外华文传媒合作组织中除名。

14日 香港生产力促进局"华东内销实战分享会"暨《中国内销实战攻略——华东篇》新书发布会在位于白云区同和路卡布奇诺C CLUB隆重举行。该书介绍了华东地区六大城市内销潜力及成功案例,助中小企业运筹帷幄,开拓商机。

20日 在香港回归谈判中出任中英联合联络小组中方代表、现全国政协常委陈佐洱所著的纪实文学《我亲历的香港回归谈判》举行发布会。

23日 《成报》档案库开始对外开放,欢迎团体预约参观。

24日 香港教育局推动的"电子教科书市场开拓计划"截止申请,当局共收到86份申请书。

10月

3日 香港浸会大学举行第四届"红楼梦奖:世界华文长篇小说奖"颁奖典礼。上海作家王安忆的小说《天香》荣获本届"红楼梦奖"首奖,获颁奖金港币30万元。

5~14日 第12届香港国际文学节举行。

8日 《中国日报》香港版在湾仔会展中心举行庆祝创刊15周年酒会。

8日 中华商务印刷(香港)有限公司在2012年度美国印刷大奖颁奖礼中,夺得33项大奖,并荣获新设的全场大奖第三名班尼奖。该公司从1997年开始,连续每年获得的班尼奖累积已达58个。

11日 莫言获得诺奖传出之后,香港多家书店以最快速度将其名作《红高粱家族》和《生死疲劳》放在店内当眼处(醒目位置)推介,掀起一股莫言热潮。

17日 香港浸会大学获王新兴有限公司董事总经理王惠贞承诺,捐资港币

500万元,用于资助浸大当代中国研究所的《香港通史》出版计划。

19~21日 第八届"湾仔书展——阅读在修顿"一连三天在修顿球场举行。

21日 百利唱片公司在九龙湾国际展贸中心演讲厅举办"百利唱片五十周年金禧音乐会"。该公司在半个世纪前,是香港极少数发行中国唱片的公司之一,经过半个世纪的努力,让中国音乐的种子在香港开花结果。

27日 光华新闻文化中心举办"2012台湾月",以"文化灌溉、满地开花"为主题。

11月

3~4日 由香港兆基创意书院、香港当代文化中心、MaD创不同和Roundtable Community合办的第四届"九龙城书节"在香港兆基创意书院举行。

7日 香港儿童文艺宗师罗冠樵老师离世,享年94岁。

16日 城市大学媒体与传播系教授张赞国,联同三名涂鸦创作者,出版了一本名为《涂鸦香港——公共空间、政治与全球化》的新书。该书也是下一年城大通识教育(普通教育)的课本。

22~25日 屯门区议会与香港书刊业商会合办的第四届"阅读在屯门"大型小区书展一连四天在屯门文娱广场举行,免费入场。

12月

7日 北京出版集团与香港天地图书公司在香港合作举办"京港出版交流活动暨北京出版集团精品图书展",为期八天。此次活动得到新闻出版总署、北京市委宣传部、北京市新闻出版局的高度重视和支持。中共北京市委常委、宣传部长、副市长鲁炜先生专程来港出席开幕式。精品图书展展示了该集团历年出版的500种优秀图书3 000册,时间跨度长达40年,其中不乏闻名于华语文坛多年的佳作和反映中国优秀传统文化和北京文化艺术特色的图书。书展期间，集团安排了丰富多彩的文化交流活动，与香港文化界、出版界、各界读者进行了近距离的交流。

9日 《我要安乐死》及《总有一次失败》的作者邓绍斌（1969~2012年）病逝，终年43岁。邓绍斌，人称斌仔，香港人，2004年曾去信给当时的香港特别行政区行政长官董建华，要求安乐死，事件在香港社会引来广泛关注。

11日 国学大师饶宗颐荣获法兰西学院铭文与美文学院颁授的外籍院士荣衔（荣誉称号）。即日，香港大学饶宗颐学术馆为饶老两本最新作品《上海藏战国楚竹书字汇》及《饶宗颐书道创作汇集》举行发布会。

15日 由港青青少年创意艺术教育计划主办的Wonder Land Festival从即日起至2013年3月17日分三个阶段进行。

17日 由德国非牟利慈善机构"好书共享"协会营运的全球最大海上图书馆船"望道号"（Logos Hope）首次抵港进行访问，公开接待香港市民上船参观。期间，香港联合出版集团向"望道号"捐赠了一批图书，并安排多位作家与"望道号"负责人交流。

（本文感谢香港联合出版集团业务发展与公关部副总经理谢力清女士的支持及帮助）

2012年中国台湾地区出版业大事记

黄昱凯

1月

2日 本名陈春秀的小说家陈烨辞世。陈烨以作品《泥河》、《半脸女儿》闻名，著有《蓝色多瑙河》、《飞天》、《烈爱真华》等小说。

3日 财团法人台北书展基金会公布"2012台北国际书展大奖"（Taipei International Book Exhibition Prize）得主。小说类为林俊颖的《我不可告人的乡愁》（印刻[①]）、纪蔚然的《私家侦探》（印刻）、吴明益的《复眼人》（夏日）；非小说类为陈俊志的《台北爸爸纽约妈妈》（时报）、严长寿的《教育应该不一样》（天下远见），及下山一（林光明）自述、下山操子（林香兰）的《流转家族：泰雅公主妈妈、日本警察爸爸和我的故事》（远流）。

5日 联经出版公司出版陈盈帆的《苹果甜蜜蜜》。此为台湾首本关怀新住民的绘本。

6日 联合文学出版社出版蒋勋的《少年台湾》，内容记录作者从小到大感受到的台湾生命力。

7日 "国家图书馆"与台湾《中国时报》开卷周报在该馆国际会议厅共同举办"2011开卷好书奖赠奖典礼暨得奖作家BV首映会"，向社会大众推荐13支精彩绝伦的BV（Book Video），并陆续在"国家图书馆"、台湾地区各公共图书馆、大学院校、"国"高中小学图书馆举办"2011开卷好书奖"书展。

[①] 出版机构名称，下同。编者注。

8日　台北"市立图书馆"在台北车站地下一楼台铁暨高铁候车区启用"FastBook24小时自助借书站",其中以热门新书及最新上架的书籍为主。

26日　台湾"行政院新闻局"率团参加"2012法国安古兰国际漫画节"。台湾馆以"漫画海洋·台湾Ocean of Taiwan Comics"为主题,设置"台湾漫画家特展区"、"漫画波涛"、"漫画潮流"、"漫画生态"、"得奖作品&海外授权专区"、"优选台湾漫画专区"、"台湾出版社专区"、"版权接洽专区"、"台北国际书展征展区"、"漫画家现场LIVE活动区"10个展区,共展出620册优质漫画创作及漫画衍生的相关文创产品,将台湾漫画带进国际市场,呈现台湾漫画的特色。

2月

1日　由台湾"行政院新闻局"主办,财团法人台北书展基金会承办,在台北市世贸一、二、三馆举办的"台北国际书展"开幕。本届以"绿色阅读"为主题,共有60个国家和地区,749家出版社参加,500位作家举行签名会及座谈,共计举办700场活动。

3日　佛光山香海文化在世贸一馆佛光山专区举行"香云海会·书香遍城乡"赠书典礼,向"新北市图书馆"赠送《书香味》及《人间佛教小丛书》,让书香传遍新北市。

3日　台北"市立图书馆"公布年度借阅排行榜。2011年最夯[①]的文学类冠军为吴念真的《这些人,那些事》,非文学类第一名为《最后十四堂星期二的课》。

4日　"行政院新闻局"在台北市世贸中心举办"99年及100年数位(数字,下同)出版奖补助成果展",包括:"99及100年数位出版创新应用典范体系计划"、"99及100年数位出版金鼎奖"及"99年补助发行数位出版品(出版物,下同)"获奖补助者的成果展示。

7日　吴明益的《复眼人》由Pantheon/Vintage买下美国版权。这是第一

---

① 夯:取HOT的音译,表示正流行、很热门、超人气。另外,闽南话中,"夯"的读音和"红"的读音接近。编者加。

本由专业版权经纪人，透过（通过，下同）国际版权交易渠道售出英美版权的小说，也是第一本由美国大出版社签下的台湾小说。

14日　上海九久读书人联合人民文学出版社从台湾引进《中国古典小说青少版》，总计33种，共42册。

15日　德国书艺基金会公布方信元的《zoom in，zoom out 以有机为名》（田园城市出版）夺得德国"最美丽的书"书籍设计大赛（International Competition——Best Bookdesign From All Over The World 2012）铜奖。

21日　金石堂书店进驻台南大远百。

24日　台湾大学举办《殷海光全集》新书发表会。《殷海光全集》全套共21册，内容包括专书、报刊文章、书评、译文、信函等。

29日　台湾文学馆启动（建立）"台湾文学外译中心"。

3 月

2日　台湾文学馆举办"阅读波光"活动，邀请舞鹤、王文兴与比利时法语作家弗朗索瓦·埃马纽埃尔畅谈文学与创作，希望借此带动台湾文学进军国际文坛。

5日　"宜兰县教育处"于该县岳明"国小"启用"免费电子书公共阅读平台"，县内中小学生及教师登录"快乐e学院"，就可免费阅读150本电子书。

7日　九歌出版社在台北市文艺协会举行"100年度文选新书发表会暨赠奖典礼"。钟怡雯、侯文咏、傅林统分别主编100年散文、小说与童话选；周芬伶的《美女与怪物》、吴钧尧的《神的声音》、林哲璋的《猜脸岛历险记》分别获得年度散文奖、小说奖、童话奖。

10日　财团法人信息工业策进会、数位教育研究信息技术训练中心举办"数位互动电子刊物以及电子书籍制作"课程，内容包括了解不同平台装置的电子书种类与规格等。

12日　台湾阅读文化基金会在彰化县田中"国小"成立彰化县第九座爱的书库。

13日 新竹市"文化局"在该局图书馆举办"子女教养主题书展"。

15日 "国家图书馆"与德国巴伐利亚邦立图书馆（Bavarian State Library）签署馆际合作协议书。该馆于3月12日提供的5 311件古籍MARC格式的书目资料，正式汇入"国家"图书馆"中文古籍联合目录"，供开放查检利用。这有助于台湾汉学研究者及对中文古籍版本有兴趣的学者专家研究。

23日 "教育部"于台北市诚品书店信义店举办"2012视障学生阅读推广计划记者会"。此计划由"教育部"指导，台湾视障者家长协会及清大盲友会共同主办，渣打国际商业银行赞助，主办单位制作了台湾地区第一张"盲用书店地图"，让视障孩子实际感受阅读气氛，认识书店空间，了解书店内涵，提高读书的乐趣。

28日 《葫芦岛日报》与《旺报》签定两报合作框架协定，计8项，包括建立合作关系，深入交流，进行相关合作等。

4月

1日 新北"市立图书馆"在总馆举办"多元纽澳特色书展"，以此增进新北市民接触多元文化及扩展国际视野。

3日 远传e书城为庆祝儿童节推出"儿童月，童书绘本好好读"专区。

5日 "行政院文化建设委员会"公布"第31届'行政院'文化奖"得奖名单，散文家林文月与书法家董阳孜获得殊荣。该奖于21日在华山文创园区举行了颁奖典礼。

6日 智冠科技公司出版《App情报志》月刊出版创刊号，内容涵盖食衣住行育乐等生活层面的App应用。

13日 台中"市政府社会局"在北屯区成立"新移民多元图书室"，提供包括泰国、越南等国藏书5 000册，方便新移民阅读自己的文字图书，协助新移民教育子女及推动国际文化交流。

18日 联合在线与联经出版公司宣布合作计划，结合虚拟与实体专长，联合推出电子书。

19日 法国巴黎庞毕度（蓬皮杜）中心举办"漫画星球"系列活动。18

日开启的台湾动漫周展览活动,邀请台湾 7 位漫画家,带领青少年工作坊,透过漫画认识台湾的文化。

23 日　中国国家图书馆公布"第七届文津图书奖"名单。台湾地区齐邦媛的《巨流河》(天下远见)及几米的绘本《我不是完美小孩》(大块文化)获奖。

23 日　台湾经济日报社宣布 iPad 阅读应用程序"经济日报 Plus"正式上线,为读者提供全新体验的财经信息服务。

28 日　漫画家彭杰的原创作品《时间支配者》正式在日本《少年 JUMP NEXT 2012 SPRING》刊载。这是海外人士首度在《JUMP》系列杂志中刊载原创作品。

5 月

1 日　《联合文学》杂志公布甘耀明、王聪威、高翊峰等 20 位作者为年龄 40 岁以下最受期待的华文小说家。

1 日　台中"市立图书馆"在该市 29 区公共图书馆举办"哲人已远话五四——胡适主题书展"。

2 日　三商美邦人寿与茉莉二手书店合作,举办"爱心二手书"活动,帮助早期疗育(治疗)的玛利亚社会福利基金会。

3 日　台湾数位出版联盟、台北市杂志商业同业公会、台湾动漫出版同业协进会共同举行反网络盗版活动,呼吁尊重智财权(著作权),支持正版产品,由当局协助出版业者处理盗版问题。

10 日　台中"市政府文化局"举办"台中阅读元年"启动仪式,推动市民养成阅读习惯。

16 日　福建少年儿童出版社副社长杨佃青拜访台湾"国语"日报社,与林良、桂文亚等台湾作家交流,并就台湾儿童文学作品的版权购买与经营推广进行商谈。

17 日　高雄"市立图书馆"与高雄监狱签署"书香阅读推广合作协议书",定期将图书送入监狱,供收容人阅读。

21日 "行政院文化部"举办揭牌仪式,"文化部"整合文建会、"新闻局"、"教育部"、研考会等文化业务,下辖综合规划司、文化资源司、文创发展司、影视及流行音乐发展司、人文及出版司、艺术发展司、文化交流司,担负统整文化事权,订定(制定)文化政策的重责。

27日 新北"市政府文化局"正式启用位于新店安康地区的新北市青少年图书馆,以"青少年"为主题,规划"艺文空间"、"互动讨论区"、"青少年阅读区"、"多媒体区"、"期刊阅报区"、"亲子阅读区"、"图书阅览区"等。

6月

2日 空中英语教室欢庆创立50周年,出版彭蒙惠口述传记《爱是一生的坚持:彭蒙惠传奇》iPad版。

5日 "文化部"公布"第四届'国家出版奖'——优良'政府出版品'评选"评奖名单,共有68种出版品获奖。"行政院农业委员会林务局"的《能高越岭道·穿越时空之旅》获得特优奖。

8日 宝瓶文化与重庆出版集团共同策划"这世代——火文学"系列。大陆引进纪大伟、甘耀明、钟文音、郝誉翔4位作家的作品,台湾则推出毕飞宇、盛可以、魏微、徐则臣、李洱5位作家的作品。

12日 比利时"第33届维塞勒青少年文学奖"(Le Prix Versele)公布几米的《地下铁》(法文版《Le son des couleurs》)获选为9~11岁青少年最爱图书。

12日 联合在线和大陆红袖添香原创文学网站合作,在台北市诚品书店信义店举办"udn读小说·红袖添香"开站记者会,正式宣布网络原创小说平台开张。

15日 "文化部"公布"第36届金鼎奖"入围名单及特别贡献奖得主,其中图书类有65种入围;杂志类有55种入围;图书类与杂志类特别贡献奖分别由林载爵先生及殷允芃女士获得。

21日 台湾图书发行协进会、福建省新闻出版局在台北市台湾《中国时报》第一会议中心举办"第八届海峡两岸图书交易会新闻发布会暨两岸出版产业汇流座谈会",共同探讨两岸出版业合作交流的方向。

22日 台北"市政府商业处"、重南书街促进会、沅陵商店街促进会在沅陵商店街共同举办"重南书街,再现风华"书展活动,共有16家图书公司参展。

27日 新北"市政府文化局"正式启用位于新店安康地区的新北市青少年图书馆,以"青少年"为主题,规划有"艺文空间"、"互动讨论区"、"青少年阅读区"、"多媒体区"、"期刊阅报区"、"亲子阅读区"、"图书阅览区"等。

7月

1日 台北书展基金会主办2012年"第十届世界书展主席会议"(Conference of International Book Fairs),来自布拉格、伦敦、瓜达拉哈拉、莱比锡、波隆那、哥德堡、首尔、美国、法兰克福、华沙等全球11位国际书展主席,共同探讨各国书展现况、重大议题与全球出版及文化发展趋势。

1日 台湾高铁公司举办"高铁亲子阅读趣"活动,在高铁各站设置阅读区及开放"甲站借,乙站还"。

4日 台湾数位出版联盟组团参加"第19届日本东京电子书展"。台湾馆以"TaiwanMobile Reading & Learning Solutions"为主轴,顽石创意、希伯仑、联合百科、胜典科技等14家机构参与,展出电子书内容及制作技术、互动学习等产品。

7日 文讯杂志社在台北市纪州庵文学森林举办杨念慈《少年十五二十时》(秀威信息)新版新书发表会。

8日 由吴大猷学术基金会主办,北京中国科学报社、台湾《中国时报》开卷周报协办,在台北市福华大饭店举行"第六届吴大猷科学普及著作奖"颁奖典礼。张大凯的《电的旅程:探索人类驾驭电子的历史过程》(天下远见)等获奖。

13日 "文化部"在台北市喜来登饭店举行"第36届金鼎奖"颁奖典礼。特别贡献奖获得者为天下杂志群创办人殷允芃与联经出版社发行人林载爵；郝誉翔的《温泉洗去我们的忧伤：追忆逝水空间》（九歌）、陈俊志的《台北爸爸，纽约妈妈》（时报文化）等获奖。

16日　"文化部"在台北车站举办"第三届金漫奖"记者会。"部长"龙应台、资深漫画家刘兴钦共同宣布25件入围作品名单，终身成就奖为东立出版社创办人范万楠。

22日　人间佛教读书会在台北市国父纪念馆举办"全民阅读博览会"活动。

25日　"文化部"推出"推广数位阅读暨辅导产业发展"计划，并分别在台中及高雄启动"数位出版工作坊"，邀请业界有丰富实务经验的人士加入辅导小组为出版社把脉。

28日　台湾文学馆在台北市纪州庵文学森林举办"台南文学特展——府城风华绽放纪州庵"，内容以大台南文学发展为主轴，呈现明郑时期迄今，台南文学的多元风貌。

8月

1日　台北"市立图书馆"举办"原住民专区"热门主题书展，展出有关台湾原住民族文化、文学、纺织艺术、史料传说等相关主题图书。

4日　新竹市"文化局"举办"大手牵小手——0至3岁婴幼儿阅读起步走"活动，倡导阅读风气。

9日　彰化县"文化局"举办"彰化县电子书服务创新启动记者会"，与"国立台中图书馆"合作购买878册电子书，设置在台中图书馆的电子书平台，提供给民众借阅。

11日　诚品书店在香港铜锣湾希慎广场开业，以繁体书为主，海外进口书为其特色，提供10万种书目，藏书量达23万本。

13日　台湾文化总会举办《两岸常用词典》（Cross-Strait Common Vocabulary Dictionary）发布记者会。该书收录了两岸之间共5 700个字、27 000多个词，分为台湾版和大陆版，同时提供在线查询服务。

15日　"文化部"在台北市华山文化创意产业园区举办"第四届'国家

出版奖'"颁奖典礼，特优奖为《能高越岭道，穿越时空之旅》（"林务局"）；优等奖为《纵横山林间：鹿野忠雄》（"国史馆"）、《山林魅影：林雕》（"行政院"农委会林试所）、《台湾鱼类图鉴》（"国立"海洋生物博物馆）。

16日 屏东县"社会处"于该县社会福利综合馆举办"开卷有益——玉山志工基金会赠书仪式"。玉山志工基金会赠送图书、绘本共500本，以推广阅读活动。

20日 TAAZE读册生活与Yahoo！奇摩超级商城策略结盟，设置网络购书平台，提供近70万本繁体中文书籍、2 000本杂志、75万种电子书及17万种二手书，并提供18小时快速到货服务。

21日 "赣鄱书韵 香溢台湾——江西出版精品图书展"在台北市诚品书店信义店开幕，展出399种、1 281套赣版精品图书，开启了赣台两地图书出版业的交流。

21日 由"经济部工业局"主导，工研院、凌网科技建立的"十大社福云端图书馆"正式启动，旨在缩减偏乡数位落差。

22 由台湾南华大学、北京大学、河北大学等三校联合主办的"第八届华文出版趋势研究学术研讨会"2012年移师南京大学，并由南京大学主办。本届会议以华文出版产业发展趋势、两岸业者发挥所长之经营模式、两岸出版现象等作为交流研讨的议题。

9月

2日 台湾图书出版事业协会组团参加大陆新疆维吾尔自治区政府、新疆生产建设兵团等单位在新疆乌鲁木齐国际会展中心举办的"第二届中国——亚欧博览会"，计有来自俄罗斯等11个国家和地区参展。

3日 "文化部"公布"'文化部'办理定期漫画刊物补助作业要点"。

4日 佛光大学出版《佛光大学王云五纪念图书室线装书目录》，收录明清至民国线装图书，约计4 600多本罕见古籍及台湾孤本，其中年代最久的为明朝弘治2年（1489年）出版的《文清公薛先生文集》，距今已有523年。

11日 天下文化举办卅周年感恩茶会。1982年高希均、王力行与张作锦创办天下文化出版公司，共出版了 2 680 种书籍，并于 8 月 1 日出版《前进的思索》30 周年纪念套书，收录星云大师、沈君山、黄达夫、陈长文、严长寿、洪兰与姚仁禄等十人的著作。

12 日　"文化部"公布"101 年优良数位出版品发行企画案辅助名单"。格林文化事业股份有限公司的"扩增实境 AR 互动绘本开发计划"、联合在线股份有限公司的"几米《向左走·向右走》经典绘本数位重构"、泼墨数位出版营销有限公司的"'Taiwan Comix'台湾漫画家团体数位出版计划"、广宣扬有限公司的"台湾特色产业生态互动电子书"等 8 家公司的项目获得辅助。

12 日　中国教育图书进出口公司与远流出版、元照知识集团、万卷楼图书公司、问津堂文化、联合发行、花木兰文化出版社签约，未来将加强两岸纸本与数位出版品交流合作。

18 日　由"经济部智慧财产局"主办，台湾中小企业总会执行，在台北市"经济部智慧财产局"举办"101 年度出版（含电子书）著作权宣导说明会"，协助电子书相关平台业者了解著作权基本概念，数位暨传统出版品涉及著作权授权的法律关系。

20 日　位于台北市重庆南路的儒林书店结束营业。

20 日　"文化部"在台北市台湾金融研训院举行"第六届数位出版金鼎奖"颁奖典礼，共有 9 件作品获奖。"评审团特别奖"由财团法人台北市基督教救世传播协会获得。

27 日　"行政院客家委员会"出版由洪健昭翻译钟肇政小说的英文版，旨在使客家文学全球化。

10 月

2 日　台湾《中国时报》人间副刊公布"第 35 届时报文学奖"得奖名单。短篇小说组首奖为连明伟的《苔生》，散文组首奖为盛浩伟的《没有疼痛》。

3 日　"文化部"公布《"文化部"补助办理文学阅读推广作业要点》，新增"实体书籍零售业主题营销、交流及出版品发表、展售等"补助项目,将独立书店纳入补助范围。

6日 台湾文学馆举办"我看台湾文学的内在世界征文比赛"颁奖典礼暨座谈,并将得奖作品集结为《我看台湾文学的内在世界征文得奖专刊》。

14日 台湾"国语"日报社公布"第十一届'国语'日报儿童文学牧笛奖"得奖名单。吴俊龙的《苍蝇阿志与蚂蚁阿康》、廖雅苹的《阿墙的读心术》、郑顺聪的《屁股痒的石狮子》获得前三名。

17日 "文化部"与独立书店业者合作,委托社团法人台湾小小生活文化创意推广协会出版《2012台湾独立书店推荐地图》,汇整了全台湾60家特色书店的信息,并在18日举办的台湾国际文化创意产业博览会上发放。

19日 法国"香贝里国际漫画节"为邱若龙颁发首座"香贝里漫画金象奖"。

27日 香港举办"2012台湾月"活动,将"独立书店"列为重点主题之一。台湾出版《2012台湾独立书店推荐地图》,而香港则出版《台港独立书店手册》,汇集40多家台湾独立书店、12家香港独立书店信息,让香港民众体会台湾的生活文化美学。

11月

2日 "经济部中小企业处"举办"101年度金书奖暨第17届中小企业研究硕博士论文奖"联合颁奖典礼,共有14本图书以及6篇硕博士论文获奖。

8日 时报文化出版公司在台北市诚品书店举办"黄易侠友召集令——《日月当空》读者见面签书会"。该书首卷在港台两地同步发行。

12日 基隆市"文化局"公布由韩国栋总编辑的《走读台湾:基隆市》("教育部")为"2012基隆之书"。

15日 新北"市政府文化局"在新北"市立图书馆"总馆举办《文学思路:新北市文学家采访小传》新书发表会。该书纪录了桂文亚等20位新北市文学作家。

16日 "文化部"公布"2012电子书创作大赛"入围名单,共有46件作

23日 由台湾图书出版事业协会、中国出版协会主办,中国图书进出口集团总公司、新疆维吾尔自治区新闻出版局承办,在台北市世界贸易中心一馆举办"第十三届大陆书展(新疆主题展)",展示超过5 000种大陆图书及新疆精品出版物。

23日 台北"市立图书馆"举办"第17届两岸四地华文出版年会",会议主题为"深化出版合作,落实出版交流"。在演讲厅还举办了"两岸出版论坛高峰会",议题为"保护和发扬中华文化传统,传承中华优秀民族精神"。举办方还与新疆出版协会签署了《新疆——台湾出版合作与交流纪要》。

24日 台南"市立图书馆"在麻豆总爷艺文中心举办"2012台南之书发表会",其中蔡素芬的《盐田儿女》(联经),儿童书中廖炳焜的《亿载金城之暗夜迷踪》(四也)获选。

12月

1日 第四届星云真善美新闻传播奖及第二届华文文学星云奖在佛光山佛陀纪念馆联合颁奖。华人世界终身成就奖及华文文坛贡献奖分别由联合报副董事长刘昌平及诗人痖弦荣获。

5日 台北市推出海内外首创公交车图书馆服务,民众只要搭乘客运红32路、台北客运205路和欣欣客运1路公交车,就可使用这项免费服务。共计有62辆低地板公交车加入。民众借阅办法是采取荣誉制,一次限借1本,随车可还书。

7日 全球最大多媒体出版工具软件厂商Adobe(奥多比)宣布终止台湾分公司的营运业务,改由香港分公司接手。

12日 "国际数学与科学成就趋势调查"(简称TIMSS)与"促进国际阅读素养研究"(简称PIRLS)的评比结果出炉。在科学和数学方面,台湾"国中"学生分别排名世界第二及第三,"国小"学生阅读素养从2006年的第22名进步到第9名。

17日 台湾文创发展基金会董事长王荣文宣布,2013年是华山文创园区的"阅读年"。基金会将规划华文朗读节,帮助台湾读者、作家、译者、艺术家、设计者以及产业搭建交流合作平台,为台湾的阅读提供更好的环境。

19日　意大利波隆那国际插画大奖得主邹骏升出版首部绘本《勇敢的小锡兵》。该书重新诠释安徒生经典童话,并注入现代观点,从战争反思和平,希望彰显生而平等的人权概念。

20日　台湾角川耗时一年多打造的全新华人漫画与小说的在线杂志"FORCE原力志"正式上线。"FORCE原力志"网站涵盖原创漫画及小说两大领域,上线初期的连载作品共有10部漫画及8部小说。

24日　为了让佛典从悠远历史里走出来,并让今人惊艳佛教文献之丰美,台湾"国家图书馆"举办佛教经典文物展,其中展出目前存世最早的黑红双色印本,国宝级的元代《金刚般若波罗蜜经》。

(作者为台湾南华大学文化创意事业管理学系助理教授)